U0165278

地方創生

文創產業心戰略

# 作者序

　　新世紀讓人振奮的新產業，不論是文化創意產業、形象商圈、社區營造，乃至現在所謂的地方創生等……，其名稱深奧與多樣化，還真讓人不容易懂呢，再加上因為是經由西方國家所引進的觀念與知識，更是不容易有所全盤了解，同時又經過各種資訊及媒體，以自己的觀點、立場不斷的渲染、傳達與報導，更是讓人一頭霧水、霧煞煞。也雖然很多人都聽過這個新產業的名稱，但是仍然所知有限，甚而被誤導以為文化創意產業就是所謂的影視、音樂、設計及各項博覽會與論壇等。

　　其實，文創產業並非全然是來自西方所引發的概念，讓我們傲視於世界的國粹如：書法、國劇、刺繡、剪紙等，包含食、衣、住、行、育、樂等，都是屬於文創範疇。只因中國人缺乏創意及包裝，所以始終停留在視覺美感、生活裝飾品、文物保存等方面，未能再加以產業化，造成今天文創產業的盲點與誤導。

　　尤以近期一些兩岸熱門的創業論壇或展售會裡，最被看好、也創下最多觀賞人潮的產業，就是屬於文創產業了。從一些參與創業論壇的與會人及發表人，都傾向於文創產業的發展契機及願景作訴求。展示會裡亦是如此，所展示的也是一些具特色文化的創意產品等，讓人倍感溫馨，因為那就是文化的內涵。

　　再以我們過去在兩岸所諮詢與輔導過的文創產業經驗，有很多都是與文化創意產業有關，只是在當時都未使用「文化創意產業」這個名詞，而是公部門或單位分門別類的各自發展與輔導如：一鄉一特產、社區總體營造、形象商圈、特色商店街、創意產業、各項文化園區、觀光工廠、工商綜合區，乃至現在的地方創生等，不論是哪一個項目的諮詢與輔導，基本上我們都是以當地最根本的文化

元素做為主軸的規劃,再融入當地整體資源做提昇與發展之輔導,因而能展現各地文化與特色的新契機、新氣象。

因為各地的文化元素本來就是無形的,也不容易被取代,除非當地的文化已經被世人所淡忘或者是遺忘、無跡可尋,否則這種文化元素的「根」基本上都還是存在於各地的。因此為了讓一般人都能很清楚文化創意產業的內涵與特質,我們在用詞與舉例都朝淺顯易懂,讓大家都有機會參與這項新世紀唯一可以維護與延續自然生態、環保有關的新產業,這也是我們撰寫此書的目地。

因為文化創意產業也是道德的產業、全民化的產業、多元化的產業、未來化的產業,可以包含著食衣住行育樂生態,也可以發展與提昇整體經濟,所以是值得全民共同來參與及創意的新世紀產業。也就是必須秉持道德原則,從當地文化元素做創意及產業發展,最後達到共享成果與經濟的目的。所以不能在違反自然與生態原則之下,為了創造高利益的經濟所得,而造成一人獨享,卻要全民買單的不合理產業經濟。

以過去所言的狹義文創產業,難以達到共融與共享經濟,以及維護大自然與生態平衡的領域,而現在必須改以更為寬廣格局、視野、合乎自然與生態法則、具道德思維的廣義文創產業,才有助於全民共享及經濟發展意義,這也是我們撰寫此書及期待共同努力的心願。

因此無論您如何的開始與發展文創產業的過程,在未成功之前,沒有一套標準模式可以保證會成功。唯有從小處著手,立志做好事,不要存著立志做大事的心態,一步一腳印,才能累積實務經驗與掌握未來的契機。再次感恩我們的機緣,讓我們可以共同善盡所能,再為社會及自然生態永續而攜手與努力!

陳木村、陳玉玫

2020 年 10 月,於台北

# 目次

## 壹、文化概論

## 貳、創意與創新概論

## 參、產業概論

# 肆、文化創意產業的發展趨勢

# 伍、文化創意產業概論

# 陸、文化創意產業的屬性及發展策略

# 柒、文化創意產業展開方針

# 捌、文化創意產業的綜合探索

# 作者簡介

## 陳木村

m：0985414859

### 現任

- 上海研勤企業管理諮詢有限公司 總經理
- 社團法人台灣再生力協會 名譽理事長
- 台灣再創力發展協會 理事長
- 黃海策略 創辦人
- 台灣社區、商圈、社團、協會、職訓中心、國營職訓單位等 顧問講師
- 草根影響力新視野專欄發表
- 大陸地區台商、國民營企業、聯誼會等 顧問暨講師

### 曾任

- 行政院勞委會職訓局、工業總會、桃園職訓中心等 評審暨評鑑委員、講師
- 行政院公共工程委員會 諮詢委員
- 台北市政府形象商圈 評鑑暨評審委員
- 經濟部自動化服務團 管理師
- 中國生產力中心 組經理
- 全國工業總會人力資源顧問團 副團長
- 財團法人中華職業訓練研究發展中心等 顧問
- 台灣管理雜誌年度500大講師
- 台灣生產力協會 創會理事長
- 中華形象研究發展協會 創會理事長
- 台灣動物協會 理事長
- 大同世界 總執行長

- 台南縣縣政大學、實踐、靜宜、東吳等大學教育推廣中心 講師
- 台中世貿、中小企業協會總會、企顧協會、經理人協會等 講師
- 協和工商美工科 專任講師暨導師
- 台灣商總、工總、郵政訓練中心、農訓中心、臺灣煙酒、社團協會等 講師
- 台灣生產力運動、台灣反毒、交通安全、水資源等漫畫 評審委員
- 輔導上百家國內、大陸國、民營企業、商圈、社區、工廠、單位、社團等經營管理、教育訓練、連鎖、CIS等專案
  - 兩岸各地區超過上千場講座演講

### 出版著作

- 被遺忘的「心」形象
- 形象綜藝100
- CI經營與實務
- CI戰略
- 企業導入CI失敗30大因素
- 形象智慧語錄
- 成功形象商圈塑造
- 芒果產業經營管理手冊
- 連鎖經營策略與管理
- 「黃海策略」有聲出版CD
- 用腦力賺錢－－創新價值力
- 再生力－－企業、個人的再次革命

# 陳玉玟

mail：ywchen0726@yahoo.com.tw

## 學歷

- 中國文化大學國家發展與中國大陸研究所 博士候選人
- 中國文化大學青少年兒童福利研究所 法學碩士
- 日本京都鋼琴技術專門學校 研究
- 東海大學國際貿易學系 商學士

## 現任

- 國立空中大學生活科學系、社會科學系、通識教育中心 兼任講師
- 社團法人台灣再生力協會 理事長
- 上海研勤企業管理諮詢有限公司 董事長
- 公私立機關、團體教育訓練 講師
- 歌唱比賽評審
- 臺北市各社區關懷據點歌唱教師
- 鋼琴教師
- 中華翰林道教五術發展學會 祕書長
- 台灣文化創意產業加值協會 秘書長
- 台灣老齡事業發展協會 理事
- 台灣海峽兩岸文化經貿保障促進會 理事

## 經歷

- 行政院公務人力發展中心、臺北市政府公務人員訓練處(情緒/職場溝通/服務創新) 講師
- 桃園市社會工作專業人員訓練 計畫主持人（99、100、106、107、108年）
- 臺北市政府早期療育社工專業人員訓練 計畫主持人（100~106年）
- 金門縣無障礙生活環境分析研究 協同主持人
- 新北市樹林社區大學 歌唱教師（101~106年）
- 臺北市立體育學院(情緒/溝通/心理) 兼任講師
- 亞太創意技術學院兒童與家庭服務系 兼任講師
- 中國文化大學推廣教育部教保班、歌唱班 講師
- 國立空中大學台北中心達言社 指導老師（99~105年）
- 國小音樂班 術科老師
- 臺北市光復國小國樂團 行政
- 台灣合唱團 女高音
- 中華兩岸跨業聯盟 秘書長
- 台北市青少年兒童福利學會 理事長
- 中華民國青少年兒童福利學會 秘書長
- 財團法人中國家庭計劃協會 執行長
- 財團法人賴許柔文教基金會 執行長
- 勞委會北區職訓局 就業輔導
- 柏斯特綜合才藝教室 負責人
- 廣播電台 節目企劃暨主持

# 壹、文化概論

文化創意產業最重要的元素在於「文化」。

文化是指人類所創造出來的精神與物質價值,

是經由人類因生活與發展需要所創造出來的精神食糧,
從食、衣、住、行、育、樂等方面所衍生出來的內容,
不論是有形或是無形都可以涵蓋。

文化也是該地區人類的基本生存方法,所以會有各自不
同的存在模式。

# 一、何謂文化

　　人類自古以來，就已經有了第一次分工的現象出現，即分為農業民族、和畜牧民族二大類，並依據地區之不同而各自有後續文化的融合與發展。農業民族屬於固定區域的種植與生產，所以就會有聚落的形成，接著有了聚落文化的形成之後，會再衍生出食衣住行育樂等各方面的需求與展現，同時也因為彼此之間的互動需要而產生行為與文字，而這些現象即構成了當地文化的基礎。

　　至於畜牧民族也是如此，然而畜牧民族需要逐水草而居、居無定所，所以比較不容易產生大規模的聚落，彼此之間的互動與需求就沒有那麼的強烈，對於行為與文字就沒有迫切的需要，因此其文化的形成就較為薄弱。

　　中文的「文化」概念中實際是「人文教化」的簡稱。前提是有「人」才有文化，意即文化是討論人類社會的專屬用語，「文」是基礎和工具，包含語言或文字，「教化」則是這個詞的真正重心所在。在名詞的「教化」是人群精神活動和物質活動的共同規範，在動詞的「教化」是共同規範產生、傳承、傳播及得到認同的過程和手段。

　　「文化」是經由人類因生活與發展需要所創造出來的精神食糧，從食、衣、住、行、育、樂等方面所衍生出來的內容，不論是有形或是無形都可以涵蓋，如美食、文學、服飾、環境、民俗、藝術、教育、科學、建築等，都是屬於文化的範疇。在考古學上則是指同一個歷史時期的遺跡、文物等的總合體。所以從現況考古文物中的工具、用具、製造技術等，都是屬於當時文化的特徵，也象徵當時的生活、社會與文明，而我們在談的文化也就是指文明之意。

　　文明是象徵一個國家的繁榮、進步，也象徵一個社會的和諧與安定，更可以象徵一個人的修為與品德。因此，不論是哪一個地區

或是國家，都會極力在追求與塑造，以提昇總體競爭力。可見文明的價值與意義是何等重要。因此各國政府為了全民的文明提昇無不想盡各種辦法，除了在教育的基礎紮根之外，也透過各種資訊與機會做文明意識的教育與宣導。但畢竟要能達到文明的標準，不是短期間可以達成，必須是長時間、策略性、隨機性、整體性的宣導或教育，讓全民在生活或工作中得以有所學習與改善，以達到自覺、自省。

文明與文化有時候在用法上混淆不清，一般而言，文明比較偏向外在，如政治、法律、經濟、教育、生活上等的表現，以及工藝、建築與科學的成果，可以說是文明的表現。至於文化則偏向內在，著重於精神方面，包含了宗教、哲學、藝術、音樂等思想與風俗民情等。這兩者之間的互補與互動，塑造一個文明與人文的社會，所以在每個文化教育及宣導中必須讓人有「文化自覺」、「文化覺醒」的意識，才能將文化與文明作適度的調適與發揮。

然而，面對這麼多的方法或技巧，要學習文明又談何容易呢？因為人生活在忙碌中、在困惑中、在工作中總是會被現象或茫然給掩蓋，因此唯有從「做中學」、「學中做」的基礎與實際做起，也就是說要讓人覺得有文明，就必須要做到讓人有所感覺、進而認同與學習。而「感覺」是一種看得到、聽得到、聞得到、觸覺得到的組合體，亦即從生活、工作、人際中讓人感受到你的尊重行為、真誠態度、禮儀應對、遵守規範等簡單做起，不論個人或團體都是如此。

文化既然涵蓋的範圍很廣，從一個文字、音樂、風俗禮儀、圖騰等到建築造型、生活器皿、用品等的展現，也都是有文化的基礎，這也是現在世界各國非常重視並極力在保護的最重要資產。因為文化既然在該地區形成，也會在該地區深耕、發揚光大，所以也是無法被取代，因為這正是該地區的一個「根」源。

　　文化也是該地區人類的基本生存方法，所以會有各自不同的生存方式，有不同的生存方法，如有的是靠種植農業，也有的是靠畜牧。不論是哪一個民族，最初衷的生存方法都只是為了滿足物慾和延續後代。所以人類為了生存的需要，利用很多自然物材或身體本能創造出各種不同的工具，竹具、石器、鐵器，甚至包含語言、文字、思維等也是屬於工具，也為了生存而會使用不同的工具。

　　因此，依據前述概念文化又可分為精神文化、制度文化與物質文化三種。精神文化方面，人類為了自我需求與滿足所形成的一種價值觀，如宗教信仰、圖騰造型、民俗風情、生活形態、倫理道德等。制度文化方面是在於為了人與人之間的利益、互動與所有而產生的一種規範。物質文化方面，則是為了符合與改造需求的領域如建築物、生活用品、交通工具、環境位置等。人類為了心理安定、自尊需求所以會藉助宗教或生活來滿足，也會為了生理與安全而建造可以遮風避雨的生活方式，更運用各種規範來彼此約束等，這些的形成都是屬於文化的基礎與來源。

　　英國人類學家泰勒（E.B. Tylor）在其所著「原始文化」中，對於文化或文明，以其廣泛性的民族學意義來談就是一種複合整體，包含道德、信仰、知識、藝術、法律、民俗等，以及可以作為社會所學習的一切能力和習慣。

　　美國人類學家克萊德・克魯克洪（Clyd Kluckhohn）在「文化與個人」一書中也作了一些總結：1. 文化是學而知之的。2. 文化是由構成人類存在的生物學成分、環境科學成分、心理學成分以及歷史學成分衍生而來的。3. 文化具有結構。4. 文化分隔為各個方面。5. 文化是動態的。6. 文化是可變的。7. 文化顯示出規律性，它可借助科學方法加以分析。8. 文化是個人適應其整個環境的工具，是表達其創造性的手段。

　　美國社會學家戴維・波普諾（David Popenoe）在文化定義則認為：文化是人類群體或社會共用的成果，這些共有產物包括價值觀、語言、知識、物質及制度等。

　　所以，從人類學或者是社會學來看，在不同學科對於文化的定義，如政治學、經濟學、歷史學、哲學、語言文學等都各有不同的觀點。總體的來說，各個學科對文化的定義有共同點，也有不同點。但儘管如此，由眾多學科對文化的定義所產生的文化定義現象，是一個正信的現象，雖然會有許多不同的觀點，這也是文化有值得研究與發展的空間。同時各種不同觀點與立場的存在，將會有助於相互之間的交流和融合，使人類在理解什麼是文化的時候，還具有一個更為開闊與多元的視野。

　　因此，文化的定義足以反映對於人類及社會的密切關係，不僅詮釋了文化與人類社會進程的關係，而且還說明了文化與人類社會整體的關係，這種關係涉及到社會的各個層面和領域，同時也說明了文化對每一個人的個人思想、權利、自由、生存等的影響。

　　文化是指人類所創造出來的精神與物質價值，如宗教、文學、教育、藝術、音樂、科學、建築、生活等，在考古學上則是指在同一歷史時期的遺跡、文物的總合體。所以基本核心是符號系統，如文字，文化也是共有的一系列概念、價值觀和行為準則，它是使個人行為能力為集體所接受的共同標準。文化與社會是密切與相關的，沒有社會就不會有文化，但是也同時存在於沒有文化的社會，所以雖然在同一個社會裡，文化也是無法呈現一致性。

　　文化也是透過學習而來的，而不是通過遺傳或天生具有的，非人類的各種動物也有各種文化行為的能力，只因這些文化行為是屬於單向的文化表現，當然和人類社會中複雜的文化象徵體系相比較是顯得有些差異。

　　文化的基礎既然是語言和文字，所以包含其他表現方式，如圖騰、肢體、行為等，可以說整個文化體系是透過各種象徵體系深植在人類的思維之中，而人們也透過這種象徵符號體系解讀呈現在眼前的種種現象與事物。文化具有延續、傳承、創造、發展、延續性的特點，是一個開放性的、單向性的、擴散性領域，隨著人類社會的發展而不斷改變與深化。文化還具有不同文化之間的包容性和借鑒性、對某種文化的認可程度與選擇性、不同地域的趨同性等。

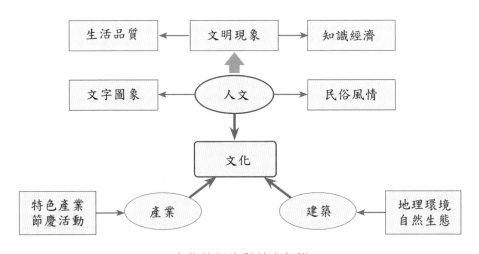

文化的衍生與基本架構

## 二、文化的本質與意義

　　早期人在感覺寒冷的時候，會想要披上一件獸皮以禦寒，也會為了遮風避雨而搭建樹葉屋，為了避免野獸侵襲而搭建樹上屋等，即至後來才漸漸的衍生出各種禦寒、避雨的更新的建材與建造方式，雖然這都是保暖與禦寒的方法。因為這種需求的方法變成了所謂的「方式」，因為人們開始會用不同的方式來禦寒與避禍，但基本上也都有其文化因素存在。

　　在各種方式中也會再衍生出各種的方式，就如「東方文化」與「西方文化」到最後的發展趨勢及差異也就很大。如東方文化裡會忌諱家庭因素而比較少留鬍子，但是在西方卻視為是一種特質與個性的展現。東方早期傳承的女性裹小腳，但在西方就沒有。在中國的三大發明之後僅止於單一功能的使用，但在西方卻將之又衍生出各種用途，雖然也改變了人類的宿命與文化，但也創造了人類的發展與文化層次，其實都是各有利弊，而這些也都是屬於文化不同的展現方式。

　　其實，不論如何發展與延續，都是在文化的基礎下有所創新與回歸。人類初始在未有「火」的時期，對於蔬果也是生食為主，到了火的發現之後才懂得將蔬果煮熟來食用，但是到了今天這個科技文明時代，人類又回歸所謂的「生機飲食」時代，尤以西方更是普遍，而東方也隨之而學習使用。就如初始運用動物來運送物資的時期，也沒想到會因此而研發出車輪來強化運送工具，即至車輛、輪船、飛機等交通工具的研發等，甚至是網路資訊的傳遞與整合等，這些也是一種文化發展的方式，同時也為生活帶來舒適與便利性。

　　自從東西方文化的各自衍生之後，即產生很大的文化差異，如建築、穿著、藝術、工藝、音樂、科技、生活等。早期中國傳統旗袍、唐裝也是在西方文化的衝擊之下漸漸式微與消失，其實這是一

種文化的流失，非常可惜，只因人類在迷失方向之後所產生的後遺症，而這種迷失的關鍵在於「心念」，也就是凡事過於貪婪、比較、虛榮等所演化出來的假象。也就是說旗袍或唐裝在歷經一段時期的盛行後，未能再加以文化創意及昇華，所以當接觸到西方的西服或新款式服裝之後，再加上崇洋心理、時髦心態使然，遂而改穿起西服或洋服，漸漸的旗袍或唐裝就顯得是落伍與傳統。但是無論如何的擁有與享受，最後仍然都必須面臨「歸零」的結論，也因為如此而產生與改變了人類諸多的宿命，是值得人類對文化必須重新再深入探索及思考的地方。

因為在文化的本質上其實是沒有所謂的高低之分，只因人們的不同想法、需求及自私而予以區分及改變，並隨各自發展而產生彼此之間的競爭，這不是文化的原點與本質，但是人們至今仍然忘了這種本質意義與價值，也雖然會有各自的發展趨勢，但是仍然必須回歸文化本質的「真」、「善」、「美」為宜，而這種本質都不能屬於特定的用途與意義，應該提升至人類生活新價值與心靈需求的層次，並伴隨整體生態的自然融合而造福人類，這才是文化最高層次的本質。

人類依據生活與心理需求而衍生出具文化特色的建築、用品或產業，從遺留下來的中國建築與古文物即可以看出來，或不論是生活使用的器皿、人際互動與贈禮的玉器、為了滿足慾望與顯要地位的銅器或裝飾藝術等，其實當初在設計及製作時也都是含有文化元素，諸如圖騰的設計意義、色彩的象徵意義、造型的搭配與組合、規格的符合人體工學等，都是與文化的本質有關，所以才會讓人喜歡進而想擁有的因素，這也是拜文化的特質與魅力所賜。

再從其他的家俱亦然，東西方的家俱各有不同的造型與材質運用，而彼此也都蘊藏著文化的基礎元素。東方家俱重視圖騰、雕塑與原素材的組合，所以顯得是古典、原味。而西方文化則以造型、色彩與加工裝飾藝術的組合，講究氣派、華麗，都是各有文化與特

色。但因為東西方也面臨經濟融合意識，已經有所改改變了，所以在家俱的造及色彩型顯得更具創意、更具華麗，而這些都已經缺乏文化的基礎，所以追求的是新意識與新創意而已。

建築方面也是如此，東方重視家庭社會的組合與造型，如四合院、圍樓屋等建築。而西方則以圖騰與華麗的組合為主，如哥德式及超高大樓洋房等建築，所以在建築上東西方是非常的明顯差異，但也因為在人類追求物慾及享受之下，漸漸的東西方建築已經融合為一體，再加上因為新素材的研發及創造而往上發展，所以雖然更具設計造型及新創意，但卻也缺乏文化的內涵，形成大同小異的現象，也導致現在大家對古文化建築的懷思與重視，並進而極力保存下來，如東方的紫禁城、寺廟、長城等，西方的古羅馬劇場、德國科隆大教堂等，因為這些的建築都融合當地方特色文化元素，所以才被懷念與保存。

其他如飲食也是如此的發展，甚而更有取代趨勢，雖然有些地方仍然保持著特色文化的飲食，如中國湘菜料理、日本式料理、台灣小吃、印度咖哩、西方的法國料理、德國豬腳、英國漢堡等，但也因為人類生活與意識的改變，所以發展成美式速食、歐式自助餐等，都是為了講求效率與方便，因此攸關健康與養生的文化飲食概念就被取代了，取而代之的是經過加工快速、簡便、輕食的所謂垃圾食物與食品，進而影響人類體質與改變了人類的生活習慣。

長期如此發展與趨勢才讓人們意識到文化的存在價值，也讓人們感受到文化存在的精神，是不容取代、割捨、無法量化，這也是現在世界各地都以「文化」為核心價值的再塑造、再深耕的原因，並以此為主軸的產業化與價值化發展，以提昇國家的總體競爭力。因為文化是具有自然與環保意識，可以有所延續、可以有所傳承，所以是可以長青、可以融合與具有生命力。也雖然人類因為拜科技

研發與文明提升而快速發達，但終究是缺乏人文內涵的文化基礎，所以容易被人淡忘與屏除，因為是可以隨時被取代、可以被量化，所以其價值就無法更深入，也無法再延續與創造。

　　因此，世界各地會因地形、地物、地區之不同而再形成各自獨特的文化，這也是無法被取代、無法被衡量、無法被忽視的地方，所以其價值也是可以延續、可以再深入創造，也是近世紀文化產業興起的原因。值此時機我們更應以文化既有的本質與意義，再深入、再思考、再創意的將文化元素融入食衣住行育樂中，而不是只有融入藝術的創造與純欣賞，才有助於提昇人類的心靈與新價值。

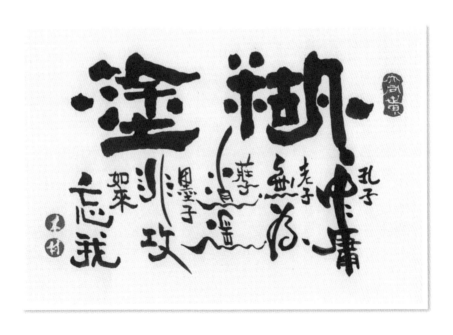

# 三、文化意識的時代來臨

秦漢時代是以儒、墨、道三家為主的中國文化思想，直到唐宋以後，即轉變為以儒、釋、道三家為主的中國文化思想。在民國成立初期，因為發生了五四運動後，在中國文化的主流上又起了一陣漣漪，更影響了幾十年的中國文化思想。

就前述儒、釋、道各家的白話來說，如：儒家就好像精神糧食店，佛家是大都市裡的百貨公司，而道家則是藥品店。其實綜觀中國人的思維，生活與習慣，裡面所有的內容都是人生來必需的項目，也是不可或缺的，當然你也可以不必去理會它，除非你失意、沮喪、茫然或者是需要時。

從中國歷代的轉化與演變至今，不外乎是「內以黃老，外為儒術」的策略做為治理朝政的手段。也就是真正運用於內在、引領思想的是黃、老（黃帝、老子）哲學，這是中國傳統文化中的道家思想，而外在所標榜的即是在宣導孔孟思想，也就是所謂的儒家文化。

「文化」是指人類展現在活動上的行為模式，並給予這些活動的行為模式符號化，所以不同的人、地區對「文化」就會有不同的定義與詮釋。文化包含著有形的文字、建築、設施或產品，以及無形語言、音樂、文學、繪畫、雕塑、戲劇、電影等。文化可以用一個民族的意識形態來詮釋它的文化如：拉丁語：cultura、英語：culture、德語：Kultur。

以考古學的「文化」是指同一歷史時期的遺迹、遺物的綜合體，所以有時候文化也意味著是文明。因為在同樣的工具、器具、製造技術等之下，所形成的各種具體象徵，就會產生同一時期文化的特徵。

有「人」才有文化，所以文化在漢語中是「人文教化」的簡稱，也就是是專責討論人類社會的專屬語言，「文」是基礎和工具，包含語言和文字，而「教化」則是這個詞的真正關鍵所在。因此，「教

化」是人類精神活動和物質活動的共同標準規範。如果以動詞的「教化」來看，則是共同規範所產生傳承、傳播及得到人類認同的過程與手段。

從哲學的本質與角度詮釋文化，只是一種表現的形式，主要是因為哲學的時代和地域性決定了文化的不同風格。文化是對一個人或一群人生活方式的描述，也是在人類互動過程中的言語表達、交往行為、意識認知方式。因此文化不僅在於描述一群人的外在行為，同時也包含個人的自我心靈意識和感知方式。

企業裡也有文化存在，舉世知名的國際企業 3M 最重要的經營關鍵，在於該公司推行多年所謂創新的「私釀酒法」文化，這是一項非常具創新的經營法則與文化，而且是歷久不衰。所以 3M 公司每天能夠擁有近 1.5 項的新商品出現，也就是運用創新的「私釀酒法」來創新經營與塑造創意的企業文化。

3M 公司的私釀酒法文化，主要是鼓勵該公司員工利用業餘時間，進行公司所有商品的改進與創新動作。亦即任何員工對該公司所有的商品，都可以再提出改善與創新的建議提案，並經公司評估可行、研究改進後，即進行生產上市，同時對提出該建議案的員工，將可以獲得該項商品 15% 的利潤做為報酬。3M 公司此舉的創新經營，除了塑造該公司創意、共生共榮的企業文化與形象之外，更建立消費者對 3M 商品的認同度，這也是創新文化的元素。

因為員工最清楚公司的產品特性及意義，也最了解公司的發展，因此透過公司內部的提案制度文化，讓員工參與公司商品研發的創意策略，不只可以建立公司溝通管道，有效塑造公司的企業文化，更可以創造公司的新商機與新價值。

就如近年來世界各國都在盛行的「文化創意產業」，也是文化發展的另一契機。因為如果僅以「創意產業」做發展，雖然會產生價值，但後續的動力則比較難以持續，因此如果將文化融入創意及產業，那又會是不一樣的後續動力與價值了。英國早在 1997 年就成

立「創意產業籌備小組」，並由英國首相布萊爾帶領直接推動，除了創新之外，還運用人的創造力、智慧力、文化藝術等作結合，不只具有高度的經濟效益，也能帶動周邊產業發展。同一時期南韓也運用電影與數位等產業發展「文化內容產業」，獲致很大的成效。類似這種作法包括澳洲、紐西蘭、歐洲諸國等。一般認為繼「資訊產業」後，「文化創意產業」將被視為新世紀下一波的經濟動力原點。

　　「文化創意產業」也就是將文化意識透過知識經濟概念的創意運用，並創造具有經濟與產業價值的潛力，以提升整體生活環境與品質。文化創意產業可以結合許多不同產業的發展模式，藉由政府政策的推動與民間創意能量的發揮，對經濟的轉型發展以及民眾生活型態的改變具關鍵性之影響。整體從文化面、創意面、藝術面、設計面來提升人民的生活品質，落實文化創意產業的發展精神。但文化產業也會面臨很多的挑戰，如全球競爭、創新、資訊化、市場等衝擊，因此必須隨時創新經營，這就是「創造力」，也是文化創新產業的核心價值。

　　因此，不論從那個角度、那個立場談起，基本上都是脫離不了「文化意識」。因為是文化，所以是屬於無形的知識與價值，無法被取代，這也是文化之所以被未來看好的因素，也是各國極力發展的趨勢產業與價值。

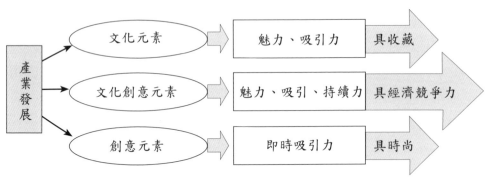

**文化意識產業發展價值差異**

# 四、文化影響人類的關鍵

　　文化不只是一種時代的傳承、歷史的見證，還是人類生活的基礎元素，因為透過文化讓人類懂得學習、懂得感恩、懂得尊重，在人際的互動、在生活的領域，是無所不在的影響人類。透過符號創造各種文字，提昇人類的知識、生活與文明，透過文化讓人類的食衣住行育樂得以提昇與強化。

　　尤其是早期的西方文藝復興運動，以及近期中國的新文化運動等，都是人類在文化上的大躍進與大突破。在歷史的發展中，每至偏執或爭紛時，總會有一股新興的反本運動繼起，訴求回歸原點的文化精神與價值，並期許再從中汲取新生的道德力量。曾幾何時台灣的「公民與道德」、「新生活運動」、「職場倫理條款」等運動發起，不就是因為在社會或企業最需要的時期被提出來，並做為全民或員工行為的依據、標準規範，但最後卻又因為人類的執著及迷惘於貪慾、無知、短視等，這些運動或條款再度被淪為口號，甚而被漸漸淡化或放棄，如此一而再、再而三的重複繼起，不就是在訴求文化與道德觀的重要性嗎！

　　中國新文化運動在中國歷史意義上是重大的，作用也是非凡的，也雖然至今仍然有人對這種運動各有不同的解讀與詮釋方式，但是就當時的環境及現況而言，或許是值得的，只是我們容易以現況思維及現象做當時的評斷，或許會有失客觀，但是畢竟透過這種新文化的運動，是為中國近代史及人民生活產生極大的影響，如事件產生、思維的改變與衝擊，以及未來的影響與發展。以食、衣、住、行、育、樂方面分述如下：

文化與歷史發展軌跡

### 1. 飲食方面的影響

　　有巢氏時代人類還不懂鑽木取火和熟食，所以沒有所謂的飲食文化。直到燧人氏鑽木取火之後，人類才懂得熟食而進入石烹時代。接著是伏羲氏在飲食上結網捕魚，養畜牲等。神農氏更進入「耕而作陶」的時代，他發明農耕教導人民種植，製作陶具才使人類有了炊具和食器，同時也為後續製作發酵性食品而提供了啟發效用，如酒、醋、醬等。黃帝更提昇了中華飲食文化，因為黃帝作灶，所以成為灶神，從此不僅懂得烹飪還懂得調理。

　　周秦時期是以穀物、蔬菜為主食，春秋戰國時期除了穀物與蔬菜之外，還包含了小米、黃粱、黃豆等。漢代因為有中西（西域）飲食文化的交流，而引進甜瓜、西瓜、菠菜、胡蘿蔔、扁豆、大蔥等同時還傳入一些新的烹調方法，如炸油餅，胡椒餅等。淮南王劉安發明豆腐之後更使豆類的附加價值產生。明清時期的飲食文化又是一高峰，是繼唐宋飲食的延續與發展，同時又融合滿漢的特點，促使飲食文化結構有了很大變化，其中滿漢全席即代表了清朝飲食文化的最高水準。

## 2. 服飾方面的影響

　　人類從揮別猿猴相似後，經過蒙昧、野蠻到文明時代，也從初期披著獸皮與樹葉，在風雨中渡過了難以計數的歲月，終於勇於跨進了文明時代的門檻，懂得遮身暖體，創造出物質文明，除了禦寒而研發出不同穿著的藝術，如金裝在佛，其作用不僅在遮身暖體，更具有美化的功能。服飾是物質文明的精神與結晶，可以說是從服飾起源開始，人們就將生活習慣、民俗風情、審美美學、色彩喜好，以及各種文化意識、宗教觀念等融於服飾之中，強化了服飾文化精神文明的內涵。

　　清朝是滿漢文化交融的時代，所以在我國服裝史上改變最大，保留原有服裝傳統的馬褂、旗袍，現已成為中國的傳統服裝。到了民國時代服飾因為受到西方的影響，服飾已從煩瑣變得更輕盈，其中如中山裝是男子主體服裝，旗袍則為女性主體服裝，但現代服飾除了講究顏色豐富、款式造型新穎、追求個性化之外，同時又兼具創意化、環保化、特色化和文化性的元素。

## 3. 居住方面的影響

　　居住文化改變了人類的集體意志，從早期的簡陋遮風避雨到現在的科技大樓等，而且會因每個地區文化之不同，居住環境也是有所差異，不只影響人類的生活，也改變了人類的思維與價值觀。興盛的房產業讓大家成了或多或少的有產者，同時由於居住文明的演化，使人類更有了生存空間的選擇權，這是一個文化的基本概念，也就是居住文明的發展對生命品質的改造。同時居住文化的發展，使每一個居民擁有居住空間的審美權益及審美責任。就如歐洲其實並不是他們學校裡有很多美學課，而是他們從小就生活在一個有非常多元與文化的生活環境裡，才讓他們習慣了那種優美的環境。

　　很多大樓也為了展現其價值，從造型到命名也都依存文化基礎作發揮。其實現在居住環境也都傾向於希望有碧藍的海邊、溫和的

陽光、溫暖的天氣、簡樸而又舒適的別墅、方便的購物、乾淨的沙灘，這種融合了自然生態的建設方式，社會文明的起點和終點也都是自然生態，德國首都柏林讓人震撼的就是把一座森林造在城市中間，這種崇拜自然、尊重自然，融入自然的情懷是每一個居住與建設者要追求的最高的境界。

### 4. 交通方面的影響

交通不只是經濟現象，也是一種文化現象，我們稱之為交通文化，交通文化是人類社會最基本的活動之一，人類的交通史與生活史一樣源遠流長，交通的發展影響著社會的進步和繁榮。從廣義而言，可以界定為交通是人類運載手段，促使客體物發生地域性位移的一種社會經濟活動。從狹義而言，交通是指人與物體在物理意義上的位移。因此，交通文化作為一種具有特殊內容和表現手段的文化形態，是人們在社會活動中依賴於以交通、交通資源、交通技術為支點的資訊活動，而創造物質財富和精神財富的總和。

交通文化的建設影響人類生活及生命安全，也就是在基本規範上作管理及約束，讓人得以更安全及方便使用交通工具。交通文化包含著無形資訊的傳播，也因為傳播內容影響人類各項生態的發展，包含思想觀念、政治、宗教、歷史、科學到文學藝術等。交通理念、交通文明的發展等是人類精神文化的組成部分，交通技術及其產品不斷地充實和豐富著人類社會的精神文化，改變著人們的思想與觀念，也改變了人類的生活意識與習慣。

### 5. 教育方面的影響

文化是延續與發展社會現象，與教育相伴而生、相隨而長，文化具有教育社會價值和存在意義，教育則給文化以生存依據和生機活力。中國的「易」與文化有密不可分的關係，因為保存有很多珍貴的思想意識。在易中有關於「文」為形式的思想，在儒、釋、道都有所提及，並各有不相同的解釋與闡述。文與化最早是出現在易、

賁、傳中：觀乎人文，以化成天下。「文」是指禮樂法則或制度，「化」則是指教育化成。文化與道德是相近，是指文治教化，並與武力相對，也是現今社會所重視的道德觀基礎，所以與社會關係、社會結構、道德文化有密切關係。

教育活動屬文化的制度層面，而教育理論則屬文化的精神層面。在教育活動中，學校教育本身就是制度化教育的代名詞，雖然是非正規、非正式教育但並非是雜亂無章的、零散的制度化教育。從教育理論的角度來看，教育又是文化精神層面的要素，它所產生的思想觀念是人類知識寶庫的一部分，它所形成的價值規範也是人類價值判斷體系之一，它所需的技能、技巧也是人類藝術的一枝。

## 6. 音樂方面的影響

綜觀歷史，中國禮樂制度具有維繫社會秩序的功能，諸多儒家思想作品，如：荀子著「樂論篇」、史記的「樂書」、禮記的「樂記」、詩經的「大序」等，都認為音樂對人性具有教化作用。

傳統的音樂是中國傳統文化和傳統倫理道德理念的產物，是經過歷代藝人精心塑造、篩選的優秀音樂文化遺產，是前人遺留下來的無形資產，洗禮著人類心靈、陪伴著人類生活、塑造人類的品味，傳統的音樂也是社會教育極為有效的文化工具。就如潮州傳統音樂，潮州人去到哪裡就把潮州音樂帶到那裡，很多華僑出外謀生的情況，我們明顯看出潮州人的適應能力特別強，吃苦耐勞、團結互助、靈活經營、崇尚古德、又善應變，這跟潮州文化和潮州音樂都有直接的關係。

中國傳統音樂文化是促使中國屹立於世界民族之林的根本，又是促使中國能夠合作團結、長治久安的因素。就全世界的音樂而言，中國的音樂文化是以古老、多樣、優美而居最，具有多樂種、多形式的傳統音樂文化。有一句話：學音樂的小孩不容易變壞，由此也說明了音樂對人類的影響與貢獻。

文化與人類生存互動影響

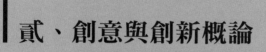

# 貳、創意與創新概論

一、創意概念

二、啟發創意的靈感

三、創意養成技巧

四、創新概念

五、創新的養成技巧

六、創意與創新的新商機

創意是舊元素的重新組合，是打破常規的一種策略，是改變既有的運作模式。

創意無所不在，創意也不是某些人、某個單位的專利品，而是每個人的必需品。

任何商品、技術、市場、成果等，會有極限的時候，也就是會有生命週期，終有一天會面臨被取代的命運，或者是會被市場淘汰，所以才必須隨時再生、再創新。

# 一、創意概念

　　文化創意產業之所以必須融入「創意」的原因，在於文化只是一個名詞，但為了符合現代人類生態及發展的需求、教育以及更具價值產生，所以才必須融入創意，也就是必須對文化要有所自覺、深入與認同，才會更具創意，因此如何讓文化「保持既有元素、再造更具創新」即是文化產業創意的原點。

　　創意是舊元素的重新組合，創意是傳統的叛逆或逆向思考，是打破常規的一種策略，是改變既有的運作模式。創意是無所不在，不分年齡、老幼、性別，隨時都在產生，哪怕只是一點火花但卻有引燃大火的可能。美國哈佛大學商學院教授克雷頓・克李斯丁生（Clayton Magleby Christensen）發展出「破壞式創新」理論，他認為破壞可以是正面的力量，創新是選擇題，而不是是非題，所以他的理論不斷的印證在不同的產業、不同的市場，因此受到世人的尊崇。如近期的 google、Apple 等公司將複雜的商品，轉化為更簡單、更便宜、更功能化，讓更多的人可以消費得起。所以創意是具有新穎性、創造性、破壞性的想法，創意比較偏重於思想性、想像性以及反向性，如廣告創意、行銷創意、商品創意等，是一種引燃點。

　　現今幾乎所有的經營管理、商品研發、市場策略、組織發展等，所追求的共通訴求特色是「創意」。也就是不論如何的系統、流程、手法等，都強調必須要有「創意」的方法、觀念、技巧。這也是自古以來任何經營管理、人生處世不變的唯一法則。任何系統與方法，都有極限，所以必須隨時破壞或創新，您才有機會贏在起跑點、競爭的路上、終點的獲利，傳統的方法只會增加成本、延長達成目標的時間、浪費無形的資源。

　　紐約有一位流浪漢為了想賺取人們更多的施捨，所以他每看到車子一停下來時，他便趕緊的趨前幫忙人開車門。但是初期有些人就是毫不理會，或者嫌惡地隨便丟錢給他，以便打發他走開。直到

有一次，當他照例如此做時，剛好有一位中年紳士下車，對著他面帶微笑，並真誠看著他說：「謝謝您的服務！」

對這位許久以來自己覺得卑微的流浪漢來說，他第一次感受到生存的價值，原來他體會到自己是在做「服務」！所以他開始轉換自己的心情，為往來擬下車的人，提供更親和與友善的開門、關門服務，而且他還主動的與路過的人問好、謝謝！流浪漢如此的改變與創新方式，為他帶來更多的財富，同時也因為他的服務精神，感染了其它業者的學習。縱然是一位流浪漢，也是會面臨競爭、面臨生存的壓力，所以也必須要有創意與創新，更何況是隨時處在創新經營與同質化競爭時代的我們呢。

人類本來就具有優質的思考能力、創意能力、潛在能力，只是會因每個人生長的環境不同、成長過程不同、教育方式不同等，而產生差異，但是到了一個人能夠自主時，就必須要再思考、再創意、再激勵的自許，才算是人生的起跑點。小時候的聰明、智慧，並不代表長大後的成就結論，因此從一個人可以開始自主創意時，才算是人生的開始，也就是現在的您，因為自主開始創意時是沒有時間、年齡的限制，只要起步永遠都不遲，但也不能一直存著等待與期待喔。

當您的思考與人不一樣的時候，您就已經是贏在起跑點上了，至於中途的競爭過程中，仍然是需要您不斷在「創意」上堅持、毅力、創新、執行應變等配合，那您一定會成功的。創意是來自於知識、智慧、經驗與環境的組合，知識是隨時、隨地的學習、觀察與充實，智慧是運用知識，隨時、隨地的思考與激盪，經驗是來自於多做、多思考、多看、多聽等的累積與實務，環境是隨時在考驗、激勵我們的對象與地方。因此一個人如果愈能面對惡劣環境，愈能積極的學習、愈能視機會展現，而他的創意也將會跟著增加與累積。

創意愈加累積就會愈成熟，所以說人類的潛能是無限的，原因即是在此。創意並不是將沒有的東西硬擠出來，而是從最前頭處源源不絕的汲取出來的泉源。一個小孩子從出生開始，都是從他週遭

的對象開始模仿，包括語言、行為等，此時比較不會錯誤。但是當年長至三、五歲以後，他的錯誤也會隨著增加，其實這不並是他的學習能力退步，而是他漸漸地會學習操控能力、自主能力，包含語言能力，及至小孩長大成人之後，也會因接觸不同的人群、社會等，在從家庭到學校、企業、社會等，都會因為垂直的倫理結構束縛、橫向的社會現象、生態發展的衝擊等，而影響他個人思維與創意的自由度發揮。

### 1. 傳統發展型態

原有形態　　　傳統思維與作法　　　維持原有形態

### 2. 自覺發展型態

原有形態　　　加入自我感覺良好　　　稍具差異化形態

### 3. 創意發展型態

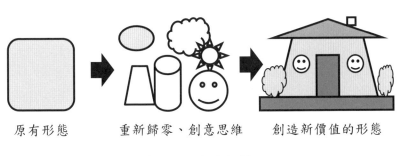

原有形態　　　重新歸零、創意思維　　　創造新價值的形態

創意發展過程與價值

# 二、啟發創意的靈感

創意無所不在，創意也不是某些人、某個單位的專利品，而是每個人的必需品。尤其是在面臨這個快速變化、資訊發達、同質化、競爭化的時代，你會的、你有的，別人也會、也有，那就毫無競爭可言了，最後只能跟著淪入紅海策略 ( 同質性的價格競爭策略 ) 的漩渦裡。

因此，現在的競爭與經營必須要有「創意」才是關鍵。牙膏大王有一次正在苦思要如何提升業績時，便前去請教一位專業的顧問師。當牙膏大王在見到了顧問師之後，便將他目前的困境與未來理想，說給那位顧問師聽，而這位顧問師在聽完牙膏大王的敘述之後，經過一陣思考，便拿出一張空白紙，在那張白紙上寫了幾個字，然後將那張紙對折再交給了牙膏大王，並當面向牙膏大王索價美金伍萬元。

牙膏大王將顧問師寫給他的紙張打開一看，紙上只有幾個字而已，竟然要價美金伍萬元，認為是太貴了，便向顧問師反應是否可以減價。顧問師一聽之後二話也不說，便擬要將他剛才交給牙膏大王的紙張拿回來。此時牙膏大王勉強同意支付伍萬元美金予這位顧問師，才完成這筆顧問費用。原來這張紙上面寫的字是「請把牙膏的孔再加大些！」

一位農夫趕著一隻豬要進鎮上去拍賣，但是真不巧，這隻豬卻不小心掉進路中坑洞裡，而那隻豬也一直在嘗試著想爬躍出來，但是都無法得逞。此時農夫也心急，一個人又無法抱起那隻豬，週遭又沒人經過。最後農夫改變思維，立即在坑洞旁上邊挖土，並陸續的把土給放入坑洞內，就這樣當土愈填愈高時，那隻豬便能自行爬出坑洞了。

　　日本經營之神松下先生投資一家專責生產電風扇的企業，並任命西田千秋為總經理。西田先生不負使命，將電風扇的技術發展至相當卓越後，認為可以再發展更多樣的新產品，因此便請示松下先生的意見。沒想到松下先生卻對他說：「你只要專心做「風」的生產就可以了！」西田先生因為松下先生一句「風」的提示，讓他重新思考執行的應變策略，隨即他著手成立「風家族」，並進行研發與「風」有關的新產品，後來陸續開發出與風有關的新商品，如：吹風機、排風扇、鼓風機、防寒換氣機、調溫換氣扇等相關產品，也創造了輝煌的銷售紀錄。

　　一位家庭主婦，因為每次在拖地板時總是覺得很累，因此她便利用各種姿勢來轉換拖地板的方式，並且降低身體的勞累。最後她發覺把腳尖頂立是最有效、而且又可以健身、消脂減肥的功能，可是長期如此的把腳頂立也是會累，因此她索性將拖鞋後半部給墊高起來，但經過使用後並不是很理想，最後他乾脆把拖鞋給剪掉一半，並試著使用，最後她發覺成效不錯，不只可以健身又不會累，因此造就他研發「半拖鞋」的新商機。

　　美國一位年輕人李維 • 斯特勞斯（Levi Strauss），早期到舊金山去參加淘金。在淘金的那段期間，他發現前來淘金的人，非常缺乏生活用品，因此他便開設一家專門販賣生活用品的店，包括露營用品、帳篷等。有一天，一位淘金的工人去他的店裡購買商品時，剛好看到他有賣帆布，便跟他說：「如果你能將帆布做成褲子給淘金的工人穿，那將有多好，因為用帆布做的褲子比較不容易磨破。」為此，李維 • 斯特勞斯便著手用帆布做了一批褲子，沒想到竟然很快地銷售一空，他因此賺了一筆錢，這就是目前「Levi's（李維牛仔褲）」的由來。

　　沒有錢，任何時間可以再努力賺，不會的事，任何時間也可以再學習，唯有時間、機會失去時，就沒有再補救的辦法了。日本兵庫縣有一家非常出色的便當店，稱為「本陣」，這家便當店外表並不怎麼起眼，但卻是日本首屈一指的便當工廠，因為它年營業額竟達八十億日幣。這家便當店強調「品質保證」、「價格公道」、「口味絕佳」。它之所以成功主要原因在於這家便當店的地下，埋置相當數量的活性碳，牆壁也是如此，此外還安裝了電子水的裝置，再用這種水來處理食品加工材料。總之，這家便當店就是透過活性碳使整個工廠形成一個磁場，產生一種十分優良的「氣」味。

　　也許當我們還享受在舒適的生活裡、沉醉在過去的成就裡、無奈在競爭的環境裡、世上再也沒有所謂的標準模式可循、計畫永遠趕不上變化之際，您是否有思考過下一個未來將如何呢？也許是吧，雖然每個人生存的機會點不同、利基點不同，但是唯一相同的是時間與同個地球，也就是每個人都必須去面對這個變化、競爭的大環境，不論您身在何處，其實都是一樣的處境。

　　先進國家有先進國家的競爭方式，落後國家也有落後國家的生存之道，關鍵還是回歸到「競爭」、「生存」的問題，所以我們將所學的、所知的、所能的提供您參考，因為這個時代是共榮、共生、共存的時代，如果可以就結這個「緣」，讓我們一起來「變」才會贏，也就是現代常談的「整合再造與創意」。

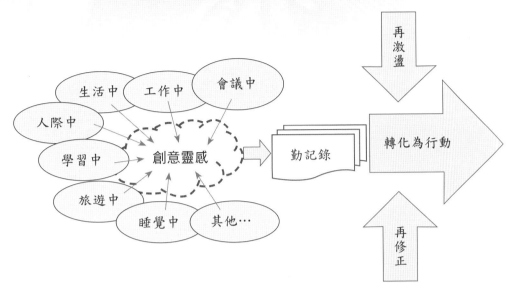

創意靈感的啟發契機點

# 三、創意養成技巧

其實在您週遭的觀察、生活、工作、學習中，隨時都是您啟發靈感與創意的來源、機會。但是前提之下，您必須有下列的配合要素：

1. 請您先準備 一枝筆、一本筆記本、一部相機（傻瓜、數位或手機都可以）必須可以隨時、隨身攜帶。
2. 將您所看到、聽到最特殊以及最有創意的人、事、物，引發你的靈感與感覺隨時全部記錄下來，哪怕是已經在睡覺中、休息時，您也要立即起來做記錄。
3. 所有任何記錄的過程先不要做價值判斷，先做忠實的記錄即可。
4. 於當天或一段時間之後（最好一星期以內）將所有記錄做歸類與整理後，再適時做深入思考與創意激盪。
5. 將所歸類的項目做目標管理，並依序邀請相關的友人參與創意激盪。
6. 如果有好的創意、資金又夠的話，那就自行創業，但是如果資金不足，那就尋求合作(金主)對象了，但前提也是要顧及所有參與者之共生利益。
7. 上班、逛街、約會時，隨時觀察所看到的街景、建築、路標、商店、廣告、海報、陳列佈置品、活動等任何設施與現象。
8. 搭乘公車、捷運、火車、公路等或沿途的景色、人潮、車站、公共設施、賣場、景觀、建築物、農業、音樂或感覺等。
9. 看電視新聞、特別節目資訊、創意活動、開車時聽廣播、互動資訊等。
10. 多去圖書館或隨時看報紙、雜誌、相關商品訊息、企業名稱、應徵人事欄。
11. 觀察任何行人的穿著、打扮、表情、行為舉止、喜好、厭惡等，但以不打擾他人為原則。

12. 多參與研討會、課程、講座、活動、展示、聯誼等過程、情境、感受等。
13. 親臨商圈、社區、商店內觀察消費人潮、消費特性、價格、商品等現象。
14. 多注意市場新趨勢、新商品發表、消費特性、新資訊、競爭對手經營策略。
15. 可以敏銳、客觀觀察與記錄，但切忌敏感、做主觀意識的價值判斷。

　　總之，在您家庭、生活、工作、活動、旅遊、聚餐、聯誼、上課等都是您啟發創意元素的來源，您必須學習對任何人事物的「融入」、「好奇」、「問號」與「感覺」，初期或許您會難以進入情境及有所體會，但終究一回生二回熟，再加上感覺本來就是慢慢醞釀出來的，所以也急不得，只要一點點的啟示，終究還是會讓您有頓悟的機會。

　　老人帶著孫子在外散步，看到有人在賣手工餅乾，便前去買了一包，老人拿給孫子吃的時候，老人先向孫子說：「現在先吃二個，等晚上吃飽飯時再吃三個。」沒想到這孫子認為太少了，竟然哭了起來。老人便改口說：「不然現在先吃三個，然後晚上吃飽飯再吃二個。」這時孫子高興得跳起來並拍手叫好。

　　創意點子不是職場人的專利，是每個人都必須隨時具備的生活樂活元素，我們的過去不復存在，我們的未來不見蹤影，所以我們不必為過去和未來愁苦，我們只須認真的活在現在裡。就如人生其實只有三天，昨天的已經過去了，不用再去緬懷與不捨，明天未到來也是未知數，雖然有夢想與理想，但也必須要有今天的珍惜與掌握當下決心，您才有更積極的心態與機會去感受創意點子的降臨。

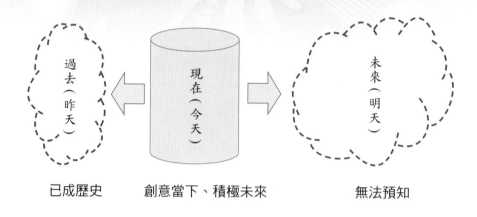

已成歷史　　　　創意當下、積極未來　　　　無法預知

# 四、創新概念

任何商品、技術、市場、成果等，會有極限的時候，也就是會有生命週期，終有一天會面臨被取代的命運，或者是會被市場淘汰，所以才必須隨時再生、再創新。如果此時迷戀過去的成就，就會捨不得現在的成果，因此在「創新」的執行上會比較不易展現。26 個英文字，隨時可以創造一篇名著，12 個音符隨時可以創造一部世界名曲，3 原色隨時可以創造一幅世界名畫，10 個阿拉伯數字隨時也可以造就世界的經濟，這些都是「創新」的最終成果與價值，簡單又具創意的新價值。

一個人的成就不在於他現在所擁有的多少，而是在於他是否確立自己的人生與未來，並積極的展開與執行，同時也能嘉惠社會及帶動新契機。一些有成就的人是經過多少次的失敗與挫折才建立起來，只是他們在失敗與挫折的過程中，我們沒有看到，而只看到他們現在成就與風光的時候，當然這會讓人產生錯覺現象，因為人有五感官，即視覺、聽覺、觸覺、味覺、嗅覺，但是一般人都習慣於運用「視覺」的感受，來衡量與評斷一切的現象，這樣的結論，我們相信您也不會同意。

傳統的養豬事業，必須靠近荒郊野外、溪流河床邊、面積大，並依飼養豬隻的數量、規模，搭建豬舍，如此才符合成本，另方面也可以規避環保問題。這樣的經營方式與環境也已經維持了好久，到現在卻成為養豬人家的痛。因為環保意識的關係，養豬的排泄物、氣味、衛生、環境等，都面臨被抗爭、被排擠，而且也面臨衛生檢驗標準等，現況的養豬事業真是愈來愈難經營呢！

　　現在的養豬事業也是必須創新經營，才能符合相關的標準，並提升獲利空間。如成本、附加、環保、通路、衛生、安全等，都必須提升，才有競爭力。現在的創新養豬事業，是以科技大樓來養豬。也就是在一棟樓高約 20 層左右的科技大樓裡。頂樓是空中花園，是所有員工的休憩、聊天、觀賞景觀場所。接著 19 樓是全員溝通、會議、教育場所。18 樓是全員餐飲、咖啡區。16、17 樓則是員工宿舍。13、14、15 樓是辦公室區。11、12 樓是幼小豬的養殖區。9、10 樓是中型豬的養殖區。7、8 樓則是大隻豬的養殖區。6 樓是屠宰、冷凍場。5 樓是肉品加工廠。4 樓是商品包裝廠。3 樓是商品庫存與物流區。1、2 樓是肉品門市區。地下 1、2 樓是停車場及物流輸送區。地下 3、4 樓則是廢水、糞便處理區。糞便另外處理至大樓外的漁池場，提供養魚的養分。廢水經過處理之後，作為全區的園藝、景觀澆花之用。在所有的經營與管理過程，全部是電腦化作業、生化菌處理、合理化流程，所以在品質、環保、包裝等都符合標準化。當然在衛生上也是符合認證的標準。類似如此創新的經營手法，相信在其它產業也會相繼的創新。因為現在的經營，不只是商品的品質要求，更必須建立消費者的信賴度與認同度。

　　創新是挫折的剋星。每個人在生活、工作中，難免會遇到挫折，此時，如果您改變過去的思維、心態與方法，將可以為您再創造另一機會。因為人生本來就是有起有落，不可能事事都如意，所以把挫折當作是「創新」的轉換點，將會有更多的新創意出現，問題也在於您的意願了。人類因為在成長的過程中，受到外在環境的影響，以及內在生活的壓力，所以與生俱來的創新會慢慢的退化，並逐漸的消失。這期間如果沒有加以繼續使用，多動動腦，那退化將會更快。

　　因為，我們從出生開始，便必須接受各種的教育觀念與行為規範，所以被培養出一些框框的標準與觀念，以及所謂的「多數法則」，造成我們對事的處理方式，學會了少數服從多數。但是很多的經營案例，可以看出多數往往是盲從所造成的，少數才是真理。如果存在既有的模式與多數法則，那麼我們的創新也將會逐漸僵硬，逐漸的癱瘓，最後會完全喪失。其實人類本來就具有與生俱來的創新，問題也在於我們肯不肯去「動腦」，因為時常動動腦的人，創新比較易於培養。

　　風和太陽比賽誰能讓行人脫下外衣的故事，大家都聽過。最後的結局是風輸了，因為冷颼颼的風，使行人反而將外衣包得更緊、抓得更牢了，而太陽的和煦與熱力，才使行人樂意把外衣給卸了下來。

　　有一次，風又向雨挑釁地說：「你難道不知道人們是那麼討厭你嗎？不管你到哪裡，人們都要躲起來，連累我也不受歡迎。」雨卻得意洋洋地說道：「我怎麼會惹人討厭呢？你沒發現人們每遇到我時，總是會競相展開五顏六色的傘來歡迎我嗎？」樂觀的信念，多麼動人，這也是創新動力的來源呢！

# 五、創新的養成技巧

　　愛迪生小的時候雖然不是很聰明，但卻對任何的事都很好奇，尤其是他每次都好奇的把老師的教具給拆卸下來研究，但有時候卻組裝不回去，所以他的老師非常的傷腦筋，便請愛迪生的媽媽到學校來。愛迪生的老師跟他媽媽說：「請您把愛迪生帶回去好好教養，以便跟其他的人一樣乖好嗎！」愛迪生的媽媽便對老師說：「老師，如果我把愛迪生帶回去，教養得跟其他的同學一樣時，那麼我的愛迪生跟其他的同學就沒有什麼差別了！」愛迪生也因為他媽媽的教育，以及他個人對任何事的好奇心，所以才有今天這麼多的發明成果。就如他為了要研究燈泡的鎢絲，用了近六千項的物品來研究，其中包括飲料及麵包在內。

　　創意的養成不能只靠「頓悟」，必須於日常生活中用心、隨時的「漸修」。漸修的參考項目如下：

## 1. 隨時改變新思維

　　突破過去對任何事與物的思維、看法，不要只侷限在名稱、造型、色彩、方法等的「當然耳」框框裡。

## 2. 多培養信心

　　創新的養成不是天才的專利，而是每個人的權利。凡事具有信心的人，對事物的看法會比較不同，因此比較不怕被嘲笑，所以他的創新也容易培養。

## 3. 多創造性的模仿

　　對任何的事與物多去觀察，模仿與改造，您的創新細胞將會更加的靈活與成熟，進而對任何人事物隨時都會出現不同的思維，更會有助於隨時創意。

### 4. 多一點問號、好奇

當您對周邊的事物、用品多一點問號與好奇時，您才會有更多的創意新構想出現。人生學習是問號，不是等號或句號。

### 5. 隨時記錄創意火花

身上隨時攜帶筆記本，當有新創意火花出現時，或者看到、聽到新創意時，必須養成隨時做記錄的習慣。

### 6. 不要分大小事

創新不在於大或小，重要的是價值。一句名言可以震動時空、一粒石頭可以震動湖水、一根火柴棒可以燃燒一棟房子。

### 7. 創造創意的空間

在聊天、聚會、讀書會時，創造一些可以產生創意與激盪的話題，將會讓自己的創意思維更加靈活與廣泛。

在長期的輔導經驗告訴我們，創意必須來自於「積極」、「樂觀」、「信心」的元素激盪或歸零，也就是讓思維可以重新打破、重新思考，把所看到、聽到、學到的經驗及法則，重新再歸零，才有成長與學習空間。雖然有著同樣的學習環境，但是如果前述的態度不同，當然所產生的結論也就不同。

倒空的杯子才能
再裝更多的新水

有限的空間只能
加裝有限的新水

完全沒有空間所以
完全無法再裝新水

# 六、創意與創新的新商機

　　的確如果要培養一項具有創意的思維或習慣是不容易的，當然有些平常就具有創意的人，他的基本特質就與一般人不同，當我們習慣於既定模式執行時，他呢，則隨時在思考如何執行才會更省時省力，「人生學習是？號，不是＝號或是。號」意思即是在訴求凡事多一點問號，總是會有習慣與思維的改變與養成，這也是現代生態競爭最關鍵的元素。

　　一般大多數的業務員都會花上八到九成的時間對客戶介紹產品，卻只花一到兩成時間做其他事情，但是超級業務呢，則剛好相反，他會只花二成的時間介紹與陳述商品，八成時間都在努力了解客戶、與客戶產生良好的互動，讓客戶對您產生好印象，因為大多數的客戶在面對你的時候，都會眼睛看著您、點點頭答：是！其實他的心思早就有數，也或許已經飛到八丈之遠，而您必須用盡一切的方法讓他們專注在您身上，並且運用一些閃亮的字彙，除了要表現活力旺盛、獨一無二、出色創新、說話藝術、讓人陶醉等具吸引力的字眼，如此您才有掌握與致勝的機會。

　　一個從鄉下來的年輕人去應徵銷售員。老闆問他：「你以前做過推銷員嗎？」年輕人回答說：「我以前在鄉下是從事過推銷！」對談之下老闆很喜歡他的機靈：「你明天可以來上班了，但是等下班的時候，我會再來看一下你的成績如何？」一天的時間對這個鄉下來的年輕人實在是太長了，而且還有些難熬，但是年輕人還是熬到了 5 點，也差不多該下班了。老闆真的來了，問他說：「你今天做了幾張買賣？」「一張」，年輕人回答說。

　　「只有一張？老闆很吃驚地說：我們這兒的銷售員，一天基本上都可以完成 10 到 20 張的交易呢，那你賣了多少錢？」300,000 美元，年輕人回答道。「你怎麼賣到那麼多錢的？」老闆目瞪口呆，半晌才回過神來。是這樣的……年輕人說：「 有一個男士進來買東

西，我先賣給他一個小號的魚鉤，然後中號的魚鉤，最後是大號的魚鉤。接著我賣給他小號的釣魚線，中號的釣魚線，最後是大號的釣魚線。我問他上哪兒釣魚，他說海邊。我建議他買條船，所以我帶他到賣船那裡，賣給他長 20 英尺有兩個發動機的海釣船。然後他說他的大眾牌汽車可能拖不動這麼大的海釣船。於是我再帶他去汽車賣場，賣給他一部新款豪華型汽車。」

老闆聽了幾乎難以置信地問道：「一個顧客僅僅來買個魚鉤，你就能賣給他這麼多產品？」

存在於我們週遭的一切，如果您懂得觀察、懂得品味，其實都是商機，有時候或許是我們比較缺乏那股興趣與動力，以及生活很「盲」的因素，但是如果當您觀察之後，並做選擇性的再深入，那麼您的商機一定會很多。新商機如果要等人做出來之後，您再跟進的話，那最後只有陪襯的份而已，因為新商機是在自己的「心」思維裡。拿破崙名言：「世上沒有廢物，只有放錯地方。」生活中如果能用點心，那麼遍地都是黃金。

### 1. 無所不想的創意

一群對讀書很沒有興趣的人，專責到賣場挑選最讓人不喜歡的商品，然後共同無所不想的激盪與創意，再創造與研發出非常多具有特色的新商品，並委託加工後再共同行銷市場。

### 2. 運用眾人力量創造機會

美國鋼鐵大王卡耐基在小時候，因為別人送他一隻母兔子，這隻母兔子有一天竟然生下了一窩的小兔，但是他因為沒有錢購買飼料，所以他就與鄰居的小朋友談，如果他們拿飼料來養小兔的話，那他就把他們的名字給冠上那隻小兔的名字，就這樣每一隻小兔都有人認養，大家也養得很高興呢！卡耐基小時候就有這樣的創意，奠定他成為鋼鐵大王不是沒有道理的。

### 3. 彩色馬桶

一位對美學非常有興趣的人，將馬桶予以彩繪不同圖騰，創造彩色馬桶的新商機，他後續又再研發彩色馬桶蓋、洗臉盆、肥皂盒、造型掛架等創意商品。

### 4. 腐蝕木變花藝

一位對腐蝕木情有獨鍾的人，將腐蝕木製作成花藝，他利用既有的樹孔種植蘭花與各種花草，或是植入彩繪石頭、注入屬性相關的物件等，創造新商機。

### 5. 一舉兩得

一些朋友共同集資合買幾棟溫泉別墅，除了自己享用之外，並委託專人管理除了承租給遊客使用，還策略聯盟講座、專業培訓、激勵活動等，創造新商機。

### 6. 用餐開戶存款

一家餐廳為了招攬顧客，便於每位顧客上門用餐時，將顧客的資料留下來並為顧客開立帳戶，然後於該顧客每次前來消費時，便將其所消費的金額提撥 10% 存到該顧客的帳戶裡，並於年度終了時再提領給顧客，因此有些顧客都會再運用此費用作為消費使用。

### 7. 幫人解決痛苦

一位中醫師他每天總是門庭若市，不論成人或是小孩都很喜歡到他的診所門診。因為生意非常的好，所以就有人問他為何生意會如此的好？他說：「他都放棄所有休閒的時間，並專心研究如何讓患者在治療時不會感覺疼痛。」

### 8. 廢物利用開餐廳

一位非常喪志的人經營任何事業都失敗，最後秉持著對藝術創作的興趣，將腐蝕木結合石頭、鋁管等創作生活用品，如椅子、桌子、

壁畫、檯燈、書架等，並利用這些成品開設餐廳，同時將商品融入陳列，創造第二春的事業。

### 9. 大家發財

　　一群上班族每個月定期繳交一定的金額，然後交由一位理財高手（其中的一位）進行可行性的投資，包括買樂透彩、投資商品行銷、投資優質股票等獲利甚為可觀。

### 10. 創意變黃金

　　一位很喜歡創意的人，隨時觀察週遭的人在使用商品，當他看到一些人在使用商品很不順暢時，便激發他改良、創新商品的動機，接著他把這個創新構想申請專利後再轉賣給廠商生產，創造很高的財富。

### 11. 腦力激盪變財富

　　一群死黨每星期定期開港會（我們輔導的商機創意團體），依據每次所設定的主題做腦力激盪，最後激盪出一些新的創意之後，便一起投資創業與生產、行銷，或者轉售創意專利，創造新商機。

### 12. 俯拾皆是寶

　　韓國北部一個小村莊，因為一次的火山爆發，造成農作物、田地、房舍的損失不小，當地居民又捨不得搬離長久居住的家園，但是當地又缺乏設置工廠的條件，而且又無田地可以耕種。正當全村的村民正在苦思解決生活對策時，一位藝術家突發奇想的，利用火山爆發所流出的岩灰製作「小火山人」，頓時造成搶購熱潮，也因此全村的人便投入了「小火山人」的製作工作，這個村莊因為生產小火山人，也變成韓國另類的觀光景點。

# 參、產業概論

一、何謂產業
二、產業結構的概念與發展
三、產業的發展趨勢

「產業」不是一個新世代的新名詞，是包含著各種不同的業態。

產業是生態中各種業態所分工的現象，介於宏觀經濟與微觀經濟之間，是屬於中觀經濟的範疇，是社會經濟的組成部分，又是相同屬性企業或組織的集合體，不論是有形或是無形的業態、傳統或是現代的業態，幾乎都可以稱之為產業。

# 一、何謂產業

「產業」不是一個新世代的新名詞，是包含著各種不同的業態，產業是生態中各種業態所分工的現象，介於宏觀經濟與微觀經濟之間，是屬於中觀經濟的範疇，是社會經濟的組成部分，又是相同屬性企業或組織的集合體，不論是有形或是無形的業態、傳統或是現代的業態，幾乎都可以稱之為產業。傳統產業生態認為只要是可以溫飽、滿足生理需求時就是生產的概念，其實無論如何衍生與發展都是屬於產業的範疇，只因當時的環境缺乏時髦與先進的概念，所以沒有所謂的新名詞出現，其中「產業」即是其中之一。

任何食衣住行育樂等都是與產業有關，尤其是有形的產業一般比較容易懂，至於無形的產業雖然也是一種產業，但我們卻容易疏忽與誤解。總而言之，在傳統社會主義與經濟學理論中，產業主要指經濟社會的物質生產部門，一般而言每個部門都有專門生產和製造某種獨立的產品，也就是每個部門其實就是一個相對獨立的產業部門，如 IT、工業、資訊、農業、教育、交通、觀光、影視、音樂、培訓、行銷、宗教、建築、餐飲等都是。

雖然產業的定義至今仍然未有明確，但就產業特質可以說產業是指經由彼此利益相互連結與整合、具有不同的分工方式，並由各個相關行業所組成的業態總稱，無論彼此經營理念、經營方式、經營形態、企業規模、組織結構、行銷方式等有所不同，但是各自所經營的產品和經營範圍，都是圍繞在共同產品方向，並且可以在構成業態的各個行業內部，彼此依循規則與需求形成互動。

　　1940 年代初期經濟學家即將一般產業分為三個層次,即是第一產業為農業,包括農、林、漁、牧業等。第二產業為工業,包括建築、製造、水利、電力、礦業等。第三產業則為物流與服務兩大部分。但是在 1980 年代拜科技及資訊技術迅速提昇與壯大,人類產業活動的規模和方式也有了巨大的變化,三次產業分類基礎的範圍日益產生,造成需求結構昇級、產業範圍擴大、產業愈加豐富了社會生活的領域、多樣的分工和專業化程度、人類經濟活動日益提高,因此產業活動已經成為不只是單純的生產、生活資訊與各項服務而已,更融入人類的心靈與文化裡。

# 二、產業結構的概念與發展

結構的意義是在業態的生產過程中，產業形成資源在產業之間的配置狀態，產業發展為各產業所占之比重，以及產業之間的技術、經濟相互依存、相互作用，我們稱為產業結構。一個國家的產業發展要與國際市場緊密的結合，並使產業結構國際化。一般產業必須經過原料進口或自主開發原料，接著是進行製造及生產，再來是經過貿易方式行銷世界，提升總體經濟實力四個階段，並依序循環與再創造、再提昇的步驟。

丁伯根對於制定經濟的理論包含產業結構理論，他認為經濟結構就是要有意識地運用一些手段來達到某種目的，其中就包含了調整結構的手段。他的經濟政策區分為數量、性質和改革政策三種，性質政策就是改變結構中的一些元素，改革就是改變基礎中的一些元素。

日本的產業結構研究，實際上牽涉到東亞區域產業結構循環演進問題，同時也意識到一個國家產業結構變動，都會與其周邊區域的國家或世界有相關聯。產業結構演變與經濟增長具有互動關聯，產業結構的高變換率會導致經濟總量的高增長率，而經濟總量的高增長率應會導致產業結構的高變換率。

但隨著科技技術不斷的提高，社會分工越來越細、越來越專業化，產業部門也相對的增多，各部門與部門之間的資本及資源流動、人力資源及勞動力流動、商品與物流流動等互動也是越來越複雜。

美國經濟學家錢納里（Hollis B. Chenery, 1986）認為從經濟發展的長期過程中，製造業內部結構轉換的原因，在於產業之間存在著產業關聯效應，也就是在製造發展中受到人均 GNP（國民生產毛額）、需求規模和投資率的影響比較大，而受工業品和初級品輸出

率的影響則比較小。因此他將製造業的發展分為三個發展時期，也就是經濟發展的初期、中期和後期，同時他也將製造業依據這三種不同的時期，劃分為三種不同類型的產業。

### 1. 初期產業

在經濟發展初期，對經濟發展形成主要作用的製造業部門，如紡織業、輕建材業、食品業、皮革業等相關部門。

### 2. 中期產業

在經濟發展中期，對經濟發展形成主要作用的製造業部門，如橡膠製品、石油化工、非金屬礦產、木材加工等相關部門。

### 3. 後期產業

在經濟發展後期，對經濟發展形成主要作用的製造業部門，如印刷出版、服裝加工、日用品、粗鋼建材、金屬製品、機械製造等部門。

第二次世界大戰以後，西方國家大多採用了三次產業結構的分類法。也就是將產業結構的演進分為前工業化時期、中工業化時期、後工業化時期三個階段。在前工業化時期，第一產業的產值在社會經濟中所佔比重會逐漸縮小，第二產業則有較大的發展，工業重心也從輕工業主導型逐漸轉向基礎型工業，第三產業的發展在社會經濟中所佔比重則比較小。在工業化中期工業重心由基礎工業向高度加工工業轉變，所以第二產業仍居優先，第三產業則逐漸上升。在工業化後期，第二產業雖然不比在三次產業中的地位，但仍然具有絕對的主導地位。在後工業化階段產業知識化成為主要特徵，而產業結構的發展也是依據這樣發展，從基礎低級朝向高級狀態演進。

# 三、產業的發展趨勢

　　產業不只帶動人類生活上的需求與發展，也滿足了人類物質上的需求與物慾的享受，更提升人類在新知及理念的創新，但卻也為人類帶來更多隱藏與後續的禍害、危機。人類已經意識到這種隱藏危機的後果，所以都極力往維護自然生態的產業發展，因此依據前述產業發展趨勢與概念可以將產業區分為下列方向：

### 1. 傳統產業

　　從早期的農業時代到工業時代所形成的產業，如農產加工、食品加工、紡織業、建材加工、用品加工、電子加工等，雖然歷經各種環境變化與環境趨勢，讓這些傳統產業漸形沒落，但有些傳統產業還是極力在尋求再生與轉型的契機。

### 2. 現代產業

　　屬於前世紀的產業，延續傳統產業再提昇與擴大的產業，比較具體的產業如 IT 科技產業、汽車產業、鋼鐵產業、機械產業、造船產業等都是屬於現代產業範疇，雖然對人類各項需求有著極大的貢獻，但卻也為人類留下後續所隱藏的生態自然危機。

### 3. 新興產業

　　在既有各自文化元素、環境利基、市場需求，或是既有資源與工業基礎之下，融合各產業並加以創造或再造的產業，如有機農業、旅遊觀光產業、文化創意產業、能源產業等，不只維持既有產業的功能，還有助於人類健康與自然生態的延續與維護。

### 4. 趨勢產業

　　當人類生活在物質充裕及快速成長之下，所面臨的心理、心靈、體能等各方面的空虛與危機，即會產生需求的趨勢產業，如老人安

養及長照產業、運動休閒產業、心靈產業、宗教產業等將會隨之更加發展與形成，並將更具產業新價值。

### 5. 生態產業

人類為了整個生態自然與維護，包含陽光、空氣、水等資源，因為針對前世紀產業所產生的危機漸漸有所覺醒，因此便極力的發展相關可以維護與保存自然生態的產業，如有能源再生產業、生態旅遊產業、環保意識產業等，不只維持既有產業的功能，還有助於人類健康與自然生態的延續與維護。

### 6. 價值觀產業

技術可以再養成、觀念可以再溝通、知識可以再學習、環境可以再塑造等，這些都是短期間內可以完成，只因最後對價值觀的認知會有所不同而已。因此，未來人類將會更加重視這個既是無形又具有影響所有產業發展的關鍵，因為目前人類還未意識到價值觀與產業所影響的關鍵是有多大。

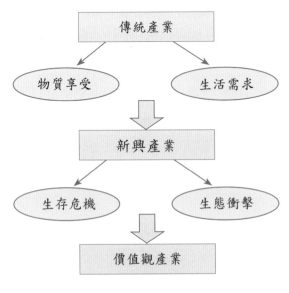

產業的發展趨勢

# 肆、文化創意產業的發展趨勢

一、台灣文化創意產業發展概況

二、中國大陸文化創意產業發展概況

三、世界各國文化創意產業發展概況

四、文化創意產業綜合探索及分析

各國文化創意產業的發展，基本上會因該國國情、政策及理念之不同，而產生不同的發展趨勢與結論。

總體而言都是有助於該國政策與經濟的發展價值，所以才會讓世界各國用盡各種戰略來帶動整體產業的發展。

因為不只可以延續該國歷史文化，同時還可以讓各項產業得以有所帶動，進而提升總體競爭力。

# 一、台灣文化創意產業發展概況

　　台灣政府在 2002 年制訂了一套「挑戰 2008 黃金十年」的發展重點計畫,其中文化創意產業即是重點政策之一,同時各縣市政府、民間社團及企業也跟著配合展開與落實。而最明顯的幾個策略,就是延續早期的「社區總體營造」、「商業提昇計畫」(即形象商圈、商店街)、「觀光工廠」、「文創園區」、「文創基地」建置等,以及文創論壇、文創展示等,並透過產官學資源與機制,大量培育創意、設計、影視、動漫、文創等人才,並透過獎勵相關創意及產業創新等,才得以讓台灣在文化創意產業有些初步的成果展現。

　　但是,在初期資源整合與發展策略之下所建置的文創產業,在歷經十年之後,因為種種因素而產生諸多的潛在問題,包含市場機制與規模、產業化概念、智慧財產權、行銷通路、人力資源整合、執行經費預算等等。

　　無論如何,這個新興產業仍然是有其魅力與價值所在,因此,就台灣整個文創產業發展趨勢來看,前述問題現象雖然是一直都存在著,但在台灣因為創意屬於比較靈活、資訊也暢通,因此,在 2012 年中,遂有一批產官學界人士,為了讓台灣的文創產業得以更有後續及發展,在台灣商業總會之下,又共同發起成立「台灣文化創意產業廠商聯誼會」。雖然在這個聯誼會之前,台灣也有相關的社團組織成立,如亞太文化促進協會、台灣文化創意產業加值協會、中華根文化創意協會等,但仍然侷限在某些領域與範圍裡,缺乏彼此資源互動與整合機制。

以台灣的文創發展過程，我們特提供過去所輔導案例作分享：

## 1. 社區總體營造

1991 年當時的文建會為了讓各個社區得以自主經營管理，並有效提昇社區居民生活品質，導入所謂的「社區總體營造」專案計畫。其實在初期僅止於社區人文活動的舉辦及塑造，但是因為面臨社區自主管理與經費短缺，所以又以產業概念結合文化及創意策略作整合的導入，最後才漸漸產生效益並帶動區域發展，如白米社區、東海國際社區、美濃社區等，至此全台全面陸續展開與導入。

## 2. 形象商圈、商店街

1993 年經濟部商業司，也是為了整體商業與環境之提昇而導入的新策略，初期先以商業巡迴全台講座方式，讓各區商業得以接受更新的商業創新經營模式，最後才以定點式的輔導與塑造，台灣第一個形象商圈即是桃園縣復興鄉角板山形象商圈、台中市精明一街等。初期在導入時也是以文化 ( 泰雅族文化 ) 為基礎，並整合當地特有產業香菇及泰雅文化商品等，塑造與活化具特色的商圈，及至目前為止台灣形象商圈與商店街總數已經超過 200 處以上。

## 3. 觀光工廠

以「觀光工廠」的名稱與概念作為創意規畫，就是在於整合既有資源並加以觀光化的策略，除了讓消費者親身觀賞產品製作過程之外，還可以親身體驗製作產品，再加上可以現場購買，是一種創新的商業資源再造策略。也就是運用既有基礎與特色的傳統產業，並將其產品導入文化的故事與訴求，同時更配合產品的新創意設計、包裝，讓產品及產業更具生命力。同時為了讓觀光工廠得以提昇與建立品質，特別制訂了一套所謂的認證機制，以期讓這些觀光工廠得以有基本的管理運作標準與形象水準。

## 4. 相關文創園區建置

運用廢棄或閒置的廠區、農場、建築等既有設施，並加以重新定位規劃與整建，讓這些已經荒廢又具治安死角的閒置區域得以再生，並轉化成各具特色的文化園區，如：松山文創園區、關西客家文化園區、台灣菸酒觀光酒廠等，都是在這種理念與創意之下的展現，也因為如此，得以讓廢棄資源得以有再利用的新價值，對地方觀光及經濟也有一定的貢獻，這也是目前兩岸文化創意產業最具發展與明顯的地方。

雖然台灣在文化創意產業的績效是有所展現，但仍然面臨前述諸多潛在問題，再加上台灣行政院曾經在推出文化創意發展法草案時，因為受到輿論批評後又重新修正，主要是因為這個法案反應出政府的文創政策不當，將藝術補助與產業投資的觀念混淆了，同時補助對象不明確恐難有效果，因此才備受爭議而修正。藝術補助與文創產業投資是有所差別的，前者不要求資金的回收，重點在強化藝術本身的教育與美感功能，以提昇民眾文化素養為目標。而後者卻要審慎評估其獲利率，是要運用文化來發展產業而營利。

另外，台灣有些文化創意園區，仍然面臨定位與策略不明確，也看不到重點，同時，進駐的團體或單位，基本上都是無法以營利為主的社團或組織。此舉對於文化創意產業園區的規劃，有如藝術村或是文化中心的翻版。因為仍然是一些傳統的「文化研習教室」、「藝術美學概念」、「藝術欣賞」、「文化知性探索」等課題與活動，其實這些與目前各縣市地方文化中心的性質差不多。雖然目前各文創園區也稍有所產業化，但卻也呈現同質化的現象，讓人難以產生消費意識。

### 5. 其他與文化有關的產業計畫

　　早期台灣為了讓文化得以再深根以及將文化產業化，所以 1992年內政部藉此推行了「新故鄉社區營造」。1993 年農委會亦借力使力導入「一鄉一特產計畫」。1998 年農委會又再次導入「城鄉新風貌五年計劃」。以及 1999 年環保署也為配合社區環境需求而推廣「鄉村環境改善再造專案」。以上無論從任何專案計畫展開，都是以當地文化特色為基礎的規劃，並適時導入產業化，以期該項專案計畫得以產生後續自主經營與發展的目的。但最後也都面臨改朝換代、政策終止、績效不彰或淪為同質化等現象，所以最後大多數是不了了之。

　　但是以台灣的靈活與創意基礎，可以在此方面再做文創的深化與整合，同時也必須提升至國際觀的人才培訓，讓台灣的文創業者或人才，得以藉助此契機發展全世界的文創市場，由以對中國大陸的發展機會。

# 二、中國大陸文化創意產業發展概況

　　中國大陸在十二五規劃中，即把文化產業發展制訂為國民經濟的支柱性產業，並大力發展文化創意產業，強化科技與文化的結合，同時也鼓勵文化與資本的融合，以加快文化體制的改革。所以在國家政策大力推動之下，各地方政府也相繼投入文化產業的建設與發展，如 2006 年開始，每年於深圳所舉辦的「中國文化創意博覽會」，以及相繼在深圳與上海成立「文化創意產業知識產權交易所」，即可以看出中國大陸對文化創意產業的重視程度。其中尤以推廣及建置各項「文化創意產業園區」最為明顯。為了盡快成長為未來地區經濟新的增長點，中國大陸採取文化創意園區產業發展重要措施，以打造文化產業快速發展的空間，成為當前與今後促進文化創意產業的重要政策導向。截至 2015 年為止，經過國家命名的文化創意產業各類相關基地、園區總數已超過 2000 處以上。

　　依據目前文化創意產業園區的開發模式與方向來看，雖然分布於全中國大陸各省市，但是同質性卻相當高，依據目前屬性可以區分為五大型態：以既有舊廠房或工業區為主，以大專院校既有資源與設備為主，以地方新開發區或特區為主，以具有當地特色文化或建築為基礎，及以該地區既有產業龍頭企業或單位為主的開發模式五大類。

　　基本上這些開發模式以上海、北京及廣州為代表的珠三角地區，環渤海及長三角等東部地區則為三級的區，當然其他地區如湖北、四川、陝西及湖南等也都是具有良好的文創產業基礎。這也是中國大陸文化創意產業呈現聚散但卻有序、多元同時開展的趨勢與現象。也就是初期都會先聚集於高等城市的中心區，但隨後會因土地空間限制、房租高漲及都市相關法規的問題，漸漸地轉移到郊區的舊廠房、建築等發展。無論如何的地點與發展，在資訊科技發達、人力資源充沛與物流功能提昇之下，都呈現多元開展的趨勢與發展。

　　雖然各地有著不同屬性的文化產業園區，或是以基地為主各自發展，但也有另類屬性的民間文化創意產業發展，在各地萌芽與發展中，而且各地盡相不同，現就以中國大陸比較具規模與發展的城市略作說明：

　　於 2005 年正式掛牌運作的上海創意產業中心，即非常積極的利用舊有廠房、倉庫或社區，塑造具特色又創意的文化創意園區與基地，目前已超過 180 處，如：田子坊文創基地、M50 都市創意工業園區、紅紡文化創意園區、八號橋時尚設計產業谷等。此同時，上海市因藉助 2010 年的上海世博機會，上海市得到聯合國教科文組織核可，正式加入「創意城市網絡」，並且獲頒「設計之都」封號，與德國柏林、日本神戶、加拿大蒙特婁等國際老牌設計重鎮齊名。

　　北京在文化創意產業發展上企圖心也非常的強，除了要大力發展文化創意產業園區特色之外，還要提昇北京整體文化創意產業的競爭力，同時也要保護古都歷史文物古蹟、塑造古都文化的品牌形象等，所以截至 2015 年，止先後就認定了近 60 個文化創意產業匯集區，並已初步展現了成果，如 798 藝術園區等。北京這樣的至高點與遠見在中國大陸是比較少見的地方。

　　不同於前述兩個型態發展文創產業的都市，深圳先後舉辦了六屆國家級的「中國國際文創博覽會」，其目的是要把文創產業打造成繼高新技術、物流與金融之後的第四個支柱產業，所以建置了大芬油畫區、華僑城創意產業園、寶安西鄉園國際攝影產業基地、雅昌藝術館及大望文化高地等。同時緊抓國家鼓勵發展動漫遊戲產業時機，也將動漫產業列為深圳文化創意產業發展重點，期使深圳成為中國動漫的領導地位，並塑造在國際文化創意產業的新形象與知名度。

　　其他如長沙市的文化藝術產業及廣播電影電視業，在湖南省文化服務業就超過 50%，因為長沙擁有全國最大書市、最大出版物交

易中心、第一個民族卡通品牌等基礎。如果以全中國文創基地總數而言，東部沿海地區佔基地總數的 41.17%，中部地區佔基地總數的 21.56%，西部地區佔基地總數的 26.96%，東北部地區佔基地總數的 10.29%。

以中國擁有五千年的悠久歷史而言，文化創意產業的資源與潛力絕對是有其未來性，雖然現況的文化創意產業的產值並不高，但是基於中國是世界上唯一歷史文化傳統沒有中斷的四大文明古國之一，目前尚未有效開發與利用，可以想像未來在文創產業上的效益是值得投入的。

此同時，中國大陸因為文化部頒佈「關於鼓勵和引導民間資本進入文化領域的實施意見」，鼓勵私營企業參與文化產品進出口，以及「文化產業振興規劃」，將文化產業列為國家支柱性產業發展策略，可以看出中國大陸對文化產業的政策扶持漸漸加大。

但中國大陸仍然面臨文化產業發展的盲點，如：大多數文化產業園區定位不明確，所以同質性很高，再加上產業混雜及產業集聚度低，更缺少資源整合與整體產業鏈的功能。同時文化產業創新能力不足，就如倫敦經濟院的研究結果，在整個世界文化產業、創意產業的發展中，原創的部分中國大陸只占 2.5% 左右，而西方國家總體占 70% 以上，可以顯見中國大陸在這方面還存在很大差距。再來是專業人才儲備不足，根據統計：就北京的文化創意人才只占全市從業人員的不到 1%，而紐約則為 12%，即可以顯示中國大陸文創人才養成的不足。

因此，在文化創意產業日漸受世界各國重視時，更將日漸成為世界各國綜合競爭力一部分的情況之下，中國大陸如要發展更具中國特色文化創意產業，就必須對世界各地文化產業發展的新趨勢及策略，作出更明確的資訊收集、判斷與分析，這也是中國大陸文化創意產業融入世界、發展國際文化創意產業的新契機。

# 三、世界各國文化創意產業發展概況

　　不論是否受到法蘭克福學派的阿多諾（Theodor Ludwig Wiesengrund Adorno, 1903-0969）與霍克海默（Max Horkheimer, 1895-1973）兩位學者於 1940 年代提出「文化工業」的影響，亦或是法國社會學家米亞基（Miège, Bernard）等人所提出 cultural industries 以複數取代單數的看法等觀點以來，世界才對所謂的文化或產業有更明確的概念與方向。

## 1. 英國文化創意產業

　　1980 年代英國文化政策是以創造財富為目的，也就是說在這個目的與政策主導之下，文化活動變成了是商品，觀眾卻變成了消費者，而過去政府的藝術補助經費政策則變成是一種投資。這樣的概念即形成了藝術市場，政府是大型的藝術企業家。英國的文化政策思維，已經從過去的藝術補助政策轉型為文化創意產業政策，出現了不同於過去傳統文化政策的目標。

　　尤以英國於 1989 年提出「創意產業」構想以來，已成功為英國文化產業創造世界行銷的另類通路，提升英國與國際間的競爭力，同時以英國就業問題提出振奮人心的新世界觀，這樣的策略後來備受世界各國肯定，並證實是成功。

　　根據英國跨部門商業註冊機構統計顯示，創意產業的發展推動，英國成為僅次於美國的世界第二大創意產品生產國。因為英國是從教育培訓、扶持個人創意及提倡創意生活三方面，研究如何幫助公民發展及享受創意，因此全世界在目睹英國的成就後，便相繼跟著導入及引進所謂的文化創意產業，同時展開各項創意產業的後續發展。

## 2. 美國文化創意產業

　　美國是屬於創意產業大國，文化創意產業是其中之一，但美國在文化政策制訂方面卻是與世界各國有所不同，至今雖然未設立文化部，也沒有一個正式的官方文化政策，但美國卻是世界上第一個進行文化立法的國家。美國文化政策的基本原則是對內放鬆管制，對外境外擴張策略，並對文化產業給予扶持，否則美國文化產業不會有如此大的規模。同時在自由和安全的環境下，美國文化產業採取多方投資和多種經營的方式，鼓勵非文化部門和外來資本的投入，這是建置美國文化產業跨國經營的基礎。也因為這樣的投資環境才能吸引更大的投資，使流動的資本繼續集中在文化產業中得以尋覓商機。

　　美國創意產業都是以創意為主軸，其創意是指知識經濟的核心內容，更是其經濟的重要表現形式，也就是訴求沒有創意就沒有新經濟。因此，其創意企業包括：博物館、交響樂團、電影院、建築公司和廣告公司。全美國的創意企業占全國企業總數的 4.3%，就業人數占總就業人數的 2.2%，其中西雅圖與舊金山人均擁有的創意企業數量最多，接著是洛杉磯等大都市地區。

　　以美國核心產業的文化產業經營，包括電影產業、廣播產業、流行音樂產業、動畫產業與出版產業等。美國的知識產權產業也可以算是創意產業內容，其關鍵在於集中具有知識產權的創意經濟上，如電影是美國創意產業的支柱之一，就連美國非營利組織藝術，也是有發展創意產業的研究，主要集中在具有文化與藝術屬性的各產業上。

## 3. 日本文化創意產業

　　日本政府一向非常重視文化創意產業，所以很積極協助業者通過相關文創法案、制定政策、法規及與文創有關的事物協調等，因此，其文化創意產業諮詢機構都是由政府組織成立，並直接隸屬於政府部門或相關機構裡，對整個日本文化創意產業的發展有其直接的影響與

作用。從 2011 年日本文化創意產業增加值達 11.258 億美元，占 GDP
的比重達到 15%，同時占全球市場 17% 即可以看出。

　　日本的文化創意產業非常重視文化企業的發展，所以日本文化
廳的諮詢機構在 1995 年便提出「新的文化立國目標 ---- 當前振興文
化的重點和對策」的報告，就明確確立「文化立國」的初步戰略構想，
並經由日本文化廳以「21 世紀文化立國方案」為文，正式確立及啟
動日本文化立國戰略，所以至今日本仍然是世界最大的動漫製作和
輸出國，在全球播放的動漫作品 60% 是來自於日本，在歐洲更是高
達 80% 以上。同時，日本的遊戲產業也是高度的發達，幾乎是佔有
全世界 50% 以上的市場。

　　日本文化創意產業向來都是針對內容產業，也是屬於典型的外
向型經濟，所以都藉助其所發展的產業，如：服裝設計、旅遊產業、
日本戲劇、文藝演出、電影創新、美術展覽等，進行大量的世界各
國贈書、廣設國際文化基金會、到世界各地舉辦茶道、花道、戲劇
等表演，同時也藉文化展示宣傳及文化產品推銷機會，收集世界各
地的市場新資訊、消費特質等，以利於後續國際文創產品的創新與
發展，從日本的迪士尼、大阪好萊塢電影城建造與創新經營即可以
看出，日本在文化創意產業的新趨勢與策略不同。

### 4. 韓國文化創意產業

　　以政府主導整體文化創意產業的韓國，其主要的重點策略在電
子遊戲、電視劇與電影發展，並以文化創意產業國際化戰略拓展國
際市場，同時針對不同地區開發不同文創產品，如：針對亞洲就以
影視及音樂為主，針對歐美則以遊戲及動漫產品為主，所以韓國文
化創意產業的發展，也是快速與等倍成長。1998 年至 2015 年的遊戲
軟件產業就成長二倍，電影出口更達 60 倍的績效，其數字內容產業
已經超過傳統汽車產業。

　　同時，為了讓文化創意產業得以再造契機，韓國政府動員社會投資、官民共同融資的策略，廣為設立文藝振興基金、電影振興基金、文藝產業振興基金、出版振興基金、訊息化促進基金、文化創意產業專門投資組合等，鼓勵產業發展，做到全民產業的概念。

　　韓國也是有文化創意產業園區的開發與設置，其主要目的也是在於優化資源整合、發展整合經營，亦即利用群聚的力量獲取最高的效益。園區的整合效應包括：聚集生產要素、整合運用土地、共用經濟資源、共同分攤配套成本、綜合管理與環境維護等。但也因面臨文化產業項目繁雜，所以各類別的性質差異很大，因此韓國政府也正極力再做產業整合與產業鏈的功能。

　　韓國的文化產業園區所振興的文創業，都是市場潛力雄厚的產業，且各園區特色不同，因此，韓國在推行文化產業時，並未將所有文創產業納入推動的範圍，而是重點式培育，因為資源和資金有限。

## 5. 奧地利文化創意產業

　　奧地利在文化創意產業的發展範圍雖然是比較廣，包含與文化遺產相關的樂器製造以及電影、視聽藝術、表演藝術、舞蹈、創作、出版、印刷等，基本上與現有文化創意產業國家的發展是有些雷同，但就奧地利政府的用心度與企圖可以從下列現象看出，以目前從事行銷產品設計、建築設計、軟體設計和研究發展等文化創意產業的人，佔奧地利所有企業種類的前五名。在奧地利目前大約也有 50% 的人是從事文化創意產業，20% 的是人從事視聽藝術文化創意產業。

　　奧地利政府將文化創意產業，作為具備社會和經濟雙重效應的戰略發展重點，也就是將經濟發展與文化創新互相結合，建立在以民營產業部門、仲介性質的非營利性機構、國家公共部門為基本三層構架，但其文化創意產業營運中最基本最核心的還是在於民營產業。

　　奧地利從事文化創意產業的企業總數大約在 3 萬家左右，從中長期來看，從事文化創意產業的企業數量將還會繼續增長。第二個

層次是仲介性質的非營利性機構,目前在奧地利大約有 1.6 萬家文化協會、20 多家研究用途的圖書館和 14 個專科學校,專業從事與文化創意產業相關的活動。第三個層次是聯邦、聯邦州和各城鎮等國家公共部門,包含 1800 多家博物館以及 80 家公立研究圖書館。這一層次為文化創意產業的發展提供了豐富的資訊和資源,也發揮著管理和引導文化創意產業的功能。

奧地利文化創意產業各層次間的合作趨勢越來越明顯,政府也有意引導文化創意產業的社會化和網路化發展,努力打造文化創意產業群。目前的產業群主要包括「城市文化區」、「特定行業產業群」、「文化旅遊產業群」、「地區文化產業群」。運用建立網路化的聯繫不僅是針對文化創意產業內部、包括與傳統產業之間的密切聯繫等,所以奧地利的文化創意產業發展管理體系較為健全。上到聯邦總理府、經濟部、文化部、外交部,下到各聯邦州,以及主要城鎮都有文化創意產業促進專案和資金,且層次清晰、分工明確。

各級政府設立專門的平台,鼓勵與增強對文化創意產業的認知,扶持文化創意企業的創建,資助創意產品的研發,並且把文化創意企業和產品走向國際作為重點扶持方向。所以設立了電影基金、音樂基金、電子化基金等,針對不同文化產業的資助措施。此外,為鼓勵文化創意產業走向國際,由奧地利外交部和聯邦商會,共同設立了專門針對文化企業,參加國際展會的扶持資金、鼓勵文化交流的專項獎學金。

## 6. 瑞典文化創意產業

一個國家人口僅占全球 0.2%,卻能創造全球 2% 的貿易額,控制 9% 的跨國公司,他們的生活習慣是早上九點上班,十點半休息喝咖啡,中餐吃兩小時,下午三點又休息喝咖啡,同時還可以成為全球最有競爭力國家的前五名。

　　這個國家的文創競爭力來自於全力「創新領先」及採取「柔性實力」政策。截至目前為止總共有 32 位諾貝爾獎得主，包含拉鏈、炸藥、利樂包和鼠標等產品都是瑞典人的發明，可以想像其創新力的原動力多強了。

　　同時，除了高附加價值的文創消費產品之外，瑞典採取「國家品牌」策略，其文化價值達 4,640 億美元，是全球最受喜愛的國家之一。其柔性實力則來自三大政策：沒有人挨餓的羅賓漢社會，所以有全球最重的賦稅，一半的 GDP 來自稅收。政治透明化，因為瑞典法律規定，連總理所有文件、菜單、信件、刷卡紀錄等，必須完全公開。清廉樸實，他們認為炫耀財富者品味是很差，喜愛腳踏車勝過法拉利，所以連國會議員的配車都是公用腳踏車。

## 7. 芬蘭文化創意產業

　　一個不到 500 萬人口的芬蘭，是全球矚目的袖珍小國，雖然是一處缺乏陽光福祉的城市，但卻有著舉世傲人又唯一的文創產品「耶誕老公公」，以及滿街醉倒的一流工程師。

　　但是芬蘭卻能在矛盾、敵國夾擊與氣候惡劣之下創造「芬蘭三寶」的奇蹟。主要是因為芬蘭人喜歡閱讀，所以閱讀就像呼吸一樣習慣，因而產生諸多的智慧與創意，他們認為投資腦力最伐算，每年投資教育和研發的經費高達 10% GDP，所以為芬蘭帶來了創造性的奇蹟。

(1) 耶誕老公公：耶誕老公公的家位於芬蘭小鎮拉普蘭（Rovaniemi），他用通訊高科技處理全球湧入的 70 萬封信，所以當地 65％人口從事文創體驗經濟產業，因而共同創造文創體驗經濟奇蹟。

(2) 風靡全球的手機大廠 Nokia：他們將手機滲透率達到 110％，也就是運用手機搭公車、訂電影票、甚至繳稅。

(3) 計算機奇才托瓦茲：自由軟體 Linux 創辦人林納斯・班奈狄克・托瓦茲（Linus Benedict Torvalds）21 歲就寫出讓比爾蓋茲苦惱無比的作業系統。

# 四、文化創意產業綜合探索及分析

綜合前述台灣、中國大陸、英國、美國、日本、韓國、奧地利、瑞典、芬蘭等文化創意產業做探索及分析，基本上，因國情不同、政策不同及理念不同等，產生不同的發展趨勢與結論，總體而言，都是有助於該項政策與經濟的發展價值，所以世界各國無不用盡各種戰略來做發展。這也是現在世界各國都公認的新世紀新產業的代表作，因為它不只可以延續該國的歷史文化，同時還可以藉助創意的機制，讓各項產業得以有所帶動，進而提升總體競爭力。

因此，雖然各有不同的國情與民俗、策略或戰略運作，但是以文化產業的本質與契機來做探索及分析，應該具有整體自然生態維護與平衡發展的意識，讓文化產業可以超乎僅追求經濟利益的產業，這才是人類之福。因此，可以有下列的思考方向，才能提昇文化創意產業的真正價值與發展策略，下列提供相關規劃與發展參考：

## 1. 文化創意產業是一項無形產業

產業可以區分為有形與無形兩大類，有形的產業可以量化、可以複製、可以替代，所以無法創造永續的價值，但是無形產業卻是無法量化、無法複製、無法替代，因為它具有無形的文化理念元素，也是任何文化的最根本元素，這也是形成當地民俗風情與特色的文化基礎。

## 2. 文化創意產業是一項文化產業

因為有著最根本的元素而形成當地特色文化，而這種文化是無法被取代、無法被量化，但卻可以運用產業化做傳承與延續。世界上很多具有特色文化的地方，它之所以能被保存與傳承下來，主要是因為文化具有一種非常的無形生命力，而這種生命力是來自產業化的價值所產生，也是歷經多少人事物的認同、傳承、驗證而產生的價值。

### 3. 文化創意產業是一項知識產業

　　文化創意產業既然是透過文化而展現產業的特色與價值,所以,前提必須是具有知識與智慧的長期附加與累積,並加以轉化而融入生活、融入社會,無非也是在提昇生活與社會的新價值,這種新價值也是來自於知識的創造所形成的,因此,無論如何的發展與延續,都是有其基本知識與理論基礎,才得以傳承下來。

### 4. 文化創意產業是一項生活產業

　　人類為了生活更美好、更舒適,為了生活更有意義,所以會極力研發與創造出迎合人類各種生活需求的新產品,而這些新產品雖然各有不同的生命週期,但卻也陪伴著人類生活的時光與生命,不論是長或短的時間,基本上都是有文化元素的融入才能進入人類生活的領域。

### 5. 文化創意產業是一項綠色產業

　　在科技未發達、創意未能展現的時代,其實就已經有相關的文化產品,初期這些產品基本上都是符合自然與環保生態的原則,也就是沒有經過所謂的高科技加工或是化學成分,因此,對人類的健康與環境自然是可以維護的,但無論這些科技或生化如何發達之際,仍然必須顧及生態及自然環境的原則,這也就是所謂綠色產業的新價值。

### 6. 文化創意產業是一項價值產業

　　文化創意產業是經由文化元素為基礎,並透過創意而創造出產品,當然是會更具附加價值,更具競爭力。因為同質性的產品只能價格競爭策略,唯有具文化元素的產品才具有價值競爭要素,這也是文化創意產業有別於其他產業的地方,同時也更優於其他產業的附加價值產生。

### 7. 文化創意產業是一項經濟產業

經濟是來自於各項產業的多元化、創新化、整合化及價值化的產出，不論是透過有形或是無形的經營與管理運作。而文化創意產業正好是符合上述的基本要素，它可以多元化發展、它必須是創新化的研發與生產，更必須有立體整合的功能，才能呈現其產業的經濟價值。

### 8. 文化創意產業是一項社會產業

文化產業是融合文化、歷史、生活、經濟等產業鏈意識，也就是屬於社會性的產業，因為它跟每一個人、事、物都有關聯。既然如此，那就是一種全民化的產業，每個人都可以參與、都可以創造，所以就可以提供社會創業與就業機會，有助於安定社會、繁榮社會、提昇社會總體競爭力。

### 9. 文化創意產業是一項道德產業

人類因為貪圖物質與生活享受，追求功利主義，而製造出有違人類生態法則的產品，包含有形或是無形產品，因此，在具有文化淵源之下應該回歸道德觀的機制，研發與創造出對人類有教化道德與意識的產品，並融入生活與家庭裡，讓人類道德得以藉此而再建立與落實，進而發揚與推廣。

### 10. 文化創意產業是一項城市產業

在面對資訊及交通、科技發達之下，城市與城市之間的距離已經不是問題，城市之間的競爭也愈來愈白熱化。因為每座城市都想要有嶄新的面貌呈現給世人，以便創造更高的經濟產值與契機，因此，城市的發展除了運用既有的建設特色與基礎之外，更必須藉助城市的文化元素，來塑造城市的新價值與差異化。

### 11. 文化創意產業是一項國家產業

從世界各國競相以文化創意產業為重要政策來看，即可以突顯這個產業的重要性，所以每個國家在制定與發展這項產業時，都將國力也融入在裡面，甚而邀集民間及社會資源參與，無不希望將此產業培植為更大的國力基礎，有助於國與國之間的經濟及貿易發展交流。

### 12. 文化創意產業是一項戰略產業

文化創意產業必須提昇至戰略角度絕對是有其道理，因為攸關一個國家的文化、創意、經營、策略及經濟等，所以必須要有此概念與宏觀。甚且，現在是區域性及地球村的經濟體，而不是只有一個國家的經濟體市場，也就是必須要能依存世界各地區的市場做戰略發展，如此才得以具備高度的競爭力，否則會被外來文化產業產品給融合或替代了。

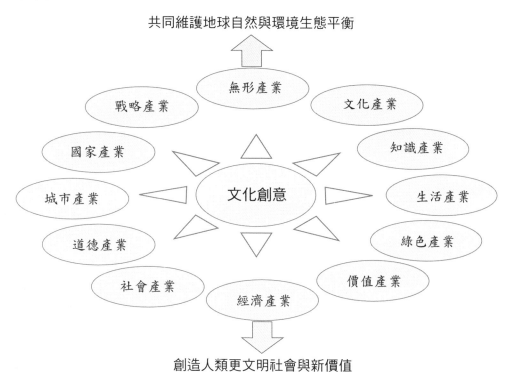

# 伍、文化創意產業概論

一、文化創意產業的緣起及意義

二、文化創意產業的基本概念

三、文化創意產業的定義

四、文化創意產業的範圍

五、文化創意產業的基本架構

六、文化創意產業的運作法則

在追求文化創意產業的前提之下，應該注入具有內涵，
又無法被取代的「文化」之美。有形的硬體產品隨時可
以被取代，無形的文化內涵是無法被取代的。

因為文化是任何一個地區的「根」，在追求文化創意產
業前提之下，必須要有「根」的文化為基礎，才能創意
出讓人無法取代的新價值，也才能創造出具生命力的文
化產品。

# 一、文化創意產業的緣起及意義

21 世紀雖然有很多新的名詞出現，也有很多新的策略公諸於世，而人類也是秉持過去的法則一味的追求，甚而再自創一格跟著湊湊熱鬧，其中以「文化創意產業」這個名詞廣為被重視及發揮，尤其是兩岸各自的政策，更是將之列為發展經濟重要支柱的產業之一，並極力在推動中，蔚為新產業之代表。

早在法蘭克福學派的阿多諾（Theodor Wiesengrund Adorno）與霍克海默（M.Max Horkheimer）兩位學者，於 1940 年代所著的「啟蒙的辯證法」中，即已出現「文化產業」（Culture industry），他們認為藝術雖然能讓生活更加美好，但文化產業才能將文化商品化，可以讓人隨時購買與傳達，雖然當時他們的見解引起廣大的注意與不同的意見，卻也是現代文化創意產業萌芽的先驅者。

於此理念之下，二十世紀中葉，法國社會學家米亞基（Miège, Bernard）等人，也提出了 cultural industries 以複數取代單數的看法，其實這種意念比較符合我們現在所使用的「文化產業」譯詞。他們也認為文化產業的運作方式是屬於多元性的，並非單一型態的運作與發揮。雖然一些從事藝術創作者認為，文化如果商品化將會會造成藝術的膚淺化、平價化，所以始終堅持反對立場。

這也是當文化創意產業被提出時，即受到很多藝術創作者持不同觀點，至今仍然有所爭議之處。其實文化產業本來就具有複雜性、爭議性與矛盾性的本質，只是我們在詮釋及定義上比較不明確。如果說將藝術品視為精神上、教育上與視覺上的保存功能，那當然是可以成立。但是如果將藝術創作品給予生活化、裝飾化及美感化的產業功能，那也是一種知識經濟，對整個社會及經濟也是有提昇價值，所以無法確定哪種是對或是錯，各有其不同的角度與立場，各有其發展與存在價值，只能說運用的思維與模式有所差異而已。

即至英國布萊爾（Anthony Charles Lynton Blair）政府於 1998 年提出「創意產業」（creative industries）構想以來，主要是在為英國文化產業創造世界行銷的通路，以提昇英國與國際間的競爭，另一方面則是想要為工黨左翼支持者所關心的「國內就業」問題上，提出振奮人心的新世界觀。當時英國政府所提出的創意產業分為十四項，包含：廣告、影視、建築、手工藝、藝術品、古董、歌劇及出版等，當然這樣的策略後來是備受肯定與證實是成功的。

接著，全世界目睹英國的成就後，相繼跟著導入與引進，並展開各項創意產業的後續發展。然而，當初以創意產業的本質而言，基本上都是在融入創意元素，而其中文化也是一個創意項目之一。在創意領域裡，最能展現立即效果的就屬設計與影視、動漫等視覺效果，這也是現今世界各國所追求的文化產業基礎。

中國大陸 2000 年中共中央十五屆五中會通過的「中共中央關於十五規劃的建議」中首度出現「推動有關文化產業發展」的政策走向，並於 2001 年 3 月首次被第九屆人大四次會議所採納，文化產業才得以正式被列入國家十五規劃綱要，因此才有今日中國大陸也跟著盛行文化創意產業的蓬勃發展。當然，台灣亦早就將文化創意產業納入整體經濟發展計劃中，同時也發展得有聲有色。

2010 年 5 月，台灣再提出黃金十年的發展計畫，將文化創意產業納入整體經濟發展計劃中，並於近期更成為地方政府及民間團體積極發展的重要產業之一。

兩岸為了讓創意產業能有所區隔與價值產生，才又冠上「文化」的名詞，並期藉此名詞讓文化更具價值。雖然中國大陸有些地方在制定發展規劃時，都將文化產業名稱改為「創意產業」或「文化創意產業」，而且普遍認為必須要配合國際文化產業發展新趨勢。所以如何冠以名稱都不是重點，但前提之下如果以「文化創意產業」名稱為主，是比較有時代感及前瞻性，因此遂有今日中國大陸普遍以「文化創意產業」為主的命名出現。

　　雖然也有相關文化團體持不同的意見與看法，但畢竟在這個競爭的時代，仍然必須有「知識經濟」的概念，才有助於社會整體經濟的發展。為此，在導入文化創意產業之際，更必須要有本土化的意識與戰略，才能在這波同質化中再造差異化、創意化與價值化。

　　但基本上，文化創意產業再如何爭議或詮釋，其核心價值是不容模糊與混淆的，同時，也必須以廣義的戰略思考，才是文化創意產業的根本之道，因此，必須具備下列的特質與意義：

### 1. 必須具有文化、知識、創新的基礎

　　文化創意產業發展必須是來自於地域最根本的「文化元素」，也就是最基礎的原創性，不論是依據地方文化淵源或者是個人、集體創作、知識領域的發展等，並經過創意的構想、激盪與規劃所產生的創作。因此，必須優於周邊既有產品的特色與價值，同時又能兼具提昇人類文化層次的功能，並與生活、教育、心靈等融合，才是文化創意產業最核心的價值。

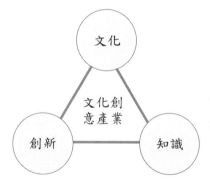

文化：有根及地域人文特色的文化元素。
知識：可以融合生態自然與心生活意識。
創新：重新組合或是附加功能的新價值。

### 2. 產業產品要能普及化

　　文化創意產業的源起本來就是來自於工業時期的思維，雖然當時未能有具體的描述及方向，但就其本質意義就是必須要能有所產業化，才能創造新經濟價值。即至近期因為影視、音樂及設計產業

等的發展快速，同時又廣為深入生活，所以一度造成對文化創意產業的誤解，普遍認為影視、音樂或設計產業等即是文化創意產業。但是影視及設計產業僅止於專業領域，再加上無法滿足多數人生活上、功能上的提昇，所以必須要能產業化、普及化的原因，讓文化產業的產品能廣為融於生活、提昇生活功能、創造生活價值等，才是文化創意產業的意義。

### 3. 要能創造就業、創業及經濟附加價值

文化創意產業的發展有提昇就業或創業的功能，就以英國為例，當初在導入文化創意產業之後，其所雇用的人口統計已成為第一大產業，規模僅次於金融服務業。而台灣在文化創意產業人力資源的統計上，也是有明顯的提昇，同時其產值也是逐年成長平均達7.78%。其他國家也是如此的成長現象，就以外銷成長來反映即可以顯示，歐洲佔 46.1%、美洲 14%、亞洲 39%、其他地區 0.9%。（數據來源：UNCTAD-2008、2008 Creatitv Economy Report）

由此可以顯示出因為文化創意產業的導入，讓文化創意能產業化，當有產業化後即會帶動帶狀產業的參與，如創意設計、加工製造、生產製造、整合行銷、物流及服務等多元性功能的產業鏈，也因此而帶動創業及就業機會，所以說文化創意產業是有其真正的後續價值存在。

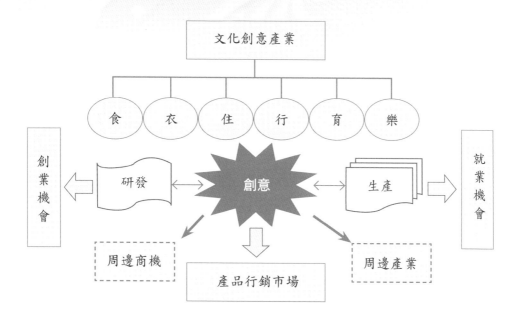

# 二、文化創意產業的基本概念

在世界各地一窩蜂的熱潮之下，人類只會向「利益」看齊，而忽略了「文化」的本質與意義。也就是在追求文化創意產業的前提之下，會著重在經濟產值與附加上，而忽略了應該注入所謂具內涵又無法被取代的「文化」之美。人類也疏忽了有形的硬體產品隨時是可以被取代的，而忽視了永遠無法被取代的無形文化內涵。文化是任何一個地區的「根」，是無法被取代的。就如兵馬俑是出土在中國西安，不可能說是出土在美國的洛杉磯，那怕是有的話，也會呈現不同的文化背景、名稱、造型與意義。

因此，在追求文化創意產業前提之下，必須要有「根」的文化為基礎，才能創意出讓人無法取代的新價值，也才能創造出具生命力的文化產品，同時可以再度滿足人類長久以來過度追求科技之下，所造成的空虛文化與空虛心靈。畢竟在現實生態中，文化與科技儼然成為平行線，永無交集之處，對人類也不是一種好的現象。

## 1. 文化產業必須要有維護自然生態的附加法則

有形的先進設施與創意產品可以被量化與取代，而無形的文化創意與知識卻是無法被取代的，因為那是一個地區產業與發展的核心價值，這也是現在各國非常重視「文化創意產業」的原因與趨勢，文化產創意業也將是新世紀唯一足以取代科技資訊產業的新寵兒。

文化創意產業的創造價值，原則必須是以該地區文化的「根」為元素、以自然生態與平衡為依歸，並透過創意與延伸，落實在人類生活與意識裡，讓整體生態更具平衡與發展，才能有效提昇全人類的生活與福祉。而不是只有創造成為裝飾藝術與少量或高價的收藏領域。因此，文化創意產業也是在淨化人類心靈另類的新法則，因為具有人類最原始的意識生態與基本元素，是一項非常廣義深奧與潛在價值的產業。

透過各地區既有文化的根作為創意元素，運用在食、衣、住、行、育、樂等領域，不只可以帶動周邊產業的發展，也可以帶動地區經濟的繁榮，更可以提供創業與就業的機會，是為現在的整個環境與發展趨勢，儼然成為產業的火車頭，而且是愈深入就愈有價值產生，愈長久就愈能帶動地區的發展。

### 2. 文化創意產業即是全民化產業

不只是兩岸，甚至到全世界，現在都非常地熱衷於文化創意產業，然而，不論各地區如何推展落實，依據目前各地發展情況來看，大多數是由各地方政府為主的大工程，也就是由公部門來主導文化創意產業的發展，而一般企業或組織只跟著配合就好，因此，至今日所呈現的大多是曲高和寡的現象。

如果以「文化創意產業」這個名詞來做探索，要推廣與落實應該是屬於全面性的概念，因為就「文化」這個領域已經包含了食、衣、住、行、育、樂，如果再加上「產業」那更是全面性的知識經濟了，所以，文化創意產業必須是全民化的產業再造與提昇。因為與每個人都是息息相關，所以從全民去推廣與落實才是關鍵。

每個地區都有其文化的「根」元素，也只有當地的民眾最清楚了，所以不是周邊的人可以體會與瞭解，雖然可以透過各種方式做調查與診斷，蒐集與分析，但仍然還是會有不足之處，這就是全民化產業的基礎概念，也透過這些人文的基礎才能創造出差異化、無法被取代的競爭力。

所以基本上如果能透過政府力量，做宣導全民化的文化創意產業觀念，才會產生遍地開花的效果，政府及組織資源只要扮演好諮詢與輔導功能就好，如此的文化創意產業才能真正創造出原味、差異與價值的新產業，將會比其他產業來得更具持續與發展。

### 3. 合理化的文化創意產業

我們因為對於自然素材的一分特殊情感與執著，所以常常接受政府單位的委託到偏遠地區，輔導並培訓他們第二專長。其實我們所培訓的第二專長原則，就是以當地的自然素材為基礎，並加以創意，即會成為他第二專長的技術，並有助於他自己可以自行創業或在家裡加工，然後將作品行銷到附近的商圈人潮。

就如：種有竹子的地區，我們會培訓他們將竹子融合當地文化或圖騰，做成筆筒、存錢筒、竹杯、花瓶等。如果當地有很多的黑土、黃土、紅土等，我們就會培訓他們開發出具當地特色文化的藝品等，其他如樹葉、樹枝、石頭、廢棄建材、廢棄家俱、磚瓦等素材，我們都可以創意出很具有特色又有價值的藝品或裝飾品。

文化創意產業的合理化在於如何因人、因地及因事而創意與整合發揮，並讓這些產業得以深根與延續下去，才會有助於地區的發展與生活品質的改善。這種合理化的概念必須是心存珍惜自然與生態的理念，雖然必須配合人體工學與各種人類意識的需求，但是仍然可以有所創意與創造。坊間很多商品雖然是很有創意，但大部份是基於商業考量與利基，而人類也容易被這些外在造型及色彩給迷惑，所以總是一錯再錯的發展下去，最後當然形成人類價值觀的改變與落差，正如「利益擺中間、道德放兩旁」的心態與現象。

### 4. 文化產業化也必須產業文化化

1993 年我們在台灣輔導第一處「角板山形象商圈」的示範性商圈之後，接著是相關屬性的輔導陸續出現，如：「商店街」、「社區文化產業再造」、「文化產業園區」、「觀光工廠」等，其最主要的目的也是在促進該地區的商業繁榮，但及至今日為止，大多數的商圈經營策略與展現，可以說同質性很高，也就是未能再做該地文化的深耕與結合，雖然也有一些的原創出現，但就其產業化的比例性、深耕性、後續性及經濟性並不高。

　　會造成這種現象不外乎是「短打策略」，也就是任何商圈或是文化園區在經營上，大多數侷限於現有的現象做創意，所以每當創意出現時即會被仿製或抄襲，甚而大量、低價銷售，最後淪為市場價格競爭或同質化現象。

　　因此，文化必須是要產業化才能創造經濟新產值，但是產業也必須要有文化化才無法被取代，這種概念大家都知道也懂得，但就是會面臨創意上的瓶頸。雖然一個具有文化的產業要能夠讓人喜歡，除了基本文化元素之外，創意就是關鍵。而創意不只是要思考及融合文化元素，更要能有吸引消費大眾的魅力。

　　如果你只能做出消費者流行的產品，那你很可能無法賺錢，因為同質性太高了，所以你只能靠價格做競爭了。如果你能做出消費者需求的產品，那你還可能賺錢，因為這種產品就比較具有創意及差異化。但是如果你能做出消費者想要的產品，那你一定會賺錢，因為你能抓住消費者的胃口，這就是一種價值的差異化。

### 5. 兒時的文化童玩也是文化創意產業

　　上了年紀的人每當回憶起小時候的玩具，應該都會有一股難以忘懷的情感與歡樂，因為當時未有新的玩具或童玩商品出現，玩具的設計、材質、造型也都不是很現代化，但卻是讓人感覺喜樂，不像現在的小孩要說他是幸福還是不知足呢，因為他們每當看到新玩具時，總是會強力要求父母購買，而父母也是基於未能多陪伴而心生補償心理就成全他了，可是當小孩把玩一陣子之後，他就給擱置一旁不想玩了，這就是為什麼新世代小孩的玩具，總是比成人的家當還多的原因。

　　兒時的文化童玩基本上就是文化創意產業的縮影，而且每個地區都各有不同，包含：設計、材質、玩樂方式等，都是根據當地的文化與民俗所創作出來的，雖然製作很簡單，卻是隱含了當地文化特色與價值，同時因未能大量生產、也未能廣為行銷，所以有些童玩都已經失傳了，這實在是非常可惜。

無論如何面對現代科技的文明與進步，文化創意產業的發展除了融合地域文化元素之外，仍然必須思考與環境生態之關聯，而不能只為了廣為推廣文化創意產業，縱然有很新的創意，也必須顧及整體生態的自然與平衡，這是身為人類的我們必須堅持與遵守的原則！

### 6. 文化創意產業是一種包容性產業

以我們在台灣從事第一處形象商圈及文創產業輔導以來，初期會面臨各產業主的疑惑、不認同、持反對意見等，但也因為如此我們才得以有所溝通的機會。就如：初期在與文建會合作時，即受到一些社區工作者、文化藝術創作者等的排斥與抵制，總認為「商業」與「文化」不能融為一體，更不能將文化產業化等，其實至今還有些藝術創作者仍然是堅持己見，不願意將藝術創作產業化，所以始終是孤芳自賞與自我感覺良好的心態。

當然，我們不能一概而論的認為那是不對的，只是，依據文化創意產業的基本精神與意義來衡量，文化創意產業必須顧及社會、經濟等整體互動發展因素，才是產業發展的價值。

因為文化創意產業是跨領域的產業，從最基礎的地域文化元素開始到資訊分析、理念意識、產品故事、產品創意、包裝設計、行銷規劃、整合經營管理及後續價值產生等，都要有不同業態與專業族群的整合與創意，所以是一項具有多元、意識、教育、生活、經濟等包容性的運用，否則，如果僅以生活使用角度來創造及生產，對整體經濟效益是無法產生新價值的。

因此，在前述之下的文化創意產業必須是更具包容性的，讓文化藝術創作得以產業化，並融入生活品質、溶入生活環境、融入生活教育、融入生活意識、融入生活經濟，才是國家整體經濟發展的基礎建設。這種基礎建設是無法被取代的，卻是可以塑造更具文明的社會，創造更具差異化的觀光價值。

# 三、文化創意產業的定義

　　英國學者 David Hesmondhalgh 對文化產業的看法，認為文化產業的最終產品都是「文本」的領域，也就是屬於多元性的、可以任人加以解讀或詮釋。他所謂的文本包括：歌曲、故事、表演及視覺設計等，他同時也認為文本主要是為了引起人類心智反應，充滿豐富內涵的意識，並透過這種意識達成溝通的目標。就如：人會因為職業之不同，而設計與職業有關的制服，會因業態之不同而設計與該行業有關的圖文視覺，也會因功能之不同而佈置具效果的場地等，而這些的目標與目的不只是為了某種意義而已，而是為了訴求其價值與功能。

　　其實任何食、衣、住、行、育、樂等產業，基本上都是具備了文化產業的部份特徵，只是出於對文化產業界線不明的現象。因此造成全世界各國對文化產業的名稱也各有不同，如：「創意產業」、「文化創意產業」、「文化產業」等，也因為各國政策、民族性與發展策略之不同，都有各自的定位與名稱策略，所以也沒有一定的標準模式，有的是各自目標的運用戰略不同而已。

　　所以，在推動文化創意產業時，必須進入所謂的核心問題，以免造成後續無法銜接、難以發揮、產值落差、缺乏經濟效益等現象，這不是當初文化產業意識產生時的目的。尤其是以中文的詮釋更必須加以明確化，因為如果同樣以「文化」做元素定義，那跟產業又無法銜接與引用，實非文化創意產業的本質。因此，如果我們以廣義來定義文化產業中的文化，亦即人類學所定義的「人類生活的全貌」，或者是「文化就是生活」等，這樣所有產業都會必須納入文化產業的範圍，所以這樣的定義仍然是不明確。

　　當然也有人將文化產業定義為「利用文化來創造財富的產業」，這樣又會顯得狹義，因為文化產業本來就是要藉助文化來創

造經濟價值，但是用文化來創造經濟價值卻未必就是只有文化產業。因為文化雖然是包含食、衣、住、行、育、樂，但也不全然是可以運用文化來創造經濟價值。

　　台灣的文化部將文化產業詮釋為：凡源自於文化或創意所累積，並在知識產權之下，同時具有就業機會潛力與創造財富，以促進整體生活環境昇華之產業均屬之，其實這樣的詮釋是屬於比較廣義的方向與策略。

　　另外，根據聯合國教育、科學及文化組織認為，創意是文化定位的一個重要部分，所以可以用不同形式作表現。其實一般對文化產業的認知，大多數侷限於那些無形或以文化為本質的項目及內容，並經過創造、生產與商品化整合的產業。因此，文化創意產業也可被視為創意產業、取向產業、內容產業、生活產業及藝術產業，因為文創產業所牽涉的範圍很廣。從這些基礎還可以延伸至建築、景觀、視覺、表演、藝術、運動、教育、音樂、廣告、觀光、產品等。

　　聯合國教育、科學及文化組織將文化創意產業分為文化產品、文化服務與智慧財產權三項。文化產品為書籍、雜誌、多媒體、電影、娛樂、工藝、時尚設計等。文化服務則包括了表演服務、出版、新聞、視聽、傳播及建築等服務，同時也包含前述生產的所有層面設施或電影院的所有權與運作、圖書館服務、博物館等服務。智慧財產權則包含品牌、著作、圖像、造型、功能等。

　　因此，各國針對文化創意產業的定義，以及所發展的產業類別、內容彼此皆稍有差異，但整體而言對文化創意產業的概念都是相似的，不論各自包含那些範圍。所以說，凡源自於文化元素，並透過創意、整合與智慧財產等運用，具有再造經濟與發展的新價值，以提昇整體生活品質與維護自然生態環境，包含有形或無形的產業，稱之為文化創意產業。

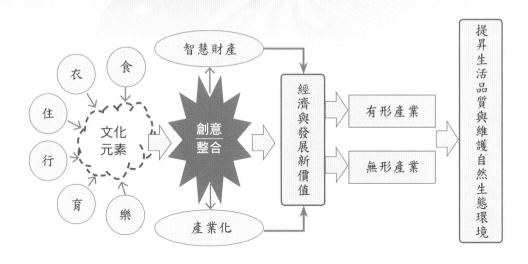

# 四、文化創意產業的範圍

在談文化創意產業時，一般人的直接印象與想法總是會圍繞在影視、動漫、設計、音樂等產業範圍，那也是無可厚非，畢竟任何產業都是在講究最終的產值有多少，所占的 GDP 比率有多少等，包含文化創意產業在內也是如此，再加上因為這些產業有立即效果、產值高、影響層面廣大及深遠、而且是不分老少或地域，這也是前述的文化創意產業項目，會被各國列為重要政策與項目重點的原因，但也是為社會大眾所認同與誤解的項目。

就如前述世界各國的文化創意產業發展與趨勢而言，從國家政策制訂到整體文創的展現各有不同，台灣將文化融合全面性、多元性於商業產業再造，以及生活產業的創意設計領域。中國大陸則重視在全面文創園區的導入與開發，除了工藝及藝術加工之外，也有零星的生活產業創意產品。英國重視在教育人才、創意產業及生活產業的融入文創產業發展，美國則朝比較多元性文化產業如：影視、科技、建築、音樂等，所以其文化產業發展至今仍是世界第一。日本則以動漫、動畫、影視及表演等為主，並朝國際化發展，被視為非常具有競爭力的國家。韓國也是以電影、動漫及遊戲為主，與日本有些雷同，而且也是走國際策略性的戰略經營，以展現其國家的企圖心。

綜觀以上各國的文化創意產業的發展項目、範圍及策略，可以很清楚看出來，文化創意產業大都是侷限在影視、音樂、工藝及生活等產業，比較缺乏多元性的產業項目發展，僅有美國是比較屬於多元性文化創意產業發展，所以美國至今仍然是保持文化創意產業最大的國家。因此，如果依據這種現況與發展趨勢，各國的文化創意產業如果缺乏多元性發展的戰略思考，最終將會再度面臨產業同質化與競爭更激烈的時代，這也是值得我們審慎思考與規劃文化創意產業的發展戰略。

　　其實就以文化創意產業的基本本質與經濟價值而言，應該是朝全面性的產業發展，而這種產業必須是包含有形與無形的研發、生產、行銷及教育等，可以是量產後普及社會大眾，但也必須是無形的教化社會大眾，才是文創產業必須具備的「立體文化產業」的原則，如此對整個經濟產值才有相對的成效。

　　因此，本章認為可以有食、衣、住、行、育、樂的項目思考與規劃方向，也就是從這些項目再做融入家庭、生活、人際、管理、教育、活動、建設、城市規劃等的發揮，不論是研發有形或是無形的產品，基本上都可以產業化。尤其是這些產業項目如果再加以科技與創新化，同時可以行銷全世界，因為現代已經是無國界時代，每個家庭或是個人都會同時擁有各國的產品，那將可以再創造更高的價值。因為這些項目基本上也都有其深厚的文化元素，只是有些項目未能加以整合化、創意化、昇華化及附加化而已。再加上因為是全面性的文化產業，也可以取代目前同質性很高的文創產品與產業，這樣才是未來文化創意產業的新契機。因此，就這些項目提供分析如下：

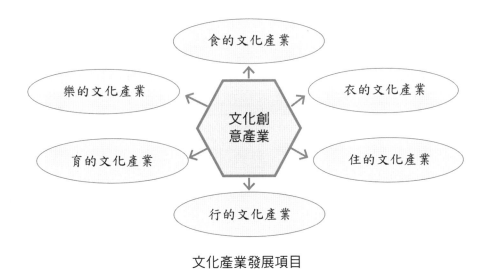

文化產業發展項目

文化元素確立 → 創意定位理念 → 整體產業構圖 → 產業產品確立 → 整合行銷教育 → 產業價值建立 → 產業傳承擴展 → 產業經濟共享 → 再造產業價值

文化產業發展流程

### 1. 飲食文化產業方面

民以「食」為天，現階段所有呈現在我們眼前的餐飲如：法國料理、日式料理、美式牛排、湖南湘菜、台灣小吃、葡萄酒、茅臺酒、新疆餅、太陽餅等，其實都跟各地域的文化有關，只是因為未能做有效的整合、再造與系統化，所以被遺忘與疏忽了。就以近期所再造與發揮成功的台灣鳳梨酥、珍珠奶茶等，其成長已經超過 100 倍的產值，同時也創造了很多的就業與創業市場。

其實，如果以餐飲文化再注入更深厚的文化故事與背景，同時再加以整合化的包裝與訴求，不難想像其產值與效果將會是難以估計，關鍵就在於我們是否願意將此產業再做另類的創新，讓餐飲文化得以有效再創造與提昇。就如知名的滿漢全席，雖然有文化內涵，但卻因價格過於高檔，所以僅能局部發展，反倒不如有些地方特色小吃來得有勁。

飲食文化產業包含：餐飲、酒類、飲料、咖啡、茶、糕點、食品、小吃、麵食等。

### 2. 服飾文化產業方面

服飾也是如此的重要，從現有既存民族的服飾中即可以看出，都是具有非常深厚的各族群或各地域的文化元素。從早期中國的中山裝、旗袍，以及日本和服、中國各原民族的傳統服飾、歐美的西

裝等，都具有文化因素與背景，只因隨著時代潮流以及有些服飾未能做再創新，所以中山裝、旗袍等漸漸的被西方文化的服飾給取代，如：西裝、洋服、禮服以及各種現代化的創意及藝術服飾。

因此，如果將各族群的服飾再加以融合地域文化，並創新於服飾中，將是服飾文化產業再造的新契機。因為這是每一個人都需要的生活產品，再加上周邊的配件及裝飾品，整個產值也將是無可限量的，但是前提之下任何服飾、配件或裝飾品等都必須融入文化元素及環保意識的創新，才能更具文化魅力與價值。

服飾文化產業包含：服飾、手提包、配件飾品、鞋子、領帶、圍巾、帽子等。

### 3. 居住文化產業方面

從歷史文化軌跡也可以透視整個居住文化的變遷與發展，農業民族與狩獵民族居住型態不同，歐式建築與中式、日式建築也是有所不同，中國各族群既有建築也是不同，包含現代先進科技的建築等也都是不同，但無論如何的造型與建築，當然也都有其文化元素存在。尤以傳統及具有文化故事或圖騰的建築，更是被各國制訂法規相繼保護與保存下來，也可見其文化價值。

雖然目前正面臨著地球生態變化與環境問題，居住文化朝向所謂的節能減碳的趨勢發展，包含綠能減碳、資源再生等，但那也是可以加入文化元素，使之更具新價值與合乎自然法則，同時居住環境裡的裝飾、生活及功能等用品，也都是可以融入文化的創意元素。

居家文化產業包含：各式建材、原素材、裝飾品、石材、木材、外牆、內裝等。

### 4. 交通文化產業方面

前世紀末期人類因為拜科技及資訊的發達，不只讓交通文化改變，也讓交通生態有所改變。傳統的郵政、交通工具、電信等交通

文化已經被徹底改變，e-mail 已經取代傳統的書信往來及文件資料，飛機已經縮短了國家之間的距離，qq、facebook、line、wechat 等已經取代電話的功能，網路購物、物聯網等也漸漸的取代了傳統消費習慣等，這些都是交通文化的傳承與改變。

因此，以交通文化產業的立場來談發展，基本上仍然是可以有所發揮與創意，因為透過這項產業的基礎可以讓文化融入在裡面，讓人類更感動的資訊、讓人類更成長與成熟的思維、讓人類更發展的契機等，都是屬於交通文化產業的發展利基，不論是從無形知識的傳達，或是有形的產品創意及功能等，都可以有文化元素的融入，讓交通更具文化氣息、更具文化風氣。

交通文化產業包含：傳達資訊內容、相關資訊知識及創意概念、交通工具造型、硬體資訊造型、其他與交通有關的創意造型設計等。

## 5. 教育文化產業方面

教育是百年樹人、百年大計，自古以來任何一個時期都離不開教育，也因為教育才得以讓人類更有思想、更有文化、更有智慧與未來，但也因為有教育而讓人類更學會貪婪、忘了自我、慾望提昇、喪盡道德倫理等。教育對人類的影響可以是負面的也可以是正面的詮釋。

因此，在文化創意產業的教育領域裡，更需要有文化的內涵與精神做基礎，以更具創新、更具新理念、更具新價值的教育，讓文化不至於產生反效果。雖然大地生態存在著相對論，卻也是可以比重的教育模式與創新呢。因為物極必反也是正常的事、有危機才有轉機、有富就有貧，關鍵都是在於教育的本質與精神是否正確。

教育文化產業包含：創意知識教育、正信倫理的思維理念教育、教育方式與技巧、各種有助於人類文明的教育。

### 6.音樂文化產業方面

音樂在伴隨人類演化及成長過程中，具有非常重要的文化元素，不論任何民族、時期、地區都是如此，這是目前在文化創意產業裡佔有非常重要的項目，因為它是人類的精神食糧、是人類的文明動力、是人類成長的基因。雖然是無形的產業，卻是影響著人類整個文化與過程。當然在目前現況產業中，不論是影視、歌劇、活動、教育、宗教等都有音樂的文化背景存在，甚至是在家庭、生活或是產業裡也都有它的元素，所以更需要文化化、全面化與融合化，讓音樂更具創意領域，突破現有產業的格局，讓音樂得以更具文化意識，對人類也會有心靈及智慧的提昇。

音樂的文化創意產業既然如此的普及與廣泛，對人類有著深遠的影響力，那就更應該在創意上做深化、在生活上做昇華，才可以再創造音樂文化的新價值。

音樂文化創意產業包含：音樂、樂器、作曲、作詞等。

至於目前所共通的產業及已經既有的創意、設計、動漫、影視、表演、動畫等，這些產業基本上都是在表達與訴求前述產業的附加價值，不論是透過有形或是無形、有聲或是無聲、肢體或是行為、圖像或是語言、影像或是音樂等，都是在塑造前述產業的新附加價值，只要能融入文化元素，基本上都是會具有生命力與新意義，這就是文化創意產業讓人嚮往之處，因為它具有延續與傳承生命的意義、具有提昇與再造生活的價值、具有教化與融入理念的意識，有別於其他產業的差異及競爭力因素。因此，必須提升至以道德、自然為主軸，並融入生活與生命領域，讓文創產業得以超脫既有思維與模式，才是文創產業延續文化、維護生態、多元發展與附加價值的創意產業意義。

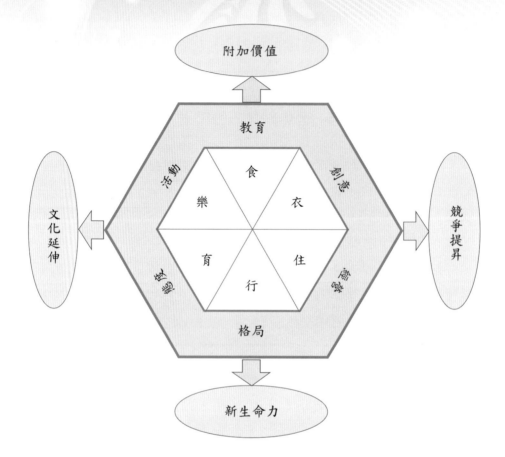

# 五、文化創意產業的基本架構

文化創意產業本來就是如此的廣泛與領域，在未有全面性發展之前，任何產業只是冠以特色名稱或是訴求意義而已，而當產業創造出另類與附加價值時，大家才會跟著追求與流行，這是人類在自然生態中的循環現象，也就是當人類在面臨低潮或必須轉化時，即會有一股新生命力的名詞或改革出現，以再造及提昇人類的需求慾望，這就是任何產業發展的模式，當然文化創意產業也不例外。

所以，人類總是會因需要而研發與創造出新產品，而這種產品要經得起考驗與再造，其生命週期才會延續與被廣為複製，就如中國大陸在十八大裡首次提到「生態產品」，即包含空氣、水、陽光等，如此所生產的產品才能流通於生活中。各式各樣的智慧型的手機、生活中的創新商品、有效的激勵與管理法則等，都是如此的廣為被沿用與持續發展，也因為有這些的基礎才得以更有發明與發展。

文化創意產業是屬於生活產業，也是全民性的產業、全面化的產業，所以在運作的過程仍然必須要有基本原則，才能促使文化創意產業的價值再造：

## 1. 整體基本架構與精神

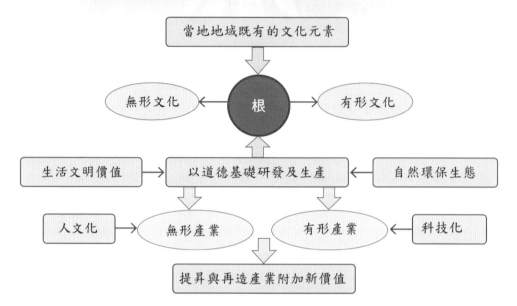

當地地域既有的文化元素

無形文化　←　根　→　有形文化

生活文明價值　→　以道德基礎研發及生產　←　自然環保生態

人文化　→　無形產業　　有形產業　←　科技化

提昇與再造產業附加新價值

## 2. 有「根」的文創成果基本架構：茂盛的文創樹

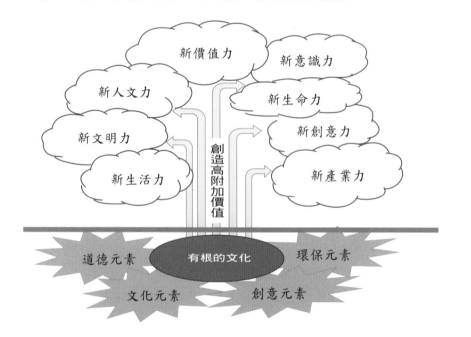

新價值力　新意識力

新人文力　新生命力

新文明力　新創意力

新生活力　新產業力

創造高附加價值

道德元素　有根的文化　環保元素

文化元素　創意元素

### 3. 整體架構說明

#### (1) 當地地域既有的文化元素

任何地域其實都有其歷史淵源與文化，包含地方名稱、風俗習慣、宗教信仰、節慶活動等，不論是因為人類生活習慣使然，或是地域的氣候、地理及環境等孕育而成的，基本上都有其文化典故，而這也是世界上任何地方所無法取代的基本元素，因為它具有特殊與象徵的文化意義及內涵，所以在文化創意產業裡是最重要的元素，也是發展差異化與競爭力的最大關鍵。

#### (2) 根

所謂「根」就是當地既有的文化元素稱之為根，是任何文化創意產業展開的基礎，包含有形或無形的文化元素。也就是必須在既有文化元素之下，經由「根」的延伸，塑造與再造文創產業經濟新契機、新價值。

#### (3) 有形文化

一般而言有形文化是指具體、可以觸摸、保存、傳承或複製的產物、文物，如古董、玉器、書畫、銅器、瓷器、陶器、木器、建築、景觀、生活用品、書籍、兵器等，因為基於當時生存、生活、民俗、節慶等所需的有形產物，不論大或小、規模或是細小都可以稱之為有形文化。

#### (4) 無形文化

無形文化雖然是看不到，但卻可以感受到、看到及參與融入，而且還可以有所傳承、延伸、轉化及教化的功能，不論是短期或是長期，也不論規模大小都屬之。如：台灣的媽祖繞境、基隆放水燈、原住民豐年祭、巴西嘉年華、日本成年禮、中國祭孔、龍舟競賽等，都是屬於無形文化。

#### (5) 以道德基礎研發及生產

人類會為了物質與物慾享受，而忽視了自然與環境生態的維護及保存，也會為了名利與成就不顧倫理道德，讓多數人必須共同承擔少

數人的物慾與利益。不顧倫理道德的文化創意產業發展對人類是有害無益的，縱然會創造出高經濟，但卻不是我們所樂見的文創產業發展，也不是文化創意產業的本質與精神。

(6) 自然環保生態

任何產業如果缺乏環保概念、節能意識、自然生態法則時，那所生產出來的產品都足以加速人類生存的危機，這種文化創意產業必須加以改革或再調整、停止，否則人類會為了貪圖一時的便利而受盡長期的痛苦，是很不值得的。

(7) 生活文明價值

如果能夠讓人類思維更正信、觀念更靈活、教育更文明、生活更有品質、社會更和諧、經濟更成長，這樣的文化產業當然就值得大力扶持與推廣了，人類就是需要具有這樣人文的內涵、具有文化的意義、具有文明的教化等產業，這才是人類之福、人類新生命力的來源。

(8) 有形產業—科技化

文化產業是可以有形產品、是可以傳承的，所以為了符合現代生活型態的需求，為了現代互動的改變，就必須融入科技化來生產的產品，讓文化產業產品生命力得以延續、得以發揚與推廣，提昇人類生活品質。

(9) 無形產業—人文化

無形文化創意產業具有教化、學習、傳承與附加的功能，因此，必須融入人文意識，讓文化創意產業更具生命與內涵，進而有助於有形文化產業的價值，這就是文化創意產業在無形產業的魅力。

(10) 提昇與再造產業附加新價值

基於有形或無形文化創意產業的發展，進而創造創業及就業機會，同時又可帶動周邊產業發展，是為文化創意產業全民化、全面化的因素，也有助於全民生活品質與素質之提昇，而這種價值正可以延續與傳承。

# 六、文化創意產業的運作法則

　　坊間雖然有很多的經營管理法則，也有很多的創意規範，但是仍然必須要在創新的理念與意識之下，才能找到一套符合自己運作的合理法則，因為在未成功之前，沒有一套標準模式或法則可以保證會成功，在文創產業的運作法則也是如此的概念。

　　以我們過去所輔導的經歷與經驗裡，我們會以比較容易導入與落實的法則，作為建議與創新模式。因為任何現況企業的經營者、管理者或是相關重要的執行者，都各有各自內心的一把尺，所以，如果要讓大家遵循一套標準或規則，不見得是行得通。就如中國大陸領導人鄧小平曾經說過：「不管是白貓或是黑貓，會抓老鼠的貓，就是好貓。」這話顛覆過去理論性的思考與管理模式。前世紀末期的金融危機，也證明理財策略沒有一套的標準模式。蘋果電腦傳奇人物賈伯斯並不是一位電腦博士，大陸知名的餐飲業者—海底撈，被美國哈佛大學列為管理教材，台灣的 85 度 C 咖啡經營時期，在消費者評價中擊敗了全球知名的星巴克連鎖咖啡。這些個人或是企業單位，從最基礎的土法煉鋼運作開始到現在的成就，不論其背後是如何的辛苦運作與機會點，可以說舞台上戲法人人變，只要是能贏得觀眾，愛如何演就如何演了，各憑本事。

　　當然，在文化創意產業的發展運作裡，包含了很廣泛的運作項目如：文化創意產業園區開發與運作、文化創意產業產品開發與運作、文化創意產業社區開發與運作、文化創意產業商圈開發與運作等，除了產業產品開發之外，其他項目基本上都是必須具規模性，這也就是一般想投入文化創意產業的企業或個人，比較難以投入經營與運作之處，因此，本單元先就此項目作整體架構的計畫說明，以利於想投入的業者或個人有展現的契機。

　　在文化創意產業的產業化發展策略上，基本特質及運作法則可
以就下列的模式展開：

### 1. 針對文創產業產品開發與運作計畫

　　文化創意產業基本上是以產業產品為發展基礎，並以此基礎作
置入性的理念訴求，讓社會大眾或消費者得以感受與體驗，進而達
到推廣目的，不論是有形抑或是無形的產業產品，都是屬於文化創
意產業產品的範圍。

　　產業產品的魅力固然是重要，但其開發的過程更為重要，因為
產業產品必須建置在彼此需求互動共鳴之上，而不是主觀意識的封
閉式設計與開發，這也是現在坊間文創產品共通的現象，大多數是
叫好卻不叫座的窘境，普遍因為開發過程不夠嚴謹與細膩，過於急
躁與抄襲的結果。

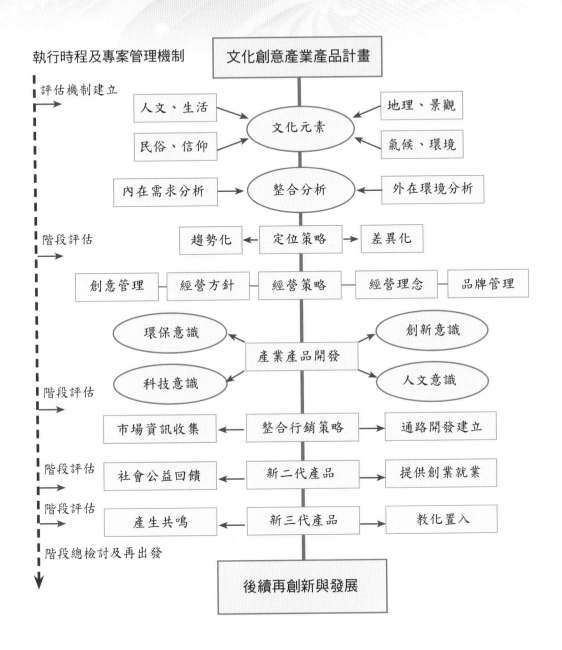

## 2. 整體運作架構說明

### (1) 文化創意產業產品計畫

進行任何一項專案時，尤其是最時髦又競爭的文化創意產業，完整計畫是必須的，雖然計畫永遠是趕不上變化，未來在執行上仍然是會有所變化，但仍然還是要有一套合理化的發展架構計畫，這樣才是一種具有遠見與策略性的展開，同時也有助於後續執行評估與發展的依據。

計畫不在於長短、規模大小，有計畫至少可以有流程與規則可循，同時也可以依據計畫作整體定位、策略、制度、品牌、經費、人力、市場、活動、流程與評估等整合與運作，可以想像計畫在整體文創產業發展中的重要與必要性。

### (2) 文化元素

每個地方文化的形成與過程基本上都有所不同，皆會因該地區的人文生活、民俗信仰、地理景觀、氣候環境等因素，而漸漸形成該地區特有的文化。因此，也有久遠或近期、全部或局部、無形或有形、宗教或信仰等之分，也因為這些的差異形成各自具特色的文化，而這些的元素如果能夠愈清楚、愈仔細會更好，同時還有相對的佐證資料。

文化元素既然是來自於前述基礎要素，因此在收集時必須要嚴謹、考究與追根究底的精神，不能僅憑傳說或是道聽塗說的收集，如此才能真正搜尋到最原始文化的「根」，而這種有根的文化才無法被取代、無法被量化，也是文化創意產業最根本的元素價值，將會有助於整體發展的創意及推廣基礎。

### (3) 整合分析

除了經由前述內在文化元素的「根」確認之後，再透過各種資訊及管道蒐集整體外在環境趨勢資訊，如同質性產業產品資訊、消費特質與趨勢、整體生態發展趨勢、世界貿易發展或國際發展趨勢

等，然後再依據外在市場環境資訊加以整合與分析，作出符合參考的各項資料，基本上每個步驟都不能馬虎。

當然這些資訊經由整合分析之後，仍然必須要有一套應對與應變的分析策略，因為處於這個快速變化與競爭激烈的時代，每時、每日都會有很多意想不到的變化出現。雖然前述是經過各種資訊蒐集與整合後的分析，但是仍然會有不足與變化的時候，因此，資訊收集必須是靈活的機制、客觀的分析。

(4) 定位策略

以經營的角度而言「定位」才是最基本的開始，但是一般在進行擬開發的構想及規劃時，總是一廂情願，不然就是一頭熱的居多，所以常常造成後續經營的搖擺不定、成本增加、管理不到位等現象，造成後繼無力的經營，非常可惜。

所以，無論如何開始的，定位才是關鍵，的確是疏忽不得，也就是透過定位之後才可以確立市場區隔及對象、確立經營理念、規劃品牌策略、制定人力及資源策略、產品開發策略等，這些都是在定位後的展開方針，雖然是非常重要，卻也是一般人最易於疏忽與不重視的地方。

(5) 經營策略

創業容易但經營卻是不容易，任何產業的運作及發展，經營是佔極大的比例。雖然各自有各自的智慧與創意經營手法，也有不同的經營模式，但是運用團隊與創意是必須隨時建立的機制，同時必須先擬定經營理念，讓整體經營與行為有所參考依據，接著是如何落實的經營方針、如何管理及運作的制度、如何塑造價值的品牌管理等，這些都必須要有團隊的智慧與運作，三個臭皮匠勝過一個諸葛亮，孤掌難鳴、孤陰難生、孤陽難成道理就是在此。

中國人的企業經營比較傾向單元化、短視化、自我感覺良好的居多，這也是一個產業必須重視的地方，尤其是文化創意產業。因

為這個產業是一項多元性、置入性、整合性、傳承性及責任性的產業生態，所以必須有各項資源整合與創意思維的經營才是致勝關鍵。

(6) 產業產品開發

針對文化創意產業的產業產品開發是比較單純，因為只要能明確掌握真正的文化元素，再加上配合市場需求，就已經是贏在起跑點上了。有形商品如果沒有文化元素當然就容易被量化及取代，這也是任何產業產品差異化與致勝的關鍵。除此之外的科技意識、環保意識、創新意識等也都必須融入在產品開發中。

產品開發時除了文化元素之外，亦必須顧及倫理道德原則，並以符合自然、環保、節能等生態為依歸，讓產品在後續行銷市場時，不至影響及危害自然生態，這才是一個產業對社會應盡的責任，同時產品在開發後也必須顧及智慧財產權的註冊，以確保該項產業產品的價值與利基持續。

(7) 整合行銷策略

行銷當然也是有很多種策略，因此，如果依據定位後的行銷策略將會是更明確與具體。如：針對年輕人的是講求創新意又具科技化，針對中年人訴求實用又具差異化，針對老年人注重安全又具養生化，各有不同的行銷策略。

尤其是處於這個競爭又同質化的環境裡，資源整合成為一個競爭關鍵，因此，在單一產業產品的訴求力不足時，可以採取整合行銷的策略，就如套裝旅遊一樣一票到底，包含機票、住宿、交通、旅遊、商品、後續服務等，讓你感覺便宜又省事、物超所值的服務，這也是現代所謂的感動行銷，讓人消費之後可以有看得到、享受得到、感覺得到、價值得到的感動。

(8) 新二代、新三代產品

文化創意產業產品雖然來自於文化的元素，除了必須有所保存之外，當然就必須符合整體環境趨勢與發展，提昇產品的延續使用

價值。或許第一代產品是單一功能，但為了迎合消費需求與生態發展趨勢，必須做第二、第三代等的再創意開發，才會具有競爭力。就如坊間的科技產品一樣，隨時在推出新一代的產品以滿足顧客的需求，同時也是在強化市場的佔有率。

　　因此，產品在第一代行銷階段時，同時必須陪襯做市場資訊的收集，以了解消費者對產品的感覺及建議，並適時提供創業與就業機會，有效建立自主管理的通路開發。產品在有所獲利時也應善盡一些社會公益與回饋，讓社會在文創產業的文化與文明基礎下，優於其他產業的新價值。

　　(9) 產生共鳴與教化置入

　　任何產品的開發，最後所產生的訴求就是讓社會大眾或是消費者得以產生共鳴，如此才能有教化的機會與意義。因為產品的價值不只在於具有高度功能與使用性，同時也能兼顧社會責任與傳承的附加價值，這才是文創產品的最高境界。

　　從周邊一些傳承下來的文創產品即可以看出來，這些產品當初在開發時也是有其歷史、人文及環境理念的訴求，不是只有外在的美學而已，也包含著對人類意識的教化功能，所以會讓人競相珍惜或收藏。

　　(10) 後續再創新與發展

　　產業產品獲利本來就是必須，但是為了讓產業產品得以永續經營，除了前述的基本原則之外，更要有前瞻性的遠見、隨時改變新思維的意識、善盡社會責任的融入經營裡，產業才得以永續與發展。

　　產業可以長青，但人必須作傳承，也就是必須藉助前述正確性架構與積極性的運作，塑造一個強而有力的「企業文化」，讓產業得以在經營理念之下，建立一個共同行為模式與價值觀的企業文化，才有助於產業的長青與永續發展。

### (11) 執行時程掌握及專案管理系統建立

計畫雖然很重要，整體運作架構也很完整，但是關鍵仍然在於「執行力」與「應變力」。也就是再好的計劃如果缺乏徹底、應變的執行力的話，仍然是會面臨有頭無尾的現象。

因此，為了讓計畫執行過程的完整、徹底、有效，就必須建立「專案管理系統」，也就是運用專案管理系統的制度，做進度、成效、成本、人力、行銷等的追蹤與評估，才得以掌握專案計畫的執行成效，這也是一般產業最不重視與疏忽的地方。

專案管理制度系統建立之後關鍵還是在於人，因為縱有很完整的專案管理制度系統，但是如果缺乏一位非常專業或是敬業的人來管理，那這項專案管理最後也會有如曇花一現似的無疾而終。終究，要成就任何「事」還得需要有非常專業的「人」來做管理，所以，為什麼稱為「人事」，也就是必須先把人處理好後才有圓滿的事的結論。

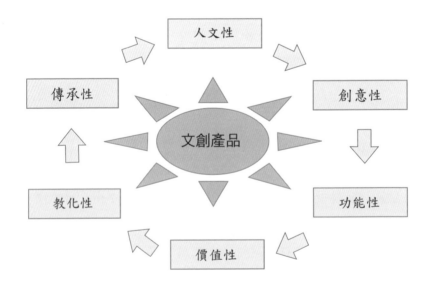

# 陸、文化創意產業的屬性及發展策略

自從文化創意產業概念被提出後，世界各國也都相繼的投入，可以顯見世界各國對文化創意產業的重視與期待。

雖然各國在文化創意產業的政策、定位及名稱、發展策略等各有不同。但是在歷經一段時期的導入與發展，可以看出各國在文化創意產業方面的具體成效，的確是有助於該國國家整體經濟的發展。

# 一、國家政策與文創發展策略

自從文化創意產業概念被提出後，世界各國也都相繼的投入並加以發展，與此同時兩岸政府也將文化創意產業制訂為重要經濟發展政策之一，顯見世界各國對文化創意產業的重視與期待。雖然各國在文化創意產業的政策、定位及名稱、發展策略等各有不同，但是在歷經一段時期的導入與發展，可以看出各國在文化創意產業方面的具體成效，的確是有助於該國國家整體經濟的發展。

針對國家政策與文創發展可以有下列的策略思考：

## 1. 國家文化創意產業的共通性

就文化創意產業而言，每個國家因為民族思維、地域文化、政策制訂、資源整合、發展策略等各有不同，也都有不同的成效產值出現，世界各國紛紛將之制訂為新世紀發展經濟的希望產業，以帶動因金融風暴後所遺留下來的痕跡。但不論各個國家整體政策及發展策略各有不同，在文化創意產業發展卻有著異曲同工之處，因為文化創意產業具有下列的共通特質：

(1) 它是屬於民族文化歷史的延續產業

文化創意產業之所以被冠上「文化」，主要在於想藉助文化元素做為發展策略，因為世界各國的文化淵源本來就是有所不同，不論其文化的歷史久遠或是短暫、規模大或小，基本上都是該國的文化特色象徵與環境背景，而這些的基本文化元素是無法被取代的，這也是各國可以大力發展的競爭關鍵。

從世界各主要國家的文化來探索，目前四大文化古國未來將會是主導文化創意產業的最大贏家，但仍然必須伴隨著創意的意識以及發展魄力，才能促使文化產業更具魅力，並在不失基本文化精神與內涵時，是值得各文化古國的大力發展。雖然美國是目前文化創意產業發展最快、最大的國家，但是缺乏文化內涵所運用的創意，

基本上，其產品生命週期是有限的、無法持續的，這也是在突顯文化價值與魅力的地方。

從現有世界各國都極力的在保護該國所遺留下來的歷史古蹟、古文物等就可以看出來，這些古蹟與古文物都具有非常珍貴的生命力，這就是我們之所以說文化創意產業是屬於民族文化歷史的延續產業的原因。

(2) 它是屬於全民性的文化教育產業

文化創意產業現況之所以發展得如此快速，主要原因是在於透過科技與視覺傳播的效果，而這些科技與傳播整合行銷的主力即是在於影視、音樂及設計，並透過各種創意得以快速與立即效果產生，這就是我們現在所談的文化創意產業的主軸。但是我們前述有提及過文化創意產業是屬於全民性的產業，包含食、衣、住、行、育、樂的內涵與訴求，跟每個人的家庭、生活、工作及人際有關，它影響著人類的思維觀念、激勵人類的知識成長、提供人類的心靈精神來源。

既然與食、衣、住、行、育、樂的生活有關，那麼就是跟全民有關的產業，在任何國家的未來發展都會是如此，雖然各國之間在食、衣、住、行、育、樂生活與訴求方面各有不同，但是在產業最終的目的都是在追求社會更安定、經濟更繁榮與生活更美好的境界，這些的訴求與發展都跟全民有直接的關係，也是全民可以共同參與的產業，更是在就業或者是創業方面的最終目標。

(3) 它是屬於全面性的生活化產業

目前各國除了將文化創意產業制定為該國經濟重要發展政策之外，更無不用盡心力在這方面做全力的支持與配合，包含：整體發展政策制訂、法規制訂與修正、各項資源整合與提供、金融制度的改革、各項產業經營法規的修訂等，主要也是在做全面化產業的基礎工程。

　　1980 年代，世界各國政府掀起了一股「新公共管理」的風潮，就是在打破傳統組織體制僵化與法令的束縛，並採用企業經營的管理策略，從擬定明確的目標開始就以改善公共行政管理的效能為主。因為各國政府也意識到企業化經營與組織化經營的差異與成效，所以不得不採用這種新管理意識來配合文化創意產業的需求與發展。當政府官僚體制走向企業化管理時，所有跟文化創意產業有關的產業也將會走向市場化，當走向市場化時即是全面產業化的基礎。

　　(4) 它是屬於知識性的經濟產業

　　生產性的經濟產業只是以生產為主，當然，現在已經延伸到行銷及通路的建立，但是最後都會面臨價格因素而造成血本無歸，終而結束經營的命運，這樣的產業經營當然是無法永續與競爭的。因此，遂有將「知識」融入產業的概念，讓知識在產業中轉化更具價值的經濟效益。大英藝術理事會的高級財務執行員安東尼‧費爾德 (Anthony Field) 表示，他們的藝術理事會補助劇團將以「最會生財」的團體為優先，所謂最會生財的意義，不就是要有知識與智慧融入產業裡的新概念嗎！

　　當然也有人將教育轉化為產業化，將宗教發展為產業化，但如果把教育或宗教給予產業化當然是會有其爭議之處，關鍵在於是否具有足夠創意知識與智慧將之轉化成更具新價值，而不是只在於發展成為補習班或是捐獻的概念，這樣就不會造成全民對文化創意產業意識與理念的誤解。

　　(5) 它是屬於文明化的產業

　　前世紀人類為了物質的享受、為了生活的便捷、為了追求更富裕、為了各種需求，而研發與製造諸多違反自然生態的產業及產品，即至影響整個地球氣候暖化、生態變遷時，才意識到很多的產業產品是違反自然法則，必須加以改造或制止，因此才會再度尋求有助

於整體生態平衡的產業，而文化創意產業就是在此情況下形成，因此，它必須遵循自然與生態法則，更具文化與文明的內涵。

至今，雖然各自的發展項目及策略產業各有不同，但人類終究已經意識到維護與延續自然生態的重要性，所以現在的文化創意產業產品，幾乎可以說都是以文化為主的研發，這種以文化為主的產業產品就是文明的象徵，具有文明的基礎與意義，也是在新世紀及未來人類都必須遵守的產業發展原則。

(6) 它是屬於創意性的產業

為了讓文化元素的新價值產生，為了避免同質性的文化功能，也為了文化創意產業的差異性形成，融入「創意意識」即成為文化創意產業的重要策略，因為唯有透過不同思維與遠見才能讓產業產品更特色化、更具人性化、更具文明化。

所以文化創意產業的「根」是文化產業的元素，而「創意」則是文化創意產業的展現與表達，透過這種內外的組合與展現讓產業產品更具魅力、更具差異化，有助於文化創意產業發展的重要關鍵。這也是目前各國在文化創意產業發展中，投入非常龐大的人力與物力，來培育創意人才的原因。

(7) 它是屬於價值性的競爭產業

「價值」雖然是無形但卻是可以被認同，也就是任何產業在經營到最後的貢獻或結論，所以必須是經由最終端的使用者來確定與認同，而不是業者一廂情願的自我感覺良好。價值可以是整體性的呈現，從產業定位、理念、生產、行銷及回饋等過程，都是在讓社會大眾可以直接使用到、感受到。

　　所以文化創意產業也是如此的概念與需求，因為從最基礎的文化元素開始就足以讓人感動與認同，接著是後續產業的研發、生產與行銷等，一樣的都是在這種文化元素之下的一氣呵成，讓人喜歡進而消費與使用，最終甚至將之做為傳家之寶呢，只要是具有足夠的文化元素內涵即可，這就是一般產業無法具備的原因。自古以來文物收藏的行業歷久不衰就可以看出，那種價值是無法量化、無法取代、無法複製的，這也就是文化創意產業價值有別於其他產業的原因，因為它是愈久愈有價值。

(8) 它是屬於戰略性的基礎產業

　　一個國家民族之所以會興盛，民生建設是其中之一，而民生建設最基礎的關鍵就在於「文化」的優化。從世界各國發展中我們可以看出來，愈是有文化的國家愈是有生命力，而且是持續不斷的再深耕與發展。因此，一個國家如果僅以科技或經濟做發展，其生命周期會是有限的，因為創意與創造隨時可以取代科技與經濟效益，而且終究再如何的發展還是要回歸民生基本面。

　　因此，文化創意產業之所以會備受各國重視也不是沒有原因的，因為它包含了文化元素同時又可以有科技經濟發展的基礎，而且更是無法取代，在共有創意意識的同質化之下，只有這種文化元素才具有差異化、才具有競爭價值與策略，不只可以創造創業及就業機會，同時還可以帶動全面產業的發展，所以說它是屬於一個國家發展重要戰略。

## 2. 國家文化創意產業發展架構

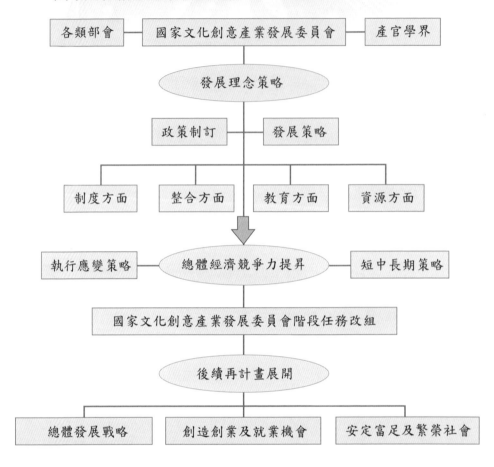

## 3. 發展架構說明

### (1) 國家文化創意產業發展委員會

一個國家如要提昇文化創意產業經濟發展與競爭力，必須以至高點及更高格局的總體戰略做推動，因為前述有提及文化創意產業發展，是攸關相關部門、牽涉到周邊產業、攸關文化元素、全民參與等，所以影響範圍很廣，因此必須以國家層次來推動。縱觀世界

一些文化創意產業發展比較先進的國家，諸如美國、英國、韓國、日本等，幾乎可以說動員到國家資源的總體戰略層次，雖然各國有各自不同的參與策略，但是從其運作模式與各部會的配合，即可以看出該國文化創意產業的總體戰略。

因此，國家文化創意產業發展策略的推廣組織，初期可以採取跨部會組織方式，並另邀請相關學界、產業界代表參與推廣組織，以利於後續政策制訂、推廣落實之可行性。組織成員及規模可以依據現況與需要而定，沒有一定的標準，但必須依據要推廣的項目做建立。組織成員除了具備基本理念、學識、專業之外，更應顧及品德力、執行力、創意力及遠見力的素養，才有助於文化創意產業的推動與落實，切忌酬庸式、政治化、附庸式的組織，那樣只會讓文化創意產業總體戰略呈現有頭無尾的結局，最後造成國家更多的資源浪費與失去競爭力。

國家文化創意產業發展委員會組織可以如下：

- 總體名稱、部門職稱可以再做修正或命名。
- 部門可以依據政策規模與需求而定。
- 成員可以依據組織規模設定與邀請，並採任期制及考核制。
- 組織可視政策發展需要為常設性或臨時性組織。
- 組織必須依據發展計畫與時程做整體徹底運作。
- 組織成員不能是酬庸性質，必須是產官學等此項專業領域的專家共同組合。
- 組織也必須做年度總檢核與評估，讓組織得以更具生命力與活力。

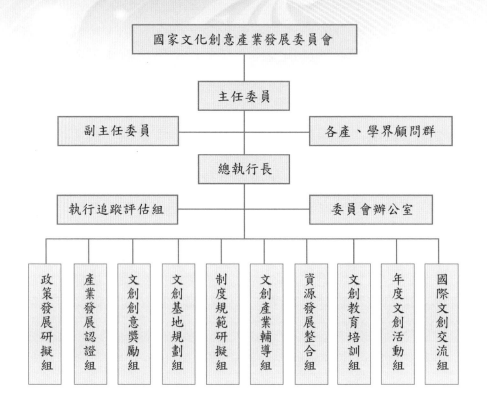

(2) 發展理念策略

　　國家總體文化創意產業的發展，必須要有企業化的概念為經營。因此，為了讓組織成員可以有所遵循、讓全民大眾能清楚政府的政策與方向，就必須要有很明確的發展理念，也就是在這樣明確的理念基礎之下，可以做後續制度、整合、教育、資源等規劃與展開，不至於形成後續無法整合與發揮的窘境。

　　發展理念可以是具體、明確，同時也要能符合整體環境趨勢及變化因素，它是一項非常重要的戰略方向，也是整體文化創意產業發展的重要指標，那怕是一句話、一個字或是一個象徵圖像等，都有其意義與精神存在。

　　國家發展理念也必須是要能易懂、易行、易做的原則，讓全民也能輕易懂的理念。所以可以依據組織成員共同激盪，或是經由各種客觀因素激盪方式蒐集、整合與研擬而成，盡量避免僅採用一位強勢或特定首長、強力主導事務的人，因為容易造成任期影響或是個人意見過於濃厚與主觀的現象，將會失去整體的客觀性而產生運作盲點，同時也會造成擬永續發展的文化創意產業失衡與無疾而終。

　　(3) 制度方面

　　各國雖然都會有一個專責管理文化創意產業的部門或單位，但是因為此產業是屬於跨部門、全面性、持續性、經濟性的產業，所以在整個展開與執行過程中，一定會面臨諸多法規、制度與執行的限制或影響，不論是土地使用、相關法規、證照申請、智慧財產、創意經營、國際貿易或產業特質等，都會影響整個文化創意產業的發展與發揮，所以如果不在制度上做改善或修訂，縱有再好的文創遠見計畫，最後仍然還是會面臨曇花一現的宿命。

　　因此，以國家文化創意產業發展政策而言，這部分卻是文創產業發展的成敗關鍵，值得相關主管單位的重視與協調，以免讓政策到最後又流於口號。制度雖然是人訂出來的，也是必須由人來執行，但也是必須藉助人的修訂或改善，過程也許會面臨諸多的限制或束縛，但是為了國家整體經濟與發展，就必須極力做溝通與協調，否則國家總體文化創意產業戰略，最後在世界舞台上只能敬陪末座，再失去競爭的機會。

　　(4) 整合方面

　　為了讓國家文化創意產業得以有效展開與發展，前述的組織、理念及制度就必須藉助國家層次的整合力，因為各參與部門、單位的資源與政策都必須加以整合，才有助於整體戰略的快速建立。整合力是 1+1 大於 2 的意義，但過去的經驗告訴我們，政策與計畫說

得有餘，卻做得不足的居多。也就是都有一部洋洋大觀的政策與計畫，但最後卻因為礙於整合力的不足而陷入僵局。

雖然各國的文化創意產業政策不盡相同，整合策略當然也就不同，但是以兩岸之間的共通性與差異化，也可以做不同策略的整合與運用，因為這些資源基本上都是存在的，只是加以整合與再造後，其後續各類效果與經濟產值將會是無可限量。不論是新舊社區、廠房、空間廣場、農莊、公共建築、車站、學校、市場等，以及既有商圈、社區、商店街、景點、古鎮等。雖然目前有些資源已經被整合了，但我們認為仍然是可以再提昇與再造，因此，可以藉助國家層次與立場加以整合才有契機，否則前述可用資源最後都流於蚊子館，或是炒作地產之手段。就如近期台灣很多具有這方面的專業者，也在兩岸創造出許多文創產業新亮點，問題在於都是單打獨鬥，所以如果能透過國家資源整合與協助，將會是更具世界性的文創產業格局，因為台灣就具有這方面的水平。

(5) 教育方面

文化創意產業既然是全民化的產業，最終將會有創造創業與就業機會，因此，必須藉助國家層次做整體性的文創人才教育及培訓。因為一般民營企業是不願意、也無較大財力做這方面的投資，再加上一般企業僅止於單元性產業教育，無法提昇至多元化、深入化的教育及培訓。

因此，在顧及整體文化創意產業發展之下，必須規劃一套理論兼具且更實務性的教育培訓計畫，動用國家資源及整合策略做全面性的文創人才培訓，讓文化創意產業得以全面性的推廣與落實。一般在文創人才的培訓方面可以多元化，也就是每項產業的專業性之外，還包含通識概念的整合性、創意性、遠見性及品德性的培訓，尤以品德性最為重要，因為會影響對文化的認知與尊重，讓文創人才能更具備創意與應變能力，才是文創人才培訓的新價值。

　　教育方面除了培訓之外當然還包含出版、網路以及相關媒體的運作，讓文化創意產業的理念及知識得以更有效與深入的傳播，因為教育是可以無所不入的。

(6) 資源方面

　　資源包含人、事、物的資源、公與私單位、國內國外等，不論是有形抑或是無形的資源，只要能加以再運用及創造的機會都是屬於資源的範疇。如：公民營金融單位、組織社團資源、學術研究單位知識與技術等都是非常可貴的資源。甚至是一些不起眼、無法發揮的硬體建設、廢棄資源等，都是可以再善加創造與利用的資源，端看你的創意使之更具使用新契機與價值。

　　這些資源有些當然會面臨法規與制度的問題，也有些會面臨溝通協調的問題，或是彼此利益再造的問題等，所以都必須藉助國家層次的參與及改善才能解決，否則很多因素往往只差臨門一腳的機會，這也是一個國家政府單位在文化創意產業總體發展策略中，扮演非常重要的任務與功能的原因即是在此，而這些任務與功能有時候也不是民間力量或權限所能克服的與解決的。

(7) 國家文化創意產業發展委員會階段任務改組

　　天底下沒有不散的宴席，在這裡亦然，因為任何組織在運作一段時期之後會出現疲乏現象，也雖然中國人是講究情理法的社會，但是在面對這個世界性的競爭環境，以及快速變化的趨勢、創意意識的競爭、機會競爭的時代，必須要有更具理智及創意的爆發力、改變力的思維與行動力才能再提昇競爭力。

　　因此當組織運作到一個階段任務完成時，就必須做適度的調整與更新，可以有新舊交替培育及傳承功能，也可以屏除墨守成規的傳統組織運作，導入具創新與遠見的經營。基本上以不超過半數為原則，讓組織可以注入更新的生命力、更新的創意力、更新的應變力及更新的行動力成員，如此整個國家的文化創意產業，才得以有所傳承、提昇與再發展。

(8) 總體發展戰略

文化創意產業既然可以提昇至國家整體戰略，那就更必須以國家級戰略做整合發展與行銷，因為面對世界各國互相競爭之下，國力當然會比民力來得大，尤其現在更是屬於世界村的時代，國與國之間已是無國界可以區分，只有政治區分，其他的經濟、文化、市場等幾乎是全世界共通的契機，就看誰的資源與整合力道大誰就是贏家。因此，在國內相繼發展文化創意產業之際，必須藉助國家力量與機會，做整體戰略發展與行銷的原因即是在此。

準此，國家彼此貿易互動、世界性的展示會、博覽會、論壇、研討會、競賽、經濟合作體等相關性組織，都是一種總體發展與行銷戰略的契機。因為在這裡可以讓世界的人知道、讓世界的人了解、讓世界的人認同，這些都是必須透過前述契機，一點一滴、整合性、整體性、前瞻性與文化創意性的短、中、長期策略，有效達到國家總體發展與行銷的價值。

## 4. 國家文化創意產業可以發展的項目

如果以國家資源及戰略為基礎的文化創意產業，的確是有其潛在的能量與競爭力，因為這是一項整體經濟戰略，未來是可以媲美科技產業的產值，也可以勝過地產活性經濟產值，它也是民生主義的基礎工程，包含軟硬體、有形與無形的生命文化元素，同時又可以融入任何產業的核心，包含前述的科技產業、地產產業，所以具有對人類潛在價值的產業。

或許目前因為比較著重於影視、動漫、動畫、音樂及設計領域的因素，還無法讓人感受到文化創意產業的魅力，所以會持保留或疑惑的態度這也是難免。但無論如何，我們還是要思考與面對這個整體大環境的趨勢與發展。因此，就國家總體文化創意產業的發展項目，可以依據既有資源做下列的再生與思考建置方式：

### (1) 文化創意城市

每座城市的建設與發展雖然各有不同，但同質性很高，再加上因前後任主政者之理念不同，而造成整個城市的後續發展無法銜接、累積與傳承的現象，所以一般的城市發展總是缺乏具體與整體的文化特色，因此可以就文化元素導入，並做長期的規劃及發展依據，才能建設與發展出具文化創意、特色的價值城市。

### (2) 文化創意園區

這是兩岸目前發展最多、最快，尤其是中國大陸發展更多的項目，雖然都是經由既有廠區重新再做規劃與改造，但是目前普遍呈現同質化與定位模糊的現象。因此，如果將此基礎加以再重新定位明確，並予以更特色與差異化的名稱，以及導入企業及創新化的經營，將會是一個高文化產業產值的地方，因為它具有產銷合一、多元與附加價值的附加功能。

### (3) 文化產業園區

這種文化產業園區與文化創意園區最大不同的地方，就是在於它是專業性的產業園區，文化產業園區是以農業或是加工業等為產業主軸，如在既有產業如：蓮花、甘藷、蠟染、木材、生態等之下再昇華與再造，可以說全區都是單一產業的發展策略，讓產業在資源整合之下更具專業、更具領域、更具深入、更具價值，同時也可以發展為休閒、教育、觀光、展示、體驗等多元化的園區。如蓮花文化產業園區、甘藷文化產業園區等。

### (4) 文化創意社區

長久以來存在於城市裡不同型態的社區，一直扮演著默默的角色，是很容易被遺忘的潛在資源，因此，如果在既有社區裡做整體規劃與再造，讓社區可以依據既有特質或文化元素，發展出屬於該社區自己的文化產業，除了可以提供社區居民共同參與機會，還可

以創造社區自主經營的意識，更可以帶動社區周邊產業的發展，提昇社區的自主管理能力，這也是社區發展的新契機。

(5) 文化創意商圈

商圈是因為有著共同商業行為的組合與聚集，雖然目前大多數各有不同的業態及商業組合，但卻是可以依據該商圈的文化元素，重新再塑造具特色的文化創意商圈。也就是透過商圈既有特色並融入文化元素，讓商圈的商業屬性、業態等，在同屬性區域之下，可以有再新創意，再造新文化創意的商圈。

(6) 文化創意商店街、路、巷或弄

一般城市裡都有各自的街、路、巷、弄等名稱與特色，如：同一個省分鄉親聚集的台灣街、同一個國家民族聚集的韓國街、同一個職業屬性聚集的律師樓、同一個業態聚集的古玩巷、同一個產業聚集的服飾巷等，都是在城市裡既存特有的文化元素與特色，再加上業態屬性及定位都很明確，所以也是一項非常好塑造的文化創意街，只是在軟硬體上的整合與規畫，必須搭配既有文化特色。

(7) 文化創意市集

有些區域因為面臨法規與整合問題，所以常常造成區域內的髒亂與公安問題，或者要提昇商業的活絡面臨困惑等，因此可以就區域定位後，做臨時性文化創意市集的規劃，並以此基礎的開始至整體發展，也是一項極為可行策略，當然為了讓市集呈現文化價值，所以必須要有整體的配套與管理措施，如：法規、產業、商業、經營、交通、消防與安全等的建置。

(8) 文化創意樓

運用一些古蹟或具有時代意義的老屋、樓房等，依據其歷史與文化背景重新加以不同的定位、改裝及再造，原則必須顧及安全及產權問題，並融入文化元素，讓這些老屋、古蹟樓等得以有所再生，

創造這些古蹟或具有時代意義的老屋、樓房的新價值，同時也可以有動態與靜態的文化意識導入，讓老樓房再展現昔日風光與風華。

(9) 文化創意公共站

在既有公共場所的交通站，如：地鐵站、火車站、汽車站等，這些建築或基地本來都有其文化與歷史背景，所以也都可以有文化創意產業的融入。這些既有或新建設的公共站都已經是非常現代化、同質化，儘管有不同的現代建材、不同的造型與規模，但總是缺乏文化的內涵，所以可以藉助這些人潮聚集的地方，再加以創造與再造新文化產業契機。

(10) 文化創意聯盟

每個地區基本上都有其文化與產業特色，如果將此文化或產業加以整合及訴求，也是一種戰略性思考。例如：當一個地區，具有很特色的中藥草時，可以在此區域，共同推舉一個具有公信力的單位為主導，然後整合及聯合其他的中藥草社區、中藥草加工廠、中藥草行銷單位、有中藥草科系的學術單位、中藥草店等，建立一處如「中藥草文化產業創意聯盟」，如果都能同心協力與努力，將會是具魅力與世界格局的文創聯盟。

(11) 文化創意公園

公園雖然是提供都市民眾生活、休閒、健康、漫步與活動場所，但也可以依據當地地域文化、民俗等做適度的文化創意導入，讓公園可以更具文化氣息，有助於都市生活的身心調劑，也可以藉此提昇居民的文化素養。現況的公園所呈現的功能與價值很有限，均屬於大同小異，何不將文化創意概念導入，讓公園也可以有靜態與動態的文化創意展現方式，也可以提供做為公益表演、活動及身心靈調適之處。

(12) 其他項目

前述當然就依國家整體文化創意產業的政策制訂而漸進展開，然而，有些會面臨人力、時間與空間的困難，也會面臨各自主政者不同思維與法規問題，所以為了整體國家經濟發展，可以再做另類的文化產業創意思考與規劃。如：定期、不定期舉辦文創展示或博覽會、文創發表會、文創論壇、文創宣導列車、文創諮詢顧問服務團、文創激盪會、文創網絡、文創創意競賽、文創創意站、文創創意組織、文創創意生活等，這些都可以藉助民間或社團資源加以再創造，也不失為國家文化創意產業發展的契機與手法，相信在歷經一段時期之後的耕耘，總會有萌芽的時候、甚至發展成功是可以預期的。

# 二、城市規劃與文創發展策略

　　城市發展是一個國家或民族文明的象徵，在歷經各個時期不同主政者的領導與管理之下，漸漸形成現在的規模與型態，各有特色與發展，雖然大致的功能、景觀、環境與建設等有所雷同，同質性很高，但在其文化的背景及歷史演變之下仍然是有所差異。現況一些知名的大城市如：紐約、洛杉磯、東京、上海、北京、香港、台北、倫敦、雪梨、羅馬等，幾乎是在不同年代所建置而發展至今，也都有各自的風貌與特色，姑且不論其排名或價值如何，都是會讓人喜歡去遊覽的地方，當然也包含一些不具知名度

　　但卻很有特色的城市。

　　以現況既有歷史的城市規劃與發展趨勢，目前各國都是傾向於保持原味、更具創新的策略，也就是極盡保持現在既有存在的建築特色與風格，並加以維護及保護，不讓它再受到破壞與風化等措施，這也是目前各國發展觀光產業最重要的資產與訴求，因為透過這些建築可以讓人感受到該城市文化的內涵與魅力，進而心生敬畏與懷思。而這些建築不只是古城堡、古園區或居家住屋的建築，包含如：公園、景觀、濕地、雕塑、森林、湖泊、活動、節慶等。因為文化歷史的演化及發展都是來自於自然生態下所形成的硬體或軟體，所以不能區分為只有建築才算是一個城市的特色，因為文化本身就沒有區分是有形亦或是無形，只要能傳承人類與生態意識的價值都是屬於文化的領域，那怕是一隻小小生命的動物、不起眼的小草、被遺忘的事物等。

　　當然，也有一些新興城市規劃與改造出現，在世界各國都存在著，除非是受到超級地震、強風襲擊、海嘯沖毀等必須再重建之外，有些國家會另外選擇適當地區做重新規劃與建置，如：中東地區的填海造鎮，但是可以看得出來這些經過重新規劃與改造的城市，幾乎是大同小異，只在於大樓高低與規模的差別而已，其他的可以說

都是很具現代化的規劃與建置，讓人感覺現在是很新、很具前衛，但就是缺乏了文化與生命力的內涵，難以激發人們再度遨遊的興致。

因此，既然是如此的同質性趨勢與發展，在城市的規劃與發展上何不也融入一個具有生命力的文化內涵，讓這個城市可以更具有魅力、更具未來、更具教化、更具自然生態的發展。當然有些城市已經有將文創意識融入城市建設中，同時對於已經既存的古蹟都予以保存，所以再加以重新定位之後，並依據此定位做後續維護與建設，仍然是可以有所差異化呈現，然而前提之下也必須符合現在自然生態的維護與融入，讓城市與自然有同步呼吸、相互依存、彼此共存的境界。

針對城市規劃與文創發展可以有下列的策略思考：

## 1. 整體規劃與發展策略

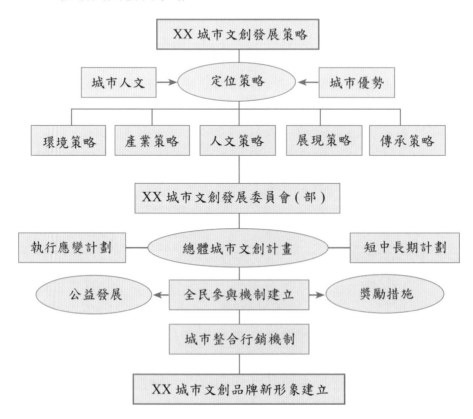

### 2. 整體規劃與發展策略說明

#### (1) 定位策略

前述提及現在城市的發展是呈現兩大趨勢，一個是運用既有建築及設施加以整合、美化及再造策略，另外一種是以新興開發城市為發展策略，兩者所呈現的風格與特色當然是不同，尤以前項的城市再造策略當然是比較具差異化，但是後者呢，最後將是大同小異的同質化，除非在定位及文化元素上下功夫，否則會是一座平凡的城市。但無論如何都必須做城市的再定位策略，讓城市更具特色與差異化，並符合自然生態為原則，才是未來城市發展的新契機。

對於既有建築與歷史的城市定位，可以就其歷史與淵源做主、客觀的整合與分析，對於新興開發的城市也仍然必須加以定位，如：以科技、文化、設計、環保或是創意等為主，並依據此定位再做整體城市文創理念的融合，讓城市更具人文、文明等價值特色。不然現在隨時都可以發現很多城市在發展過程中，遇到當任主政者企圖心比較強的時候，就會來個爭取成為活化都市，或者是再造成為金融中心、再造成為環保都市等。其實這些主政者的政策與企圖心都是對的，但是在輪到下一任主政者時，恐怕未必就是如此的依循與持續發展下去，他或許又會來個截然不同的新政策與目標，這樣的城市發展到最後仍然是沒有特色，因為在每任主政者不同思維與理念之下，這個城市最後所呈現的，將會像一個什麼城市，但卻也是什麼都不像的城市。因此，城市文創的定位策略可以朝「一城一象」來思考。

#### (2) 環境策略

這是任何城市發展文創最容易展現與表達的地方，因為人類感覺 80% 是來自於視覺，15% 是來自於聽覺，5% 則是來自於觸覺。所以，為了讓市民很清楚知道城市再造的理念、可以凝聚市民的共識、可以立即展現城市效果，唯有透過環境的再造才是最重要的策略，也因為透過可以立即呈現的前後差異及效果，塑造市民對城市未來發展的信心與希望。

以環境為策略，當然前提之下也是依據定位後進行規劃與創意，基本上城市無論如何定位，都可以依據定位做文化創意的規畫及展現。如以科技為主的定位不論軟體或硬體都是必須有科技感，以設計為主的定位也是如此的展現。對於這些依據定位後所規劃的策略，當然也會有助於後續整體城市文創產業的發展基礎。過去任何城市的環境策略，總是呈現凌亂與百花齊放的現象，因為來自於不同的主政者，當然就會產生不同時期的環境規劃，如：環境建築造型、環境發展項目、環境家俱公共建設、環境植林或公園等，有的城市還是依據主政者姓氏或五行做導入，甚而有道路為我家開的利益創造等，最後整個城市的環境呈現的或許就是很熱鬧、繁華、進步，但卻呈現沒生命力、沒文化魅力的城市。

(3) 產業策略

存在於現有的城市中有些當然已經具備基礎產業特色，如：美國華爾街、唐人街，日本京都、台灣台南、中國西安、法國巴黎等，雖然都具有不同文創產業的基礎與發展，但是規模都不大，僅止於某些部份與領域而已，所以讓人感覺只是一個產業化的基地。

會呈現這種現象當然是跟前述的因素有關，所以現在世界各國也開始重視所謂整合的發展策略，如一鄉一特色、一鎮一產業等策略，也就是依據當地人文基礎做產業的再造與發展，企圖使該鄉或該鎮成為該產業的發展利基。目前這種的規劃與發展雖然已經展開於世界各地，但是也僅止於產業性質的發展，未能融入城市環境的規劃與建設領域，是其最大的不足。

其實，如果能將既有文創產業策略融入整體環境策略，那怕現在是小規模的城市再造，最後也將會成為具文創產業特色的大都市，不論是既有城市的基礎抑或是新興城市的開發，都是可以如此的策略發展與遠見。

(4) 人文策略

一個具有人文基礎與內涵的城市不在於視其規模的大小，而是在於其人文基礎建設與融入。當我們進入一處商業非常繁華與熱鬧的城市，跟進入一座道路凹凸與景觀凌亂的城市，以及進入一座非常具有人文素養的城市時，所得到的結論與感受當然就會有所不同。這也是為什麼別墅要蓋在市郊山坡上，為什麼一些歷史古蹟、城堡都是在荒郊野外，為什麼人類休閒時總是會往郊外景點活動。

一座繁華熱鬧、現代化、交通擁擠的城市，並不是人類生活最好的地方，反而是一座具有人文、文明、藝術等內涵的城市，會讓人感受到生命存在的意義及價值。因為雖然不是很繁華熱鬧的商業與人潮，但卻是很有人情味，也雖然不是很現代化的建築，但卻很值得駐足欣賞與品味，更雖然不是交通很便捷，但卻樂於漫步在其中，感受每一個人事物的溫馨與熱情，這樣具有人文與文明的城市，任誰也都會喜歡的。因為在這個科技化的時代裡，人類生活所需的消費、資訊、學習、商業、人際等都已經不再是問題了、距離也不再是問題了。

(5) 展現策略

在明確定位並依據定位做後續環境策略及產業策略發展之後，接著必須將此成果做有效的展現，讓世人學習，進而有助於教化與提昇城市再造的功能。前述提及當一位主政者如果缺乏遠見時，他會一味的追求抄襲、仿造等規劃與發展。別的城市如果建築出一座 100 公尺高的造型大樓，他就來個 150 公尺高的造型大樓，別的城市每年推出「媽祖文化節活動」，他也跟著推廣更大更長的「媽祖繞境祈福活動」等，如此的展現及行銷策略，讓人難以認同也缺乏特色。

這也就是我們所訴求必須依據定位後所做的整體展現策略的原因，因此，如何運用定位後加以創意才是關鍵。展現創意可以重新

歸零的思考，也可以廣納不同人的意見，更可以吸收不同的族群的看法等，如此才會具有創意的展現策略出現，而且可以是階段性或是長期性的展現，也不論是有形抑或是無形的展現，只要是具創意，可以讓人印象深刻，具有教化功能，同時又可以塑造城市新形象那將會是一項成功的展現策略。

(6) 傳承策略

任何城市文創發展策略規劃、建設、展現等過程，都必須要有傳承策略的思考與融入，不能因為受到執政者個人因素而有所影響。因為城市文創發展策略是一項長期性的工程，是一項永續發展的事業，是全體市民的生活與精神依歸。所以必須是有所延續與傳承，如此城市的文創發展才得以利益後代子孫。因為這是眾人智慧的結晶，也是眾人力量的組合，更是城市發展的重要文化基礎，必須永續傳承才是百姓之福。

傳承策略方式有很多種，除了建立團隊之外，還要透過無數的人員或市民教育、培訓及養成，同時還要透過有形的傳播媒體，如：書面資料、影帶、聲音、紀錄等蒐集並加以整合與保存。傳承策略也必須建置一套專案管理制度，讓傳承也得以永續及有效管理，更有助於後續城市文創規劃團隊的參考依據，如此不只城市文創發展得以有效延續，更可以累積、激發更多的創意與經驗，塑造一座具有文創、文明的人文城市。

(7)XX 城市文創發展委員會（部）

城市文創的發展策略必須是一個團隊的參與，也必須是一個專案管理與傳承的機制建立，因此，必須有組織系統的運作，才得以有效落實與展現，依據前述構想及策略，提供組織架構如下：（可以依據城市發展規模與需求而略做調整）

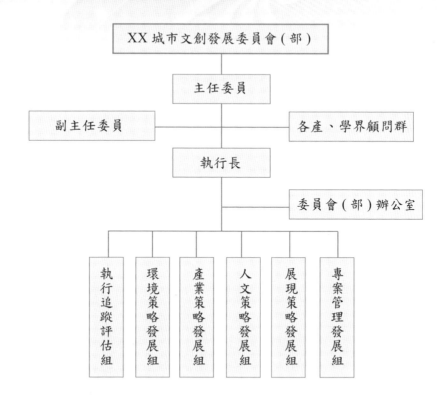

(8) 全民參與機制建立

　　城市文創發展策略不是只有主政者的權利與義務，必須要有全民參與的機制建立，才得以塑造與落實城市文創發展目標。如果主政者用盡心力並透過各種資源整合、創意規劃、整體建設完成後，所有硬體都是呈現出非常完美文化與特色具足，但是如果市民缺乏生活的好習慣、缺乏公共衛生與環境、缺乏遵守交通規則等，那這座城市予人的感覺就是缺乏人文的內涵，如何稱得上是文化創意的文明城市呢。

　　這也是城市文創發展策略必須是軟硬兼具、有形與無形的展現的原因，而這些展現的原點即是在於「人」，也就是該座城市的市民。因此，可以透過組織分工的方式，讓市民也可以有加入建設或

執行的機會，親身感受城市文創發展的過程與艱辛。當然也可以透過城市內既有的相關社團或是公益性組織，邀請他們加入參與規劃或建設，塑造一處全民皆人文的基礎體驗、教育機會，透過這種方式能讓市民感受到城市文創發展的精神與意義。

(9) 城市整合行銷機制

處於現在是世界村、地球村、無國界的時代，透過資訊網路就足以拉近國與國之間的互動，也可以縮短城市與城市之間的距離，更可以隨時提供人與人之間的服務機制，可想而知這種世界性、資訊式的行銷已經取代過去傳統行銷的策略，取而代之的是可以更快速、更有效、更精確的整合行銷策略。

因此，在這個資訊非常發達的時代，城市文創發展策略就必須更重視這種無孔不入、無所不在的創新行銷技術。過去一個事件只有7個人會知道，因為沒有網路的傳遞機制，但是現在只要一個事件全世界的人都會知道，所以更必須透過這種有效機制做整合行銷與形象的機制建立。

(10) 城市文創品牌新形象建立

品牌與形象是相等的，好的品牌就會有好的形象，相對的有好的形象就會有好的品牌。但是品牌或形象並不等於知名度，因為知名度的好壞也是影響品牌或形象好壞的關鍵。也就是好的知名度再加上好的品牌或形象，那是一種加乘的效果，反之如果不好的品牌或形象，縱有再高的知名度仍然是減分的效果。

因此，城市文創品牌新形象塑造是一項非常重要因素，攸關整體城市文創發展的契機與價值，因為形象是不分年齡、對象、行業、地區、時機的，只要是存在於該城市內任何一項，都是形象塑造的一顆螺絲釘，那怕是有形的硬體建設或是無形的活動演出等，都是可以展現城市文創發展的品牌與形象。

### 3. 城市文創發展策略參考方向

雖然城市文創發展策略可以有完整的規劃，但是面對城市既成格局、經費問題、相關法規問題以及各項無形阻力等因素，有時候恐將難以有效執行與實現，因此，可以就現有城市內既有格局、資源與機會等做相關階段性、區域性或是整合性的規劃，當然，前提之下的規劃與展開，與前述整體城市文創發展策略架構是雷同，只是規模予以縮小或是簡化而已，其他的步驟及流程都是可以參考的。

一般而言，在既有格局與限制之下，可以就下列的模式做參考與規劃，也就是可以由點開始、由小做起，由現有的去改造也是一種策略。畢竟每座城市的主政者魄力及遠見、資源整合能力、政治立場不同抑或是相關因素阻礙，而無法整體性的規劃時，就得採用下列的策略：

(1) 藉助由點開始的策略

在城市裡總是會存在著很多具有文化淵源與歷史的區域或街巷等，如：桂花巷、狀元街、五金路、家俱街、中古車區、藝術堡、忠誠眷村等，這些過去都曾經風光過，也曾經是知名商業與人潮聚集區，但是因為礙於環境趨勢及變化而漸行沒落。如果將此區或街道文化根源再找回來，並依據文化根源重新創意規劃與再造，何嘗不是一種城市文化產業再造的契機。

經由此街、區的一點開始塑造成效之後，再進行其他街區的塑造策略，如此執行複製與再創新一段時期之後，也是可以有效提昇另類城市文創的新形象。當城市內全面都有此文創街區形成之後，自然而然該座城市也將更形魅力、商機更形活絡、知名度與形象也將會更形提昇與價值。

(2) 藉助由人開始的策略

其實現在很多城市裡，隱藏著很多具有理想、抱負又具創意的人、藝術家、文化工作者，他們隱身在都市叢林裡享受自己的創意，

發展自己的興趣與事業，一般都是小規模與獨立經營，因此，可以藉此機會由他們身上開始點燃文創的火花。也就是由他們既有的店或者是工作室開始創意延伸，由一家變二家，再擴展至三家、四家，以此類推的發展，也可以點燃該區域的文創火花與亮點，進而帶動周邊產業的連鎖效應，漸漸的自成一格文化創意特區。

當然，以政府資源及立場必須做客觀與公平性的支持，以免造成圖利他人的不良後果，不但無法成局反而更會讓市民的印象不好，這也是行政處理的必要技巧，畢竟要將政府資源融於個體中，的確是一門行政學問。

(3) 藉助文化創意市集開始的策略

於城市內選擇適當區域先做好文創產業項目的定位，然後依據定位改善相關公共設施，提供與此有關的文創業者定期或是不定期的市集，帶動周邊產業或店家的發展。

當然，有些會面臨法規的問題，但是如果法規對產業、對百姓、對地方沒有幫助，應該可以再思考改善或適度修法，否則會因為幾個文字法規的限制而影響整體發展，那這種法規訂了又有何意義呢，這也是一般市集所面臨最大的問題。因為市集也必須顧及安全、效果、經濟及景觀，所以更必須有一套完整與有效的管理機制。

(4) 藉助舉辦文化創意活動開始的策略

任何城市都會定期或不定期舉辦相關活動，但是綜觀現有城市裡所舉辦的活動均大同小異、同質性很高，主要是因為缺乏文化性的主題與內涵，所以大家都可以照本宣科的舉辦，有些只是在消化預算，當然有些則是很用心只是不得要領。

因此，在城市的活動裡，可以規劃一常態性、輪值性舉辦定期的文創活動，如：講座、論壇、競賽、創意、文化季等，讓這個文創活動可以有延續與更深化，愈辦愈有內涵與文化，久而久之這個活

動將成為該城市的主題與象徵。因此，在名稱及活動上不只要有文化內涵，更要具有創意與遠見，才易於塑造該城市文創發展新形象。

(5) 借力使力的資源整合開始的策略

城市裡都會有一些公益性社團或組織，這些社團或組織也是一種資源再造的地方，只要加以整合也是一個契機與助力。所以先選擇適當社團或組織做開始創造，讓這個社團依據城市文創發展策略定位做基礎文創工程，到一個成效階段時再結合或擴散至其他社團，由此創造遍地開花的結果進而帶動整體城市文創的新契機。當然在前提之下的規劃及運作必須是非常具創意與完整，因為這些社團或組織本身就具有一定的影響力，是值得借力使力與發揮的機會點。

雖然各城市政府也有提供不同或相關的經費補助，但以我們過去參與的經驗，成效總是有限，關鍵在於公部門與參與執行單位之間有所落差。也就是公部門在邀請參與評審或評鑑者，有些客觀性與專業性不足，導致執行結果與初始計畫的落差。

(6) 藉助企業的資源開始的策略

存在於城市內的企業不論規模大或小，只要是有興趣、有意願的企業都可以加以輔導或整合，讓這些企業也可以依據城市文創發展定位做參與，透過企業各自專業與資源在文創上做發揮，最後也會形成百家齊放的成果，慢慢的將城市文創發展予以發揮與發揚出來，甚而帶動周邊產業的發展與城市經濟繁榮。

以上雖然還可以有很多種的開始策略，關鍵在於如何找到一種最合適與契機點，基本上，以政府的立場及資源是可以做有效的協助、輔導與效果產生。所以以政府立場來邀請經驗專家或顧問團隊是必須的。文化創意產業畢竟是全面性產業，也是多元化產業，更是全民參與的產業，因此必須廣納各界菁英，才得以有效落實與展現真正文化創意產業的發展。

# 三、社區再造與文創發展策略

「社區」是屬於一個地區文化的根源，不論其規模、地域、使命及理念如何，都是跟整體社會的發展有著非常密切的關係，所以一個國家的進步、安定與發展，從社區也是可以呈現出來的。同時，隨著大環境的各種意識形態與趨勢，社區漸漸形成一個可以自主、再造與影響整體經濟發展的基礎。而這種基礎也是來自於社區自主意識的認知、共識而形成，並藉助資源整合概念創造另類的新契機與新價值。

針對社區再造與文創發展可以有下列的策略思考：

## 1. 社區產業意識發展階段

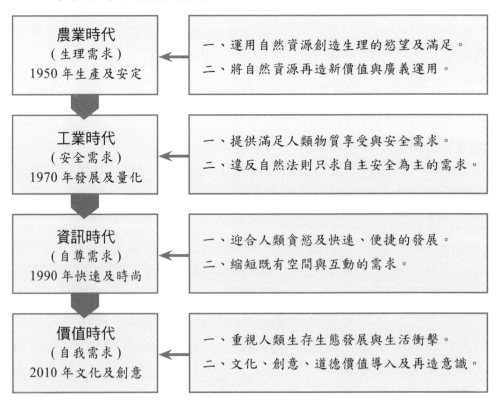

農業時代
（生理需求）
1950 年生產及安定

一、運用自然資源創造生理的慾望及滿足。
二、將自然資源再造新價值與廣義運用。

工業時代
（安全需求）
1970 年發展及量化

一、提供滿足人類物質享受與安全需求。
二、違反自然法則只求自主安全為主的需求。

資訊時代
（自尊需求）
1990 年快速及時尚

一、迎合人類貪慾及快速、便捷的發展。
二、縮短既有空間與互動的需求。

價值時代
（自我需求）
2010 年文化及創意

一、重視人類生存生態發展與生活衝擊。
二、文化、創意、道德價值導入及再造意識。

### 2. 社區的意義與特質

　　雖然是同屬一個名稱的「社區」，但就每個社區的設置屬性及立場上來說，的確是有其不同的使命與目的。

　　(1) 以社會結構而言

　　社區是家庭與政府之間的「中介組織」，扮演著各項政策或訊息的傳達，同時也是落實與安定社會的功能。

　　(2) 以社會福利而言

　　社區是傳遞各種政策福利的重要基礎，同時也是非正式支持及照顧體系所在，並兼具繁榮與發展的功能。

　　(3) 以文化概念而言

　　社區是地域總體生活經驗與人文歷史的傳承紀錄，同時也是傳統人文價值的根源，具有非常意義與象徵。

　　(4) 以政府立場而言

　　社區是社會、文化、經濟、政治等多元組合的面貌，是政府落實各項政策重要的最基礎單位。

　　(5) 以商業角度而言

　　社區是整體商業改造比較具體、聚焦的商業模式，同時也是可以做為商業示範的小型商圈。

　　(6) 以教育功能而言

　　政府透過社區內各項人文、專業、知識及各項技能教育，提升社區居民素質，進而對社區發展、社會安定、整體經濟等發展有其功能。

　　但無論如何，社區仍是「以人為中心」的發展策略，也就是必須先把「人」的需求及欲望處理好才有後續圓滿「事」的成效與展現。因此，依據以人為中心的概念，無論採用何種方式或策略如「社會福利社區化」、「社區總體營造」、「社區再生」等就更形重要，也因為如此才有助於安定社會秩序與生活品質的提昇，這也是現階段備受各國政府重視的原因。

　　「社會福利社區化」是目前比較可行的方向。社會福利社區化是針對社區中有福利需求的對象或弱勢的族群，給予具體且周全的福利服務，所以社會福利為主軸的社區化服務，如要整體展現與達到預期目標，就必是具多目標、長遠性、價值性的社會政策。主要在於透過社會及人助的精神，貢獻人力、物力、財力，並配合政府各項行政支援、技術指導，來改善社區居民之經濟、環境、文化等，提昇社區居民的生活品質。但是社區在面對快速變化與同質化競爭的趨勢，任何社區都必須要有「再創造新價值」的新意識，才能自主經營與發展，所以必須透過一種屬於無形的文化與知識來創造。其中「文化創意產業」就是現在最具代表性與未來性，這也是各國近年來極力在推廣的「無形價值產業」。因為它標榜具有文化、具有創意、具有前瞻性、具有價值性，又可融合在任何產業的核心裡。它也可以帶動周邊產業的經濟發展，可以提昇全民生活品質、安定社會力量，所以才漸漸的備受各國重視，並極力在發展中。

## 3. 社區文創產業發展架構

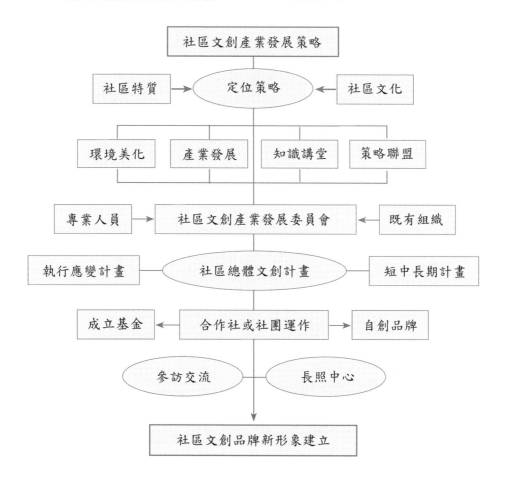

## 4. 社區文創產業發展架構說明

### (1) 定位策略

社區的形成除非是具有非常特殊意義及歷史淵源，否則一般社區都是因為相同屬性及需求而聚集形成的特定區域，形成時間比較短，也缺乏所謂的基本文化元素，因此在定位上比較不需要考慮其基本文化元素，相對的必須從其社區的既有環境人文、背景、民俗、風情或特質做整合、分析與定位，如：可以是養生社區定位，也可以是藝術社區或陶瓷、書畫、工藝創作、劇場等社區的定位。

所以，在社區的定位上是比較容易產生，因為這是經由全體居民溝通、共識所產生的意識結論，只要是能合乎社區內大多數人的期望值，以及外在環境的發展趨勢與差異特色，這樣的定位基本上都是可行的發展基礎，因此必須要有主、客觀的分析、整合與價值意識的定位，才比較具有永續與發展性。因此社區文創的定位策略可以朝「一區一項」來思考。

### (2) 環境美化

社區環境一般不外乎是建築、景觀、空間、交通、遊樂區、公園等的組合，只是在於環境與建築等級各有不同而已。但是對於想導入文創產業的社區而言，環境就必須配合定位做美化與布置了。如果社區定位為具養生發展的社區，那麼所有的美化與布置造型、圖騰、色彩、公共設施、植物、道路、活動、設計及創意等都必須與養生有關，如此社區所呈現予人的養生意識就會很明確，讓人感覺真的是一處非常優質的養生社區。

### (3) 產業發展

任何社區都必須要能有自主管理與經營的提昇，如果社區需要長期依賴經費補助或是外援，並不是最好的策略，長期依賴居民志工來管理及依賴樂捐來生存也不是辦法，唯有創造一個屬於社區可以永續發展的產業為基礎，這種產業必須依據定位做研發及發展，

就如前述所提，如果以養生為定位，那麼所有產業就必須符合養生的研發。

　　當然，在研發養生產業時可以藉助社區內人力智慧做基礎，至於要大量或是比較繁雜的生產時，就可以藉助社區內或外在資源，不一定要全部由社區內自行生產，以免造成社區內的汙染、工安或人力等問題。

　　(4) 知識講堂

　　社區文創發展主要是在於創造社區自主經營與管理，以及營造一處非常優質的社區，所以必須是社區整體性的參與，因此，參與過程從最基礎的共識教育開始，到溝通技巧、知識成長、創意養成、研發技術、行銷策略、活動規劃等，都必須做整體教育及培育，才有助於社區文創發展策略的展開與落實。

　　知識講堂師資初期可以藉助社區內的資源，也可以聘任外部師資資源，但是階段性之後就必須能培養出社區的師資團，對社區才有整體延續的功能與價值。知識講堂也是必須配合社區定位為基礎的發揮，避免過於繁雜或瑣碎，讓居民無法累積相關知識與需求，因為知識講堂是必須長久的經營才得以落實。

　　(5) 策略聯盟

　　一般社區是屬於封閉型區域，除了居家之外比較少有商業活動，除非是屬於商業型的社區，否則一般社區都居於封閉式居多，但是為了讓社區文創得以有所發展，就必須藉助外在資源的整合與策略聯盟方式。

　　因此，在社區既有資源之外，不足之處就可以採取此策略，如產業製造、物流行銷通路、精緻研發、活動展現等，都是屬於非常專業的領域，不是一般社區所能勝任的項目，所以策略聯盟就是最好的方式。但是長期策略聯盟也必須慢慢的建立起合作默契，並培育社區專業人才，讓彼此資源得以更為發揮與附加產生。

(6) 社區文創產業發展委員會

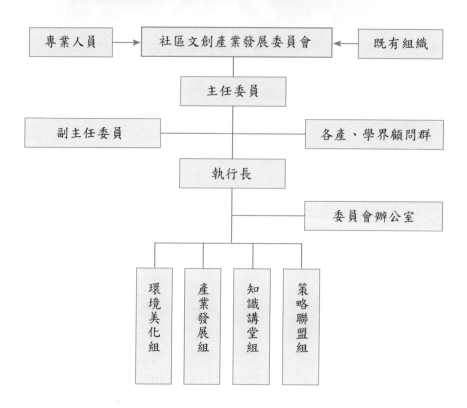

(7) 合作社或社團運作機制

　　社區導入文創發展有時會面臨相關經營與法規的問題，如：社區組織、社區特質、社區功能、社區法規等問題，但也不是都無法解決，那就要看如何解套與修訂了。其實目前有所謂的社團組織或法人機構是可以考慮在社區運用的，只是在財務管理及運作機制上，就必須以該組織性質做合法性的運作，讓運作更為合法化及合理化。當然，目前的社區已經存在著管理委員會或是社區協會等組織，基本上都是可以協調或申請修訂的機會，只要能為社區帶來與提昇自主管理及知識經濟價值都是可以爭取的。

## (8) 自創品牌

品牌是任何產業的第二生命，不是只有企業或產品才需要品牌，社區在發展文創產業時也是需要品牌，因為品牌的價值遠勝於產品所帶來的價值。所以當社區文創產業進行發展時，就必須規劃一套 CIS 視覺系統，以廣為運用於社區產業的包裝、宣傳媒體、互動行銷、社區活動等，將會有助於社區形象的提昇，同時也有助於社區產業的品牌價值建立。

## (9) 成立基金

社區組織雖然是一個非營利組織，也不是私人的法人機構，但是為了文創產業的發展與永續，可以在營運上做好理財規劃，如成立基金或其他理財方式，如此才有助於社區在後續建設、未來發展等方面自主資金的運用來源，所以也必須依法成立相關管理組織，做好財務方面的統籌管理。

## (10) 長照中心

其實以兩岸未來發展趨勢來談，老人化的趨勢愈來愈快，這也是未來即將面臨的社會問題，因此，有些社區是可以發展長照領域，包含將老人產業融入文創的策略，讓社區內不只可以有文創產業化的自主經營，更可以有自主管理的經費可以運用，對社區如需要成立安養中心、長照中心等都會有所幫助的。

## (11) 參訪交流

知己知彼才能成長，社區文創產業在發展及有所成就時，仍然還是要繼續再學習才可以更上一層樓。當然，教育培訓及專業技術養成是必然的，但也可以前往其他優質社區做參訪與互動交流，學習其他優質社區的管理及運作模式，吸收其他社區的創意或新觀念等，必須有隨時再學習與成長的機制，才會有助於自己社區的成長與發展。

### (12) 社區文創品牌新形象建立

　　社區的經營與發展策略當然有很多，以目前兩岸社區的發展模式來看，台灣的社區比較傾向於自主性管理，也就是完全由社區居民自主性成立管理委員會，並完全由管委會統籌整個社區的營運管理，而管委會成員也是有任期制，每年一任，但是也有因委員會管理功能不足時，局部委託外面物業管理機構來協助管理。

　　同時，台灣的社區有些也已經走入文創發展策略的領域，所以有些社區已經有自主性研發產品並已加工生產上市，除了在社區內展售之外，也有產品行銷全國的通路，同時也有自己社區的品牌，為社區帶來豐富的財務資源，成為一處新的觀光景點，更提供社區內居民創業與就業機會。

　　相對於中國大陸的社區就比較保守，目前仍停留在傳統型態的經營與管理，有公部門組織及居民自主管理組織兩種，所以容易造成意見及發展的瓶頸。因此，如要有效提昇與改善的話，可以思考文創產業的導入發展策略，除了可以提昇社區再造新價值之外，亦可以提供社區內居民創業與就業機會，強化社區的經濟自主性與成長性，當然既有的組織也可以適度作調整，以符合社區運作及管理為原則。

# 四、商圈塑造與文創發展策略

　　面對快速變化與競爭的環境，任何商圈之間的競爭也是愈來愈大，同質性又高，再加上地域交通的便捷、網路資訊的發達、消費特性的改變等因素，讓商圈的經營型態也隨之受到衝擊，所以不得不改變。因此，就有諸多的商圈即行展開所謂商圈再造行動，包含「形象商圈」、「商店街」等。並整合現代最具發展性的「觀光產業」、「文化產業」等，這也是各國近年來極力在推廣的無煙囪產業的原因，因為它標榜無污染、具環保、文化元素，又可健身、養生的價值產業，同時它更可以帶動周邊產業的發展，所以才漸漸的備受重視與推廣。

　　尤其是在創新經營觀念導入之下，文化或觀光產業也是愈來愈多元。亦即除了傳統的觀光價值之外，也可以將文化融入休閒、渡假、教育、消費等多元的享受，這也是近年來文化觀光景點大受歡迎的原因。所以，各國無不絞盡腦汁，將該國內的各處景點，加以重新規劃與設備，並朝多元化發展，同時廣為促銷，以吸引各國觀光客的蒞臨。很多早期的知名景點雖然頗富盛名，但因為是屬於單一性功能的旅遊、觀光景點，所以漸漸的沒落，被一些具創意、文化元素、多元價值的山莊、農場或商圈、商店街等所取代。

　　這也是為什麼台灣 1993 年極力在推廣的「形象商圈」或「商店街」的原因。因為商圈或商店街基本上就存在著商業的行為，而有些的商圈或商店街還具有歷史、人文基礎，所以將這樣的商圈或商店街加以重新定位、規劃與整合，它的發展及潛力是遠超過一般的觀光景點。同時在商圈或商店街的運作範圍之下，也可以將觀光景點列為周邊的動線資源之一，可以說是一舉兩得的功能。

商圈裡本來就存在著很多的商機，只是未能加以整合與再造顧客所需的新價值而已，就如商圈裡的傳統農業，如果只是種植一些農作物，到了收成時，僅能以論斤兩或體驗方式作為銷售，當然價格有限。但是如果將農作物轉化，並提供後續的生物科技研發或昇華，那麼其價值就不一樣了。商圈內的一斤甘藷與甘藷藤的價值，當然比不上新研發「××甘藷精」健康食品的價值。同樣的一整車葡萄價值，也比不上新研發的「××健康養生液」來得價值，這些的養生與健康訴求也就是顧客所需的新價值。芭比娃娃自推出以來，迄今，再也沒有其它的布娃娃商品可以替代，因為他將芭比娃娃賦予生命力，設計芭比從小時候到成人、結婚生子等生命過程，就是在創造顧客所需的新價值。迪士尼強調「帶給顧客歡樂」的理念，並透過米老鼠來訴求，創造出迪士尼世界，上至老人、下至小孩，一個沒有人不喜歡去的地方，因為迪士尼也是在創造顧客需求的歡樂新價值，而且至今歷久不衰。

因此，任何商圈在進行塑造時，都是必須重視「顧客需求」的新價值，不論是在商品研發上，或者是景觀規劃、服務禮儀、活動展現等，都必須要有「物超所值」的感覺。因為消費者所要的是要有「感覺」、「超值」、「品質」、「價值」的附加。而這種附加價值的產生原點，也就是來自於文化元素的創意所產生，才得以永恆與持續的經營。

針對商圈塑造與文創發展可以有下列的策略思考：

## 1. 商圈文創產業發展架構

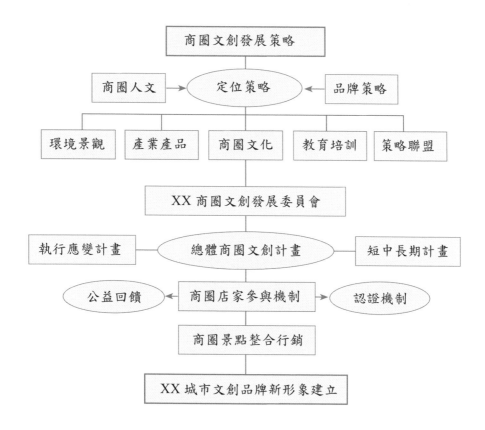

## 2. 商圈文創產業發展架構說明

### (1) 定位策略

　　現況的商圈普遍面臨經營與發展的困難，主要原因在於同質化過高、缺乏差異化及明確化的定位，再加上有些商圈名稱雖然不同，但區域及範圍、距離卻都很近，消費者甚至分不清楚範圍，所以造成一般商圈都面臨人潮很多但是消費卻不足的窘境。也就是縱有很多的人潮，但是商圈整體經濟實力卻沒有提昇，久而久之就漸漸的沒落，最後被一些具新創意的商圈給取代。

　　因此，任何商圈無論是新商圈或是舊有商圈，都必須先做差異化的定位策略，當然在定位之前的商圈歷史淵源、地理環境、人文風俗、宗教信仰等文化元素必須先加以蒐集、整合與分析、才能很明確的有所依據而定位。基本上，每處商圈的名稱，再加上既有人文歷史就足以造成差異化了，為何會稱士林夜市、萬華商圈、北門商店街、新天地商圈、田子坊商圈等都是有其歷史淵源或發展沿革，而這些都不太會再有重複的名稱，除非因沒落而被取代，亦可在原有名稱前再冠上一個「新」字。因此，商圈文創的定位策略可以朝「一圈一品」來思考。

(2) 商圈人文

　　以商圈形成的發展及沿革來探索，不難發現每個商圈都具有非常特殊的人文基礎，有的商圈是因為生產礦業而形成，有的是因原住民部落聚集而形成，也有的是因溫泉而形成，或因其他加工產業而形成等，各有不同的人文、因緣或產業聚集而形成，也不論產業屬性如何，基本上都是屬於人文的一部份。

　　再加上氣候因素、地理環境、特殊景觀、民俗風情、歷史傳承、產業趨勢等，造就出各種屬性與特色的產業，就如台灣的九份商圈，雖然沒種植芋頭，但是當地的「九份芋圓」確是全台灣最具知名的產業。湄州島因為媽祖的因素，經我們輔導後即發展出媽祖糕、媽祖餅等食品。其他有些因為藉助寺廟興旺而形成所謂的命理街，有些因為觀光所需而發展為賭城，有些因為雕刻業務盛行而發展成雕刻街等，這些都是因為前述人文因素所形成的商圈。

　　所以商圈人文的蒐集，必須要非常的依據與考究，雖然有些商圈或許會因原始既有的業態已經沒落，而被其他業態所取代了，但仍然必須去了解真正被取代的原因，以做為商圈再定位策略上的參考，同時必須再確立商圈的未來發展是可行抑或是不可行。

(3) 品牌策略

　　商圈也必須要有品牌策略的規劃與設計，並廣為運用在商圈所有軟體或是硬體上。因為商圈是集各種業態或是單一業態的聚合，商圈內每一個人、每一家業者都是足以代表商圈的品牌與形象，所以不論哪一家業者在經營上有損誠信或道德時，都會影響到這個商圈的品牌與形象。所以必須建立一套品牌的管理規則，除了讓商圈業者可以有所遵行之外，也可以做為商圈業者品牌認證的標竿。也就是當業者在產品或服務上達商圈一定標準時，商圈管理委員會可以授權頒予優良店家的證號，或其他意義象徵，以強化業者的責任與信心，塑造消費信賴度。

　　品牌策略的規劃與所有權是屬於商圈管理委員會（或商圈發展協會）所有，所以管委會負有品牌考核、認證或查證的功能，這也是商圈得以受到消費者認同的重要管理策略。雖然有些業者會不以為然、也不一定會認同，管委會必須極力溝通與塑造，這也是目前商圈管委會最無力感的地方，但卻也是商圈發展成敗最為關鍵的原點，因為業者各有各自的想法與專業，誰也都不服輸誰。

(4) 環境景觀

　　「保持傳統、更有創意」是我們長期以來在輔導商圈的一個重要理念，很多商圈之所以無法吸引人潮，是因為環境過於人工化，缺乏那股自然美的人文生態景觀。在任何商圈文創發展策略裡，如果一味的大興土木、改路換道、移樹種花等都不是最好的環境景觀規劃。有道是「自然就是美」雖然是一句廣告詞，但卻也深植人心讓人朗朗上口呢。這也意味著商圈內任何環境景觀如果能保持原味與自然，那才是商圈吸引人潮最具魅力所在。

　　因為再如何的環境景觀創意、規劃、設計與施工，到最後仍然會陷入商圈同質化的陷阱，商圈花再多的廣宣也會是無濟於事，因

為消費者要的是一種自然生態、可以與空氣同步呼吸的建築、可以觸摸與駐足玩樂的動、植物、可以讓人尋幽思古的老建築，那怕是一個小規模的商圈也是會讓人留連忘返呢，重點在於如何強化安全、布置與美化就好，因為那才是具有文化元素存在的商圈環境與景觀價值。

(5) 產業產品

商圈既然是具有商業行為的地方，也為了讓商圈得以差異化及特色化，融入文化創意產業正是時機與契機。依據前項的定位之後，即可以確立商圈的屬性及方向策略，做相關產業產品的研發及生產工程。當然在商圈裡已經存在著既有的產業產品，但是在定位後所研發出的產業產品，如果在品質及價值上遠超過既有產業產品的話，那假以時日之後將會全面取代既有產業產品的機會，這是不容否認的發展趨勢。

因此，商圈的產業產品必須要有文化元素的原因即是在此，因為在商圈內這樣的產業產品不容易被取代及複製，他是有文化元素的基礎。再加上商圈整體行銷策略的運用，將會有助於商圈產業產品的附加價值，這就是商圈文化創意產業產品的新契機。但卻也是一般商圈最容易疏忽與不重視之處，因為商圈內一般業者的經營眼光總是短視的居多，當然也就會造成商圈同質化與競爭白熱化的根源。

(6) 商圈文化

商圈有了明確定位及產業產品的研發生產之後，就必須圍繞在這些主軸之下規劃符合推廣的活動，如年度定期 XX 文化節、XX 文化產業季、XX 文化大賞、XX 文化創意週等，這些都是在為商圈塑造文化創意產業的新價值。初期可以在商圈地區為主，後續成熟與發展後就可以漸漸地擴大至全國或是世界性，讓商圈文化來帶動商圈的新商機。

同時，為了讓商圈更加具有文化氣息，也可以思考將商圈的文化元素加以故事化或者是創造文化事件置入行銷化，讓商圈具有與眾不同的文化氣氛，相對的也會帶動商圈業者店家門面或賣場的自主布置，如此一來，整個商圈將會更具有文化內涵與特色。商圈文化的表現與展現可以是動態的，也可以是靜態的方式，沒有一套的標準模式，只要能帶動商圈內整體文化氣氛，同時又能吸引更多的觀光人潮，任何方式都是可行的，當然前提之下也是必須顧及道德與倫理風俗。

(7) 教育培訓

商圈是集眾人與店家的組合，所以必須是整體的展現與行銷，共同塑造商圈的文化與品牌形象，既然如此就必須做整體商圈的教育培訓。從最基礎的商圈策略定位開始就必須做共識教育，因為要養成商圈業者後續參與的習慣，並能適時地展現在自己的個體經營裡。

教育培訓的項目可以區分為共識教育、知識教育、專業教育三大項。共識教育是在於塑造整體溝通模式、對商圈的認同及參與、對自己經營品質的承諾、對商圈發展的關注等。知識教育則包含創意概念、環境趨勢、消費特性、市場趨勢、社會動態、個人信心與成長、及其他養成的知識等。專業教育則是包含服務禮儀、顧客應對、品質意識、創新經營管理、資源整合、產品管理、行銷策略等專業知識及技巧。

商圈的教育訓練可以是年度性或定期、不定期的舉辦，基本上是必須有落實與追蹤的機制建立。至於師資當然也可以有商圈內人才或者是外聘方式，基本上是交叉師資會比較具客觀，以免流於商圈內自我感覺良好的陷阱。

(8) 策略聯盟

　　雖然是具有文化創意或是特色的商圈，但是仍然必須藉助人潮的聚集，才能帶動商圈的商業經濟。一般的商圈除非是地處交通便捷的地方，或是特色景點地區，人潮聚集的機率很大，否則仍然必須藉助策略聯盟方式做整合行銷。如：旅行業、交通業、社團、學校、公部門等資源的策略聯盟，當然是要配合商圈的屬性及特質做策略聯盟會比較有助益。

　　策略聯盟可以是同業同屬性的聯盟，或者是同業上下游的聯盟，也可以是異業的策略聯盟，只要能合乎商圈的屬性或特質都可以。策略聯盟最重要的目的是在於資源共融、商機共造、利益共享的基礎之下，所以在策略聯盟的規範制度或是運作機制等，都必須是要非常明確，並經過聯盟單位彼此共同確立後展開執行。或許在執行過程中仍然會有不足或是瑕疵之處，因此必須透過彼此坦誠的溝通再做修正。

　　其實，以中國人的特質與民族性而言，在這方面的策略聯盟比較不如西方或是日本來得有力，這與中國人長久以來的價值觀及思維有關，也是中國人的商圈比較無法形成規模或是進入世界市場的原因。因為產業傾向於同質性高、彼此互相競爭、抄襲與模仿的情形，這也就是經營上最大的忌諱，亦即我們常會陷入所謂的「紅海策略」現象。

(9) 商圈文創發展委員會

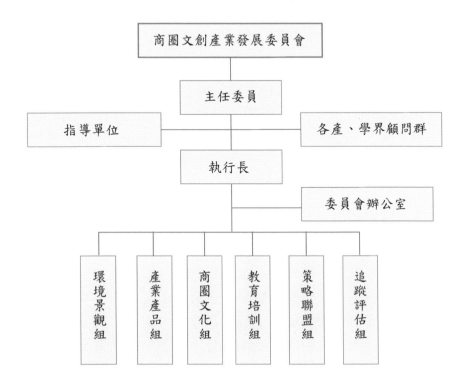

(10) 商圈店家參與機制

　　商圈是整體整合、行銷、展現的組合體，也因為是有組合才構成商圈的要素，所以就必須有商圈業者共同參與的機制建立。在我們過去的輔導經驗裡，商圈內當然是不只店家存在，還包含公部門相關單位、社團組織、學校或機關、還有住家等，組成元素非常廣泛，而商圈內所有的商業行為或活動都是會以店家業者為主的訴求，因此，店家是必然要全員參與的對象。但是對於其他公部門、組織或是住家居民而言，則是可以採取主動邀請或是不排斥的機制，甚而有所尊重的措施，雖然這些對象沒有商業行為，但卻也是商圈內

公關的一份子，有時候也會因他們的認同或不認同商圈的發展模式，而產生彼此糾紛或是意見不同的時候，對商圈也是會有非常大的影響，不要小看這些微不足道的參與對象呢，台灣有些商圈不也是如此，造成商圈整體經營困境的現象。

所以在參與機制上必須是更具策略性與全面性的思考，針對商圈業者可以採取認證或是朝獎勵的方式，對於一般住家居民則可以請業者參與配合優惠機制，也就是針對商圈內任何居民的消費，都可以享受優惠的機制，或是其他獎助措施、建設回饋等，如此才有可能塑造多贏的機制，共創商圈的繁榮與發展。

(11) 認證機制

認證不只是對商圈業者一項具有鼓勵性、指標性的功能，對消費者則是一種承諾與保障的宣告，對公部門或是管理委員會更是一種權責的要求與監督，可以說是一種多贏的最高榮譽象徵，其實是在商圈內非常值得推廣與落實的策略。雖然在商圈內也會有些業者不以為然的表態，但是以商圈形象塑造及經營管理發展角度而言，採取大多數業者的認同才是重點，不必去為了少數的業者反對而影響商圈形象塑造的大局。

認證制度可以採取消費者認同度或是評核小組單一機制而定，或者是兩者合一制也可以，基本上必須做到公開、公正、公平為原則。認證制度也可以採用等級制度，也就是可以區分為甲乙丙三級或是其他等級名稱亦可，但仍然是必須採取每年重新評估一次為原則，比較容易維持服務的品質標準，當然店家業者如果每年評估成效達標準者，可以連續每年授證不影響次數，也就是在店家內懸掛愈多的認證代表此店家的品質愈高，對該店家也有提昇業績的相乘效果，對消費者更能有所保障而安心於消費。

## (12) 公益回饋

藉助年度商圈文化活動中，適度推廣公益回饋才能塑造商圈的新形象，如對商圈內一些獨居老人、弱勢團體或家族、單親家庭或子女等加以回饋，當然如果商圈能力可以的話，也可以適度擴及周邊的商圈或社區做公益回饋，對商圈絕對是有其正面形象塑造的效果。

「千金是半善、二文是滿喜」，公益回饋不在於物質的多寡，而是在於動機能力所及，包含商圈業者可以提供的回饋如家電技術維修、衣物回收、廢棄資源回收再生、剩餘食物或物資的整合收集、家教、照顧老人、送餐服務、居家打掃等，都是一種公益回饋的項目。不在乎大小、多少及規模，只要定期持續或是不定期的回饋都是可以的，讓商圈的文化得以藉此傳播，商圈的形象得以藉此塑造。

## (13) 商圈景點整合行銷

消費者如果單純的到商圈消費，基本上機率及比例都是不高，也就是除非商圈的產品很具多元、又創意，以及商圈本身的景觀或環境特殊，否則一般消費者會再重複消費的機率可能就會少了。因此，在商圈裡應該整合周邊景點、資源或是相關創意賣點成為帶狀消費，也就是讓消費者可以逛上一天，除了到商圈之外，又可以就近順道走訪附近景點或是其他消費的誘因。

因此，商圈必須整合周邊的景點、特色區域或是具誘因消費的資訊等，並廣為宣導及訴求，激發消費者前來商圈的意願。

# 五、文創園區與文創發展策略

從世界各國文化創意產業發展情況來觀察，除了台灣及中國大陸之外，其他的國家是比較傾向於文化生活的產業發展，包含行銷推廣至國外，如：電影、動漫、音樂、表演及生活創意商品等。當然，兩岸也有這方面的發展，但是規模及格局反不如其他國家。倒是兩岸有一個共通的發展趨勢，也許是中國人特有的、共同的框架思維，那就是以「文化創意產業園區」的模式發展趨勢。

所以在兩岸之間的文化創意產業園區是非常的盛行，而且規模是一個比一個大，好像是在比規模而不是在比文化創意的感覺。中國大陸擁有廣大的市場與豐沛的資源優勢，文化創意產業乍看之下是一片榮景，但仍存在著不少問題尚待解決，包括創意、技術和人才的缺乏、區域之間的文化產業發展失衡等。

台灣則剛好與中國大陸相反，近十年來台灣除了外來藝術的移入，本土化的過程，也塑造及包容了不同特色與多元化的藝術創意，同時因為全球華人地區文化、語言相通的特質，也是唯一真正傳承中華文字美學、文化精髓的地方，所以人才及創意十足，然而，就市場與資源則比較有限。但以文創精神與格局，可以做到立足台灣，行銷全世界的高契機，因為台灣文化是可以具有這方面的潛力。

同時，兩岸在文化創意園區的發展，正好可以有所彌補彼此之間的不足，因為台灣的優勢在於社會接受新事物與新觀念的可塑性強，再加上科技發達、網路普及、自由創作環境優、創新人才輩出、民間創造力也呈現多元化與多樣化、重視智慧財產權、地方文化活力強、人文風氣好、民眾對藝文活動與創意生活的需求日增等。而中國大陸的優勢則有廣大的市場與豐沛的資源，再加上全中國大陸相關型態的文化創意產業園區等設置，所以正好可以有所互補與發揮。

針對文創園區與文創發展可以有下列的策略思考：

1. 兩岸文化創意產業園區現存的盲點

兩岸現存既有的文化創意產業園區，雖然各有其存在的盲點與問題，但是仍然可以透過彼此合作與交流作改善。以下，我們先以目前存在的一些既有問題來探討，將會有助於後續規劃或是發展的參考依據：

(1) 園區定位不明確

以目前現有文化創意產業園區來做探索，幾乎只能叫出名字而已，如果問一般人，你知不知道這個文創園區最主力的產品或是特色在哪裡，恐怕很少人會有標準答案，因為普遍文化創意產業園區幾乎是模糊狀態，給人印象是大同小異、同質性很高，只差別在於地點及規模、建設裝置造景不同而已。

所以，一般文化創意產業園區的經營，幾乎都是很辛苦的原因即是在此，因為從最基礎的重要定位策略就沒做好，怎會有辦法培植一顆茂盛的大樹呢。從最初好不容易找到一處廢棄廠區或建築空間之後，就開始大興土木並加以改造或裝修，接著是找尋一批不同屬性的廠商或是藝術家、畫家、創作家等進駐，然後就開始營運，這就是所謂的拼湊式規劃與經營。當然在這整個過程雖然也投入了很多的時間、人力、物力及資源做廣宣，但感覺總就是缺了那一點，這也就是一般經營中最缺乏也最不被重視的「定位策略」與「文化元素」。

(2) 空有外殼但缺乏文化內涵

之所以能夠成為文化創意園區，當然在園區規模、硬體規劃及建設方面總是會比較具有創意或是特色，但是你也可以發現每個園區的外觀都是很有創意、很有特色，就是缺少了一種園區的文化元素特色訴求。因為取得經營權的是一個單位，督導、管理權或許是另外一個單位，規劃的人也是不同的單位，進駐的人又是另一個團

體，試想這樣的組合，再加上前述沒有定位策略與整合機制，這樣所呈現出來的文化創意園區會是怎樣的園區呢。

所以，當進入園區之前是很具創意與特色，當進入園區之後所呈現的可能會與外在的明顯差異，也就是難以想像的整合感覺，甚至有的園區外殼是很具特色與創意，但是進到園區之後關門沒營業的卻是很多。也不論是否有營業抑或是沒營業，我們也可以發現都只是在硬體上做發揮，但卻沒有在文化上做深入與融合，這就是目前兩岸文化創意產業園區存在非常雷同的現象。

(3) 創意與經營管理不足

我們前項提及過任何文化創意產業園區的所有者、經營者或許都是不同一個單位的人，但是以經營的立場來談，所有權與經營權是兩回事，也就是所有權的人不一定是懂得經營技巧，而經營權的人也不見得是懂得經營技巧，因為經營必須是高品德意識、專業技術、智慧技巧、創意思維的領域，所以不是一般人可以勝任的，但是偏偏人類總是貪得無厭、自我感覺良好而介入經營，當然這樣的文化創意產業園區發展就會更有盲點了。

因此，一般現有文化創意產業園區就會採取委託團隊經營模式，或者是聘任專業經理人進駐經營，這才是未來文化創意產業園區的發展利基。因為專業的文創人員並不一定懂得經營，所以如果礙於情面或者是尊重文創專業前輩的心態，那當然更是無法把文創園區經營得有聲有色，除非這位文創專業前輩也很懂得經營，那當然就可以，否則仍然還是會呈現大同小異的窘境。

(4) 缺乏整體品牌概念與訴求

很多文化創意產業園區為了突顯其差異創意或是特色，在名稱的命名上總是模稜兩可，如 M50 文化基地、798 文化創意園區、華山文創園區、松山文創園區、北外灘 111、青島創意 100 產業園區、523 文創園區等，幾乎讓人看了之後都會有一種霧裡看花的感覺，因

為無法知道這個文創園區的主軸或是特色在哪裡，但這種現象卻是大多數從事文創者所偏好的品牌發展趨勢。

再加上透過名稱命名之後的整體視覺雖然已是各具創意，總是缺乏那股一氣呵成或是整體視覺美感的訴求，也雖然園區內各創作者都很用心與竭盡所能的美化其展示場所，但以整個園區卻是缺乏整體的視覺美感與印象意識，有些可惜之處，因為無法讓人產生視覺的累積效果與印象，後續創意經營與行銷的立基點那更是不用談了，當然在經濟產值上就更無法做有效的提昇與創造。

如果你問人「華山文創園區」與「松山文創園區」有何差異？我看一般人是無法答得出來的。但如果將之冠以「華山生活文創園區」與「松山藝術文創園區」，則是否就更容易讓人清楚該園區的特色。同時該園區也會依此定位及名稱，做更深入及廣泛性的經營與發展，最後就會各塑造出一個明確、差異化與價值化的品牌。

(5) 產業同質性過高

兩岸在短期間內因受一股風行與盛行之下，所建置的文化創意產業園區數量非常的大且多，但是幾乎可以想像的是大同小異，同質性很高。也就是大多數傾向於油畫、陶藝、工藝、餐飲等類，其他的幾乎很少見。在台灣有些文化創意產業園區則範圍更廣，包含食、衣、住、行、育、樂都有，儼如一座大賣場的縮影，當然也有單純的只有藝術家進駐創作的園區，中國大陸上海田子坊則是屬於商場型態的多元化商品，也是包含有食、衣、住、行、育、樂等產品。

所以綜觀其他地區的文化創意產業園區，可以說是如此的雷同與相似之處，當你逛完二處之後可能就意興闌珊的不會再想逛第三處了，其實這種生態與發展現象大家都知道，只因短期間內要有新創意及新產業出現的確是不容易，但總是必須要有遠見思維與策略行動，才是未來文化創意產業得以差異化的關鍵。

### (6) 缺乏整合行銷機制

一般文化創意產業園區屬於封閉式的經營型態居多，也就是每當在既有園區內舉辦活動時，都會邀請各路人馬前來參與，但卻難得會邀請周邊社區的人或居民來參與，因為園區會認為跟他們的屬性是不相同，理論上是對的，但在行銷戰略之下卻是不太合理化，因為周邊居民或社區雖然未能進駐該園區內參與展示或創意，但是他們也有他們的基本人脈及各自資源，透過他們的口碑或傳播何嘗不是一項行銷新契機。何況一個鄰居能主動幫忙我們說句好話，總比自己努力為自己辯白十句話來得有效吧。

因此，傳統的行銷理念思維與機制必須被打破，應該改以更圓融、創意、包容及整合性的行銷思維，不只要將這些契機與資源納入園區的行銷機制裡，還要採取策略聯盟方式，包含同業上下游的聯盟、異業聯盟等方式，讓園區訊息得以更加深入各層領域，創造全員及置入式的行銷機制。

### (7) 未能融入社區

文化創意產業園區是全民化的產業，主要是因為文化跟食、衣、住、行、育、樂都有關，只是所佔的比例、深淺不同而已，因此必須思考全民參與的機制與策略，讓有機會參與的人獲得他的認同及宣傳效果，絕對是大於體制化的宣傳效果，何況是位於園區周邊的社區或企業、單位、組織等。

因此，文化創意產業園區與其外求不如內取，也就是除了邀請相關基本文創創作者、廠商或單位之外，就可以採取周邊社區或組織的參與機制，並配合全面性的孵化策略或培訓機制等做整合，融入社區、走入人群才是文化創意園區不可或缺的公關策略。否則園區終究還是園區，社區或組織還是社區或組織，各自獨立運作及發揮，不是一項非常可惜的資源缺口嗎，孤掌難鳴、孤陽難成、孤陰難生就是這個道理。

(8) 藝術化自主性過強

文化創意產業是全面化的產業，也是全民化的產業，因為它牽涉到食、衣、住、行、育、樂各領域。初期文化創意產業之所以興盛及會被重視，主要是因為透過文化及藝術的再創意，而創造出經濟新價值，為此，就被誤以為只要有藝術創意才是原則，造成藝術過於曲高和寡而無法產業化的原因，再加上藝術本身就是一種藝術創作，所以更無法大量複製，而且每件創作都是不一樣的呈現方式。

為此，遂造成目前文化創意園區大都是傾向於藝術創作居多，比較少有產業化的生活創意及產品，縱然有的話也是外來創意品混合居多，如此的循環與發展趨勢，更突顯文化創意產業園區的生命力及價值性不高，所以一般文化創意產值高的產業，大多數不是在文化園區內所產出的產業，因為目前文化創意產業園區所呈現的也是屬於靜態的展示居多，偶而也會有表演活動。

(9) 未能全面產業化

前項有提及文化創意產業的發展過程及被誤導現象，因此，目前除了美國的文化創意產業比較具有多元化及全面化之外，其他國家及地區大多數也僅止於藝術、影視、設計、動漫等發展領域，未能全面化產業發展，雖然有些已經在生活用品及相關產業化的創意發展，但是絕大多數的發展仍停留在創意階段，未能進入實質性的生產及量產市場階段，也就是只聞樓梯響但卻不見人下來的現象。

既然文化創意產業與食、衣、住、行、育、樂都有關，也是各國政府在新世紀裡極力推廣與扶植的產業，就可以證明此產業是全面性的產業概念與趨勢。因此，這也是目前文化創意產業園區未能透視與深化的理念，才會形成各處的文化創意產業是孤芳自賞的領域，如此長期下去將會漸漸的被淡忘或遺忘，到時也會再度形成另一波真正的「文化蚊子館」也不是不可能。

(10) 缺乏與專業的諮詢機構互動機制

現況各大學、研究機構或是公部門僅止於文創產業的教育培訓，以及文創產業的政策性補助領域，所以在文創的實務性方面會有所不足，也當然會有一些具專業的文創機構、諮詢顧問公司或相關法人機構等，可以被邀請參與文化創意產業園區的諮詢或規劃，但是在面臨經營所有權、利益大於分享時，總是少有會與這些專業文創機構的互動機會。

在中國人的思維裡「肥水不落人田」已經是根深蒂固，要改變的確是不容易，但是在面對這個世界共同市場競爭的趨勢，邀請外來和尚念一點經也是可取的，同時可以增加與提昇文化創意產業園區的視野及格局，更有助於世界的競爭力提昇。

## 2. 文創園區與文創發展策略架構

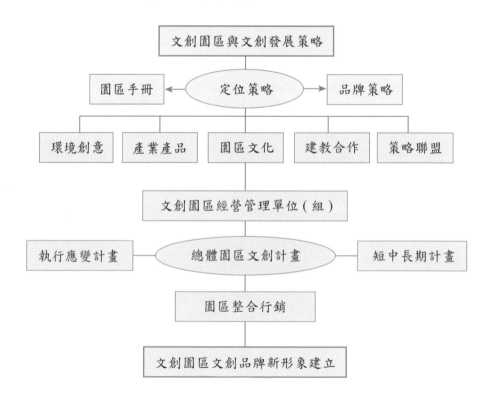

### 3. 文創園區與文創產業發展架構說明

(1) 定位策略

「定位策略」並不是企業經營的專利品，是包含個人或是任何組織都需要的理念，尤其是一處文化創意園區不論如何的改造、命名或是經營等，都必須在定位原則之下才有所策略的經營展開。就如前述提及文化創意產業園區經營困難的原因，當然是有很多的因素，但是總歸而言「定位」才是最重要的關鍵。

文化創意產業園區比較沒有地區文化或是歷史淵源可以界定，它只是一處經由廠區、建築或是重新規劃再改造而形成的區域，所以在定位上就比較單純。也就是整個園區擬以那一種產業為主，是必須經由市場發展趨勢，及消費需求找出一項最適合的產業為主做定位，當這項產業為主被定位後，即可以有所後續的量產及展售、活動等，進而創造園區的經濟價值。說起來的確是很簡單的策略但卻也是一般在成立文化創意產業園區最不被重視的原點。因此，文創園區文創的定位策略可以朝「一園一樣」的思考。

(2) 園區手冊

一般文化創意產業園區內，都有所謂的導覽櫥窗或是展示板等，但是這樣的做法僅止於告知而缺乏有效的傳達效果，因此，在園區內的園區手冊就是極為重要。因為透過園區手冊可以有諸多的功能：導覽全區的功能、宣導園區的理念及特色、介紹園區內各參與創作單位理念及作品、提供園區可以行銷的產品、徵求對園區的創意建議、塑造園區的品牌形象、提供參訪團的完整資料等。當然除了這些項目之外還可以再思考更多的功能，讓這份園區手冊不只現場可以使用，他也會被帶回去收藏或是分享他人，對園區而言，無形中會增加廣告的能見度及知名度。

可以想像園區手冊對園區的功能與價值，但是截至目前為止，少有文化創意產業園區做如此的規劃與執行，如有的話也僅止於簡單 DM 式行銷文宣。或許經費來源是一項困難，但是可以採取「化

整為零」的方式,也就是可以由參與園區的單位或者是參與園區策略聯盟的單位共同贊助、支助等方式,只要是對整體運作有提昇與促進商機的效果,一般都是會樂於接受或是支持的。

### (3) 品牌策略

中國人崇洋心態是非常明顯的,從生活、穿著、命名、工作、居家等即可以顯現出來,當然在現在這個世界村、無國界的時代、資訊時代等,已經是無法避免的趨勢與事實,但是如果以文化創意產業這個領域來探索的話,就值得我們審慎思考。因為文化是一個國家、民族的根源,也是一個國家經濟發展的基礎,文化創意產業之所以備受各國重視主要也是在於文化關鍵。因為各國既有的文化是無法被取代,這就是發展品牌策略必須思考的關鍵。

因此,文化創意園區在品牌策略及命名上,如果能以中國文化為基礎、以創意為展現,那才是屬於我們中國文化產業的延續。所以,如果為了創意而失去本土文化元素的根,那到最後連根的文創都沒有的話,就只有比價格與市場規模了。韓國不也曾經說孔子是韓國人嗎,甚至包括屈原等歷代知名人物,無非就是想藉助文化的模糊焦點,找出一條文化創意產業品牌的新創意產業。

### (4) 環境創意

目前各地文化創意產業園區的基本建築、空間、設施及環境都是既成,所以在環境的規劃及美化上必然要依循定位策略的方向發展,否則每一位規畫師、設計師都會有一套自主性的邏輯與創意,在缺乏定位之下,一般文創園區就會採取最具創意者作為委託規劃對象,所以在經創意規劃、改造施工後的文化創意園區的確是很不一樣,但最後還是會缺少了那一點味道,就是「文化元素」。

當然整體文創園區的環境也會因隨著日後發展的需要,而必須再增加其他的規劃與布置項目,如果此時找的規劃或是設計師不是前面同一個人,那最後所規劃設計與呈現出來的風格可能又會是不

一樣了。如此的現象在一般文化創意園區內比比皆是，所以就呈現出各個文化創意園區的同質性很高的原因。

因此，文化創意產業園區的環境創意，也是文創園區經營成敗的關鍵之一。一處外在雖然很具創意，但是缺乏文化內涵的文化創意園區，又如何能吸引消費大眾的興趣呢，這樣的盲點至今仍然是存在於文創園區的人為因素居多。

(5) 產業產品

經由定位策略後的文化創意產業園區產業產品，就會很明確與具體了，一般而言，產業產品都是有其生命週期，尤以科技產品的生命週期最短，因為替代性、模仿性很高，所以必須隨時創新、再創新。但是文化創意產業的產品生命週期就比較長，雖然是不容易被取代或是模仿，但仍然還是必須隨時創新、再創新才會有附加價的產生。而且，在研發文化創意產業產品的基本原則除了基本文化元素之外，還要顧及自然與環境生態的平衡，一定要避免研發出有危及人類環境、生存的文化產品，包含材質、原料、圖像或是造型等。

文化創意產業產品雖然是有文化元素存在，所以必須是生活化、普及化、安全化的考量，可以融入食、衣、住、行、育、樂的領域裡，就如青墩文化、龍山文化、十三行遺址等文化，都因為有其文化元素存在，所以可以很深入與創意的研發，並發展於生活上，這就是讓後世人可以因為文化產業的產品使用，教化人類對祖先智慧及歷史的尊重，並懂得珍惜現在所擁有的資源，不至於再加以破壞或是輕視。

(6) 園區文化

企業有企業的文化，組織也有組織的文化，當然文化創意產業園區也得有園區的文化，而這種文化卻是任何經營的靈魂所在，是任何企業、組織或是文創園區經營最基礎的根。

文化創意產業園區的園區文化，也是依據定位策略後所衍生出來的執行方針，所以每個文創園區的文化基本上是會有所不同的。

也因為有園區的文化內涵，讓參觀者可以感受到園區的人文意識，包含：布置美化、服務態度、專業解說、園區氣氛等，都會在無形中展現在參觀者眼前及心裡。

所以，園區的文化必須是文創園區內所有參與單位、個人共同的行為模式與價值觀，也雖然有些藝術創作者會有屬於自己風格的特質，但那也是僅止於他個人展示空間裡的發揮，所以不至於會影響到整個文化創意園區的園區文化。因此，在這樣氣氛之下，除了感受到整個文化創意園區的文化之外，又可以體驗及接觸到個人藝術創作者的風格，讓參觀者留下深刻印象，進而融入產業產品的意識裡，有助於文化創意產業園區的經濟產值創造。

(7) 建教合作

文創人才永遠是不足的，因為在既有文創人才中有些會凋零、有些會因某些因素而中途離席、也有些是乏人問津的創作者等，都是文創產業人才的流失現象。因此，文化創意園區就可以採取所謂的「建教合作」，與在既有學校單位裡已經設立跟文創相關的科系合作，也可以將文創園區內的藝術創作者引薦至學校開設相關文創產業的課程，彼此互相交流與培訓人才，對學校、學生及文化創意產業園區都是有正向的意義及價值。

當然，學生可以利用各種時段前來文化創意產業園區裡參與實習，其實這種機制在其他產業也已經是有存在，但是在文創產業裡卻尚未成熟，當然跟市場經濟也有關係，是有點緩不濟急的現象，但是以整體文化創意產業的發展來看，仍然必須做，而且是必須持續下去，才能有效提昇文化創意產業的新創意與經濟價值，因為人才是文創產業發展最關鍵的要素。

(8) 策略聯盟

文化創意產業園區必須走出去，不論是在哪一個區域、那一個文創產業都是如此，因此除了基本的自主行銷之外，就是採取策略

聯盟了。因為策略聯盟可以是同業或是異業的聯盟，就如：跟學校可以有孵化或是教育的聯盟，跟旅行社可以有旅遊或參訪的聯盟，跟公部門可以有提供培訓講座或是認證的聯盟，跟飯店可以有環境布置與美化的聯盟，跟商場可以有展示空間及廣告聯盟，跟出租車業者可以有廣告滿街跑的聯盟，跟藝術美術補習班有教育培訓聯盟，跟企業有可以福利或美化布置聯盟等，其實都是隨時存在的潛在商機，就要看文化創意園區是否願意走出去。

　　當然策略聯盟最關鍵還是在於利益共享，責任歸屬及共同形象品牌塑造的問題，而這些問題也都必須經由事前的溝通與協調後簽訂相關協議書，才有助於後續的聯盟與發展。所以說如果彼此合作順利與愉快的話，那就可以如此複製並廣為推廣，對文化創意產業園區的經濟價值也將是無可限量的。

　　(9) 文創園區經營管理單位 ( 組 )

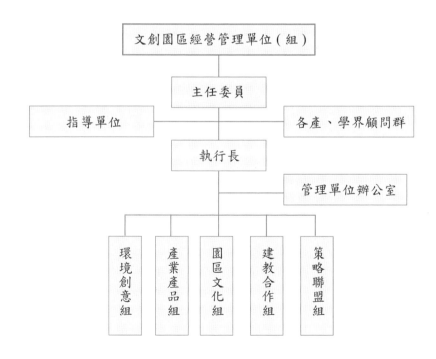

# 六、企業經營與文創發展策略

文化創意產業可以說是全民化的產業，也可以說是全面化的產業，未來發展的空間將會更大，因為幾乎是可以融入現在的產業裡，不論是有形亦或是無形、科技或是宗教、硬體或是軟體，所以將會有很多的企業轉而投入這個產業裡，甚而導入多元經營，也可以看出未來在文化創意產業的前景是可以預期。

以我們過去所輔導過的企業或是商圈、社區、觀光工廠、文創市集、文化園區等，幾乎都是與文化有關，只是當初在這些產業的輔導過程中，是沒有說一定是得從文化立場切入，因為各個企業或是組織的體質、需求、策略及發展都不同。企業或組織裡訴求的是企業文化、商圈裡訴求的是當地的文化元素、社區也是如此的文化元素為基礎展開、各種文化產業園區那更是不用說了，還是以文化元素為基礎的策略展開，不論是農業、民俗、工藝等。所以說都是與文化有關呢，而且在整個輔導過程中也是採取委託或是策略聯盟方式，才得以讓這些產業落地生根並進而發展出各項周邊的多元產業。

因此，我們預期未來企業在多元化經營方面，會轉而投資文化創意產業的企業將會大幅增加，而且包含個人投入文創產業的也會相對地增加。因為這個產業非常的有深度，也非常的有廣度，尤其是與食、衣、住、行、育、樂都有關，是會漸漸的被重視與投入的原因。

以目前企業的經營立場而言，「創新」是唯一競爭的關鍵，也就是可以「一日一創」的養成，如此才能創造差異化的基礎。但是當大家都懂得創新經營時就又會成為同質化了，那麼企業的競爭猶然還是存在的，所以在創意的內涵裡是否必須要有一套無形的資產可以做支撐，而這套無形的資產是無法被取代，那就是「文化元素」，但是這種文化元素人人也都是可以蒐集與分析的，那關鍵就在於企業是否具足創意度、敏感度、美感度及執行度了。而這些力道技巧

企業雖然都知道，但卻不是每家企業可以做得到的，最終還是在於看誰最有執行力了。

　　針對企業經營與文創發展可以有下列的策略思考：

## 1. 企業經營與文創發展策略架構

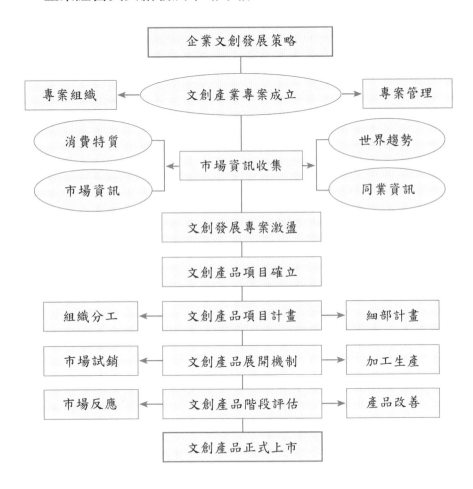

## 2. 企業經營與文創發展策略架構說明

### (1) 文創產業專案成立

　　企業是一種營利事業單位，任何經營都是講求績效與獲利空間，所以為了發展文創產業也是必須顧及營運績效，因此，在發展之前

的專案必須成立，並藉此專案做整體執行前的依據、執行中的各項追蹤與評估、執行後的績效評估與改善，這樣才能有效掌握執行過程的缺失，有助於執行的績效產生。

專案成立時必須要有專案的代號、流程管理、參與專案成員、經費預算、評估項目等，是依據整體計畫做執行追蹤與績效評估的重要管理策略，一般企業都會忽視其存在的意義及價值。

(2) 專案管理

專案管理是依據專案成立後的整體管理系統管理，就如前項所述除了必須要有的基本項目之外，最重要的還是在於管理的「人」，專案負責人與專案管理人可以不同一個人，但是專案管理人等同專案負責人的重要性，他有如專案負責人的分身一樣，所以也是專案成敗的關鍵人物。

專案管理必須是要很清楚整個計畫、執行關鍵點、協助溝通、整合資源、掌握重點、隨機應變等，所以專案管理人必須具備非常的執行力、敏感力、創意力及溝通力的基本要素。

(3) 專案組織：可依據需求做調整

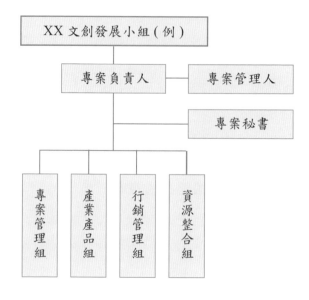

(4) 市場資訊收集

企業經營最先決的要素是在於知己知彼，也就是必須很清楚世界發展新趨勢、同業之間的競爭資訊、現在及未來消費特質、與產業有關的市場發展趨勢或資訊等、並依據這些資訊做整合、分析與對策。

但很讓人驚訝的是一般企業都不願意投入這方面的經費，那怕是從創業開始都不願意的居多，只憑著一股幹勁、滿腔熱血、自我感覺良好，所以在經營一段時期之後總是會陷入困境，這也就是文創產業發展必須重視的關鍵之一。

(5) 文創發展專案激盪

三個臭皮匠勝過一個諸葛亮，不要小看一些無所事事的人，世上有些新創意就是來自於這些人。因此，文創發展必須要有比人更具新創意的點子出現，透過創意激盪的技巧可以有效創造出一些新的產品。

激盪的過程各有不同，但基本上必須遵循文創產品的確立方向，也就是要以文化元素為核心，並融入食、衣、住、行、育、樂的基礎思考確立，同時進行各階層人員對文創產品的訪談及意見收集，再進入所謂的「創意意識激盪法」。基本流程為：公開訪談資訊內容、傾聽提話的人內容、確立內容及適度回饋、提出自己的意見、共同整合及確立方案等，所以在整個過程中對事不對人也不作人身攻擊，如此創意激盪數次後的產品將會是具有競爭力的文創產品，雖然必須花上一些時間，但是總比後續投資錯誤的經費成本會來得少。

(6) 文創產品項目計畫

經由激盪後的文創產品項目必須再做細部規劃，有形的文創產品必須包含產品名稱、特質研擬、故事化、造型、規格、色彩、包裝、製造原素材、售價、物流等，無形的文創產品也是如此，也是需要名稱、故事化、特色、內容說明、法規，包裝、售價等。因此在文創產品項目的細部規劃上，基本上就有如是一項經營的總體計畫，

每一個過程與環節都必須是嚴謹的。一些知名的文創產品如日本的 Hello Kitty 貓、芭比娃娃、米老鼠也都是如此的嚴謹及衍生其文創產品的生命力,從其背後所投入創意及人力就超過百位以上即可以看出,一個文創產品的背後是必須投入多少的創意才具有非常的生命力,而且是歷久不衰的原因。記得產品研發必須融入視覺、創意與功能化,僅只於視覺美感是無法持續與競爭的,因為中看不重用,有時候「俗搁有力」(俗氣卻有力氣)也是一種叫座產品呢。

(7) 文創產品展開機制

在構想及細部研擬完成之後的展開,又是另一個階段的開始,因為想與做之間是有一段距離。也就是縱有很好的構想及創意,但卻沒有實際行動等於仍然是零,這也是任何經營包含文創產品,「執行力」是佔成敗絕對的關鍵。

文創產品展開在基礎細部計畫構想完成後,尋求合作廠商、生產流程、品質管理、物流運送、後續服務、市場反應等都必須是隨機應變及處理,讓文創產品在製程上可以掌握到最佳品質與降低成本的原則。執行後才知道效果如何,也才有改善的空間,否則沒做是最差的結果,但是做了又沒改善是勞民傷財喔。

(8) 文創產品階段評估

一般文創產品新上市後必須立即再做追蹤與評估,雖然有經過測試或者是試銷階段,但仍然必須要有這種認知,才能掌握文創產品上市後的競爭優勢。所以,在文創產品發展過程中也是會有所謂的第一代、第二代、第三代的持續出現,如此的市場佔有率也會相對的提昇。

文創產品的評估項目當然是以產品本身的範疇為主,包含:產品接受度、使用滿意度、價格合理化、購買方便度、物流便捷度、後續服務度等。並依據這些反應做為文創產品的後續改善參考,可以想像後續階段評估對文創產品市場佔有率的關鍵與意義。雖然過程很繁瑣,但也是在累積後續的競爭與價值機會。

### 3. 企業文創發展過程面臨的盲點

文創產品從構想創意開始到後續的展開執行與評估，的確是一項非常嚴謹與慎重的過程，所以不能疏忽任何一個環節，所謂成功的商品背後都有一段艱辛的過程原因即是在此，但是對於必須以營利為目的企業而言，在經營過程中仍然是會面臨下列的盲點，以我們從事多年的輔導顧問經驗提供下列參考：

### (1) 資金不足的問題

普遍創業者或是經營一段時期之後都會面臨資金調度的問題，資金當然是一項經營的關鍵要素。要發展文創產品當然也會面臨資金的問題，除非你已經有足夠與雄厚的資金。一般就我們的經驗而言，文創產品如必須投入很大、很雄厚資金的話，基本上其成功率並不大，哪怕你說有很高的回收率或是利潤空間仍然是必須審慎思考，包含新發明的產品也是如此，除非你朝高價值策略發展。因此，在文創產品的發展上會建議先以小而美、精而實的方向做研發，如此的投資成本也不會很大，除了自有資金之外，如邀他人參與股東投資、眾籌方式、申請政府經費補助、借力使力等方式。所以，先把基礎做好再坐大才是關鍵，再加上必須要有理財的新觀念與技巧，凡事與人共同參與、分享是必須要有的心胸，中國人都喜歡獨享的心態也必須做調整，這些都是與資金運作有關，所謂好人緣、好人脈、好品德、好分享等，就會聚足好機會。

### (2) 專業領導與管理不足

不論其是否出資抑或是酬傭、整合、人際等因素而出任的經營者，他不一定是最懂經營的人，除非他具有很特殊的經營理念與才華，否則大多數的經營者都呈現管理智慧不足的現象，所以才會有很多的企業，因為如此而聘任專業經理人來全權經營。經營者最大的盲點就是習慣以過去的經驗，來管理現在的員工做未來的決策，這就是一種很大的誤差理論與虛擬管理。尤以文創產業的經營與管理，除了基本管理技巧之外，更必須具有高度的人文、品德內涵與

智慧，因為文創產業的管理不同於一般的企業管理，一般只要具備標準理念思考與運作邏輯就可以。所以如果在這方面擬做有效的發展與發揮，不如就學習放下，把經營與管理委由具這方面領域的人一起參與，才能創造更大的空間。

(3) 必須顧及社會責任問題

為了發展文創產業的內涵與精神，就必須重視文化元素，而文化元素就是具有環保理念與社會責任的精神。早期工業、資訊雖然不發達，但是可以看得出所規劃及生產的產業產品，基本上都是非常符合人類功能需求，以及自然生態環保原則，所以至今仍然備受保存參酌與具有教化世人的價值。反觀現在有些文化產業的產品，生產者為了獲取高利益及縮短產出時間，所以就顧不得社會責任，而研發出有危人類及社會的文化產品，到最後是一人獲利但卻是要全民來買單的結果。雖然會造成社會輿論的撻伐，但是歷經一段時間之後又再度回歸原點，這也就是文創產業者必須帶頭做起的社會責任。

(4) 缺乏遠見理念

在台灣每 100 家的企業在歷經 10 年的辛苦經營之後，最後只剩下 12 家可以繼續經營，而這 12 家之所以得以生存的關鍵在於具強而有力的企業文化、優質的企業形象以及高品質的企業產品，這三大項就是具有遠見的企業才做得到的，企業經營要具有遠見就必須得把這三項最基礎的做好。

但是現在的企業普遍為了獲利都採取短打策略，也就是心存先撈一票再說，至於後續如何發展與結論那就不是最重要了，這也就是中國人的企業無法成為世界級企業的原因。縱觀世界級百年企業大多數是西方國家的企業，主要也都是在於具有遠見的經營觀，西方國家的立志做好事，與中國人立志做大事的經營觀差別就在這裡。

## (5) 執行力不夠徹底

「說得有餘,但卻做得不足。」是一般企業經營裡最大的缺憾,任何企業不論規模大小、歷史長短等都是有一套該有的計畫與理想,但就是缺乏有效的執行力。說與做之間、想與做之間都是有一段距離,而這段距離是多遠,在於執行力的意願高與低,意願高的人執行力就高,也不需要如何完整的計畫,因為他懂得執行過程中應變的技巧,而沒意願的人提供再好的計畫也是成不了氣候。

執行時當然也是在於應變能力了,因為凡事計畫永遠是趕不上變化,所以再好的計劃都有可能全盤被推翻,主要是時空、地域、人力各有不同的變化因素存在,所以當執行任何一項專案計畫時,應變力、堅持力及再生力卻必須隨時具備。

## (6) 溝通能力不足

自有人類以來最大的工程就是「溝通」,不論古時代或是現代的人,都會為了自己利益、為了更好、為了其他因素而必須與人產生溝通。當彼此利益或需求取得平衡時溝通就容易,反之溝通就不良了,也不論是在哪裡,只要是有人的地方都需要溝通,包含家庭、企業或組織內,可以顯見溝通的重要,而且是無所不在的需要。

溝通最大原則必須是要懂得用心傾聽對方的心聲與內容,並懂得適時的給予回饋與回應,再加上自己的真誠看法與建議,並善用親和的肢體語言包含微笑、凝視、謙卑及輕聲細語等,讓人對你產生尊敬與尊重,進而產生認同你的看法與觀念,這樣的溝通法則針對任何人都是可行的,但也切忌以高姿態、長者或自恃口語訓示方式等。

## (7) 市場行銷不足

文創產品製造出來就是要行銷,當然,以行銷的基本步驟及理論大家都懂,但是面對這個多變與快速的時代,沒有一套標準的模

式可以保證你一定會成功，也就是只要賣得出去產品都是好的行銷，房地產的一句話：沒有賣不出去的房子，只有賣不出去房子的人。所以，行銷隨時都是在行銷創意與信心的概念。

能夠做好行銷的人，前提就是要對自己的產品有信心，再加上用真誠去說服人、用行動去感化人，最後讓這些人能認同你、支持你及口碑你，讓他們幫你說一句好話總比自己說十句好話來得有效，所以說，要做好行銷就得從最基礎的理念開始教育起，而不是只要提供如何賣好產品的技巧。

(8) 專案管理落差

專案管理是一項從頭至尾、甚至是從無到有的管理制度，只因為過於嚴謹與漫長，再加上必須是要很具應變能力、溝通協調能力及棄而不捨的人才能勝任，而兼具這種特質的人就很少，所以常常都被省略了，因為企業也不想為了專案管理而要再去管理好管專案的人，可見這項專案管理的人是如何的重要。

但是偏偏這項專案管理卻又是經營中非常重要的管理過程，因此，基本上在這項專案管理上如何找對人才是關鍵。所以在經營過程中也不要忘了培育這種人才，先從小的、簡單的、短暫的專案管理培養起，漸漸的人才就會有所養成，包含內在品德意識、信心與潛能，外在的執行與應變力等。

# 七、個人創業與文創發展策略

　　中國人「寧為雞首不為牛尾」的觀念根深蒂固，造成中國人始終熱衷於創業，縱有很多前人創業失敗的例子呈現在眼前，還是無法取得教訓，甚而有過之而不及呢，仍然還是呈現一個比一個勇、一家比一家大。但無論如何，實現夢想也是人類天經地義的事，人何嘗不希望有一天創業有成而衣錦還鄉圖個榮耀。

　　其實以現在這個環境與趨勢，創業並不是在於資金的多或少、規模大或小的理念，而是在於創業心態是否夠成熟、理念動機是否正確、企圖心是否夠強，以及其他必備的要素等，所以這也是創業容易，但後續經營才是關鍵的原因。以人生的立場而言，創業也只不過是人生的一個小插曲而已，示意如下圖：

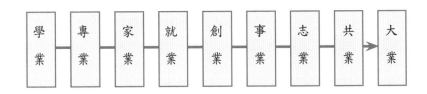

學業　專業　家業　就業　創業　事業　志業　共業　大業

　　針對個人創業與文創發展可以有下列的策略思考：

　　先就個人創業的一些基本原則提供參考：

## 1. 你是否適合創業自我評分表（僅供參考）

　　(1) 您是否有靈活資金可以運用，不論來自於任何資金

　　　　A、非常充足　B、還好　C、略有不足　D、非常欠缺

　　(2) 您對文創產業是否有概念、產品特色、經營方式、地點選擇等

　　　　A、非常充足　B、還好　C、稍有不足　D、非常不足

　　(3) 您覺得自己的個性、特質、行動屬於

　　　　A、非常積極　B、還好　C、稍積極　D、非常不積極

(4) 您有經營管理或經營文創的概念與經驗

　　　A、非常有　B、還好　C、有一點　D、完全沒有

(5) 您對於自己想要創業的項目了解程度是多少

　　　A、非常了解　B、還好　C、稍了解　D、完全不了解

(6) 您很喜歡自己所選擇的文創產業

　　　A、非常喜歡　B、還好　C、稍喜歡　D、完全不喜歡

(7) 您很喜歡自己所要創業的文創產品

　　　A、非常喜歡　B、還好　C、稍喜歡　D、完全不喜歡

(8) 您對於自己所創業的文創項目專業概念程度

　　　A、非常專精　B　還好　C、稍專精　D、完全不專精

(9) 您在創業後會有相關的友人及專業人士可以請教

　　　A、非常多　B、還好　C、很少　D、完全沒有

(10) 您對自己創業的文創產品行銷通路很有把握

　　　A、一定有　B、還好　C、再看看　D、完全沒有

　　評分方式：A 為 4 分　B 為 3 分　C 為 2 分　D 為 1 分

解析：

(1) 32 分以上者：您非常適合創業！

　　但是仍請您再多做準備，以利更大的成功！加油！

(2) 16 分以上者：建議您在想創業之前，先行請教專業！

　　並了解自己為什麼要創業？動機如何？對現實與環境再做
　　深思。

(3) 15 分以下者：目前的您並不適合創業！

　　如果真想創業，您必須再更加充實自己，等達到前述標準
　　後再創業吧。

## 2. 個人創業與文創發展策略架構

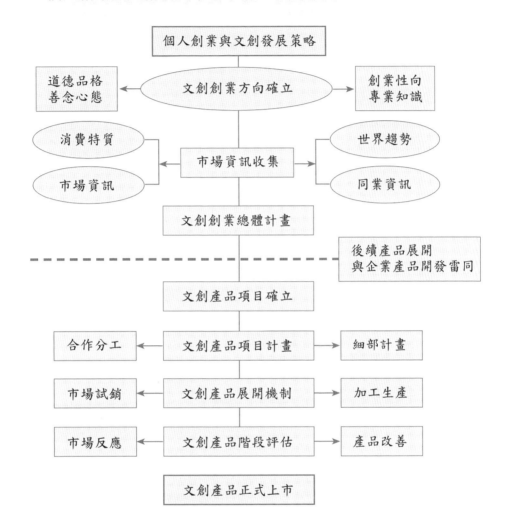

## 3. 個人創業與文創發展策略架構說明

### (1) 文創創業方向確立

　　創業的確是一門很專業、很深奧的學問，既然對文創事業的創業有高度的興趣與企圖心，但還是必須藉助各項機制作理性的分析，創業是一項理性的思考與抉擇，而不是一種感性與理想化的衝動行為。

因此前提之下，不論你的資金是很雄厚或是人際資源很好，但仍然必須回歸到理性面來做探索，也就是你是否適合創業。前項已經提供簡單的測試表，可經由這份測試表來思考你是否適合創業。

測試表並不能代表絕對值與公正性，只是提供你個人參考而已，當然決定權還是在於你自己。但總歸一句還是以客觀及理性思考為優先，也可以徵詢周邊親朋好友的意見再做總結。因為創業不只包含資金及興趣，還包含專業知識、技術及性向特質，並不一定每個人都適合創業，有的人縱然有專業技術，但就是沒有創業的本命，有的人沒有資金或專業技術，但他卻可以創業有成，所以無法一概而論。

除了前述基本要素之外，再次叮嚀：縱然再有雄厚資金、人脈、專業技術、契機、資源等，但還遠不如一個高品德、人格的善念心與行為。任何產業經營「價值」才是致勝關鍵，這種價值包含理念、產品、行銷及服務等，更融合了個人的道德觀，也必須是來自消費大眾的認同，才是真正的價值經營。

(2) 市場資訊收集

既然為了創業就不能盲目的自我感覺良好，不能認為自己最行、自己最專業或是自己最具創意等，也就是要很清楚的知道世界發展新趨勢、擬創業的同業競爭資訊、現在及未來的消費特質、與創業有關的市場發展趨勢或資訊等、並依據這些資訊做客觀的整合、分析與對策。如果一個人能力有限，可以多請教周邊友人或經驗長者，真正解決問題在於你自己願不願多去請教人，而不是盲目的做。

(3) 文創創業總體計畫

經由前項市場資訊收集後就必須撰寫計畫書了，當然計劃書的格式也是各具特色與多樣化，完整的計畫書有助於你的資金籌

措，或是作為邀請優秀團隊最好的說服力，所以必須慎重與完整。以下提供一般計畫書的內容項目供參考，你也可以依此再做修正或補充：

① 計劃書封面。
② 計劃的說明、依據、前言、緣起、緣由等。
③ 計劃的目標、目的、意義、需求。
④ 計劃的背景分析、趨勢、發展、說明、敘述、探討。
⑤ 計劃的名稱、項目、專案名稱。
⑥ 計劃定位、理念、信條、口號、方針。
⑦ 計劃的目標、願景、期許、功能、效果。
⑧ 計劃的策略、架構、系統、流程。
⑨ 計劃的時間、日期、階段。
⑩ 計劃的地點、區域。
⑪ 計劃的項目、產品、內容。
⑫ 計劃的階段項目、時程、方法。
⑬ 計劃的組織、成員、專長、分工、相關顧問資源。
⑭ 計劃的步驟、流程、次序。
⑮ 計劃的行程、評估、追蹤。
⑯ 計劃階段經費、總體經費預算。
⑰ 計劃的預期成效、功能、附加創造價值。
⑱ 相關配合資源、資料、佐證、圖片、單位。
⑲ 相關附件資料、參與人員經歷及資料。

# 柒、文化創意產業展開方針

文化創意產業不論是從國家、文創園區、商圈社區、組織、企業到個人化的經營等，基本上都必須要以「文化」為根、要具有創新思維與企業化的經營策略。

在整體經營上，從定位、理念、產品、品牌到後續的行銷等，都必須有非常明確的創新經營策略及應變，才能創造出永續與附加價值的文化創意產業。

# 一、市場定位

他是在當老師，他是一位學生，他們公司在從事五金貿易，他
這個人很有誠信，這家是專門開發社區的建設公司，這個組織是專
責在做社會慈善事業，這個產品可以讓人有運動的效果……我不知
道這家公司在做什麼行業？他是不是在當老師呢？這家企業在賣哪
一種產品？你們這是什麼單位呢？這是什麼產品？

不論是個體、企業、單位、組織、產品或活動等，可以讓人很
清楚與明白，也可以讓人很模糊、不知所以然，基本上都是跟「定位」
有關。也就是說，只要定位明確的，給人的直覺與印象就會很直接，
相反的，如果這個也做，那個也要兼，終日忙忙碌碌，那當然給人
的感覺與印象就是模糊的，後續發展就會有限囉。當然有些是為了
規避責任、法律或是違法，會有「掛羊頭賣狗肉」的假象出現，這
是例外的定位策略。

定位跟每個人、企業、單位或產品等都有著直接的關係，而且是
密不可分。也因為有著明確的定位，才會有後續的各項方式展現，如：
醫師他因為要讓人感覺專業、信賴與安全，所以他必須穿著白色制服；
學生為了統一管理及學校識別，所以也必須依各校自行規範穿著制服，
消防車為了區別緊急所以必須配以紅色色彩；台灣的計程車也為了明
確的識別，所以一律必須改以黃色系；各產業為了讓社會大眾印象清
楚，如：長榮集團、統一超商、郵局、中油加油站等，也在建築上做
了識別，產品為了識別也必須配以合理素材來包裝等，都是在強化該
企業或產品的特色與性質，因為在定位之下可以塑造其經營價值。

所以，任何可以展現的視覺或行為，都是依據定位而來並做合
理化的展現，亦即任何品牌、形象、活動、有形或是無形，都必須
是跟定位有關聯，可以顯見定位的重要性，但卻也是一般人最不易
明瞭、不重視的基本元素之一。有如建造大樓必須從基礎做起，成
就大事得從小事做起，廣結善緣得由善念心起，這些都是因為先定
位好，才得以有所後續的展現。

五根手指頭舉出來，每一根手指頭都有其存在的功能與價值。大拇指是專責用來誇獎、稱讚他人之用，如果您用食指來做誇獎、稱讚別人，我想那是沒有說服力也沒有人會接受的；而食指是用來指示別人、指責別人、指示方向用的；中指永遠是在五根手指中最高的一指，象徵其永遠高人一等的自信心與歧視別人之意；無名指則是用來男女結婚時，互相配戴定情戒指以示許願終身、白頭偕老；尾指功能是在於，我們與人問候或問訊時，因雙手合十的手勢，可以在所有手指最前方表示真誠之意。

這樣的道理也可以運用在人的方面，所謂「天生我才必有用」，基本上都有其潛在意義及定位，那怕是身障者也是如此。美國的立克胡哲、日本的乙武洋匡、台灣的謝坤山等，也都是如此而創造出自己的人生新價值。「天生我才必有用」，每個人都有優點，也有缺點，五根手指不分長短、也不計較前後，彼此互相扶持才得以讓人類生活更加如意，隨時都在扮演著人類的互動價值，何況是身為人類的我們，你的身上絕對也有可用的知識、智慧、專長、特色等，好好去發揮吧，天生我才必有用的。

一隻老鷹從很高的天空向下俯衝，用牠的利爪抓住地上啄食的小雞身上，此景被候鳥看到了，心想自己一定比老鷹強，就模仿老鷹的動作，一樣的飛到小雞身上，沒想到小雞閃了過去而候鳥卻栽在地上無法動彈，農夫發現了就跑過去把候鳥抓起來，把候鳥帶回去給孩子們玩，孩子們很想知道這是什麼鳥，農夫說：「據我所知這是候鳥，但是牠卻自以為是老鷹。」這就是不知道自己的定位。

乾隆皇帝有一次到江南巡視，看見一位農夫扛著鋤頭，就故意跟身邊的宰相張玉書開玩笑：「這是什麼人？」宰相回答說：「他是個農夫。」乾隆又問：「農夫的『夫』字怎麼寫？」宰相順口答道：「就是二橫一撇一捺，轎夫之夫，孔夫子之夫，夫妻之夫，匹夫之夫都是這麼寫。」不料乾隆皇帝聽後，搖搖頭說：「你這個宰相，怎會連個「夫」字的寫法也辨別不清。」乾隆皇帝說：「農夫就是

為刨土之人，上寫土字，下加人字；轎夫肩上扛竿，先寫人字，再加二根竹竿；孔老夫子上通天文，下曉地理，這個夫字寫個天字出頭；夫妻是兩個人，先寫二字，後加人字；匹夫是指大丈夫，這個字先寫個大字，加一橫便是。用法不同，寫法有別，不能混為一談啊。」

　　也是一樣的意義，雖然是同樣一個字，但是用在不同人身上做詮釋也是不同的意義及定位，所以說定位是必須非常生活化、合理化、具體化，它也不是只有企業、單位或組織才需要的經營策略，包涵個體、活動或產品等都是非常需要。

## 1. 定位形成與基本架構

　　一般而言，定位必須透過很客觀與主觀的各種資訊收集、整合與分析後，再做主觀性與客觀性的明確定位策略，才會有後續更深層與遠見的規劃及執行方針，定位基本架構如下：

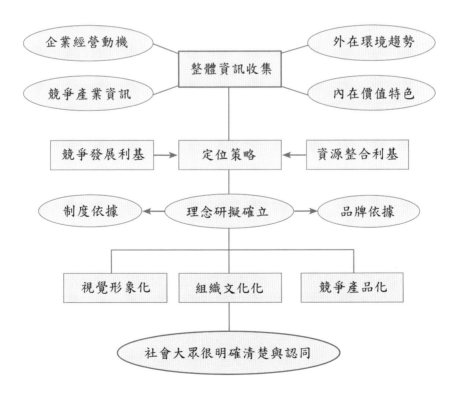

### 2. 定位基本原則與要素

前述提及定位的架構是基本原則，但是在細則方面仍然是有其基本原則與方向。另方面因為每個個體、產業、單位、組織或產品的定位均有所不同，但是仍然會有其共通性的原則，只是在運用時再另行增減或調整，只要找到一個利基點或者是最有利的位置，那就是最好的定位策略，所以也會因人而異、因事而謀、因物而定的差異而已。

#### (1) 使命與動機必須很明確

定位的前提之下必須是很清楚個人要做什麼、要的是什麼，企業成立的動機、單位或組織設立的使命與任務等，你才可以依據各項資訊作研判，應該處在哪一個位置比較適合，雖然會有很多屬性相同的對手，但是仍然必須思考相關競爭區域的障礙、阻力對策。

#### (2) 市場資訊必須很正確

一樣的從個人立場來看是要先徹底的認識自己、分析自己的優勢及競爭利基。從企業立場必須洞察入微市場趨勢、消費及生活、正確環境等，從單位或組織就必須更廣泛的體會各種正確生態發展等，再加上外在相關正確資訊來源共同整合而成最具參考與依據的資訊。尤以現在是出現所謂的大數據，更是讓資訊更加明確與快速化，但仍然還是要經過很客觀的探索及分析。

#### (3) 整合與分析必須很客觀

整合與分析的方式雖然有很多種，但最主要的還是必須客觀，人很容易犯了一個盲點，就是容易將自己過去的經驗，放在現在的處理事情上，並做未來的分析與建議。當然經驗不是不好，而是必須再做適度、客觀思考與調整，並配合有效與正確的資訊，才是資訊最有利的標準依據。

#### (4) 定位可以是階段性策略

當然在經過前述的基本資訊與確立定位後，但仍然會面臨外在快速變化的環境，以及各項生態的互動衝擊影響，所以在定位確立後，可能也會面臨階段性的調整策略，畢竟定位是在找合理位置，而合理位置又是一個變動因素，這也是定位必須隨時做適時與適度調整的原因。

#### (5) 堅持定位基礎的規劃與執行

定位在確立後雖然是很具體、很明確，但那只是一個起點而已，接著就是要啟動執行，而且必須是堅持與徹底的執行才是關鍵，否則到最後讓人看不出與感覺不出，我們的特色與價值在哪裡。一般到最後會予人模糊與不明顯的原因，是因為在執行過程的落差所致，也就是缺乏堅持與徹底所致，當然在執行過程中的應變與再創新也是關鍵。

#### (6) 定位階段效益評估

不論是長期定位或著是短期定位也好，都必須有階段性的效益評估。一般無法長期經營或展現的原因，最主要的原因乃是只埋首於「做」，而忘了也應該回過頭來再看看是否落差或不足，有道是：「做事的是學徒、收錢的才是師傅」、「計畫永遠趕不上變化」，不是沒有道理。

### 3. 定位的策略運用技巧

在職場上很會做事的人不一定是會升官呢，反而是那些很懂得適度應對與展現的人才有機會升官，這也不是一個現實的環境，而是一種人性的競爭與策略環境。人都會把個體與群體分開來談，其實人是無法離開群體而過的，這也就很明確告訴我們，人是必須去迎合群體各種生態的需求與發展而做調整，這也是人的定位策略。

　　有一個乞丐的右手臂斷了，有一天他來到一個農戶人家前行乞，女主人便叫他先將門前的一堆磚給搬到院子後，才要給他飯吃。乞丐生氣地對女主人說：你明明看到我只有一隻手，卻還要讓我搬磚頭不是存心在捉弄我嗎？沒想到女主人自己蹲下來，用一隻手搬起磚頭來回走了一趟，然後對乞丐說：我一隻手能搬，你那一隻手為甚麼就不能搬呢？

　　乞丐無言以對，硬著頭皮用他那一隻手慢慢搬，乞丐整整幹了兩個小時才搬完那些磚頭，累得滿頭大汗，農婦遞給他一條白毛巾，乞丐擦完臉和脖子後白毛巾變成黑毛巾，農婦又給他十元錢，乞丐接過錢連聲道謝，農婦說：你不用謝我，這是你用自己的汗水與勞力換來的工錢。

　　過了若干年後，一位穿著筆挺西裝的人來到這家農戶前，見到年邁的女主人動情地說：我從前是乞丐，現在是一家公司的董事長，因為是你幫助我找回失去的尊嚴、重建生活的信心，當初如果沒有妳，我也許現在還在四處流浪。農婦說：這就是你自己再造出來的。獨臂董事長提出送一幢樓給農婦，農婦婉言謝絕。董事長對此不解，農婦笑著說：因為我及全家人都還有一雙手可以打拼啊。

　　人如果將自己定位成乞丐，那麼他的一生也是只有到處行乞的命，但是如果將定位再做調整，那麼命運也將隨之而改變。這位乞丐在農婦的善念與激勵之下，體悟到生命的殘餘價值，進而奮鬥並重新定位自己、走出自己，終於再造自己，而農婦也知道自己的理念與價值在哪裡，所以她也不貪。

　　有一位某知名大學第一名畢業的女學生在畢業後，到一家知名公司擔任總經理的秘書，但是半年後她就離職了，原因是因為那位總經理都只要她做整理發票、作筆記的工作而已，她認為她是第一名畢業的人，應該做一些更高級，更挑戰的工作，而不是只做一些

工讀生就可以做的工作。最後她實在是無法再做下去了，她離職後再找其他的工作，但是歷經一年後她總共換了近六個工作，原因都是與前面的工作一樣的結論。

　　後來她便回去第一個任職公司與那位總經理請教，那位總經理告訴她：他不是知名大學、也不是第一名畢業的人，但他當初也是從這種工作開始到今天的總經理職務，他說當初他在整理發票的時候是很用心、很細心，並把這些發票加以整合與整理，所以從他這裡學會看懂財務管理、學會物價波動、學會預算編列等。而作筆記時讓他知道公司的一些問題，也學會人際關係、處理事情的技巧、知道公司運作一切情形等，所以他能及時提供公司可以改善的策略與建議，也因為如此而備受肯定，最後他一路晉升到現在的總經理職位。此時那位第一名畢業的女生才恍然大悟，原來她是把貼發票、作筆記只是當作工作而已，而藐視了自己的位子重要性，也忽略了工作真正意義及價值。

　　一樣的，如果只把自己定位為工讀生，那對工作的態度就是工作而已，但是如果把自己定位為參謀，那麼整理發票與作筆記就是不同發揮了，這是公司最機密、也是最基礎的真相，而我們都被傳統思維與觀念給迷惑疏忽，很不值得。個人如此，企業、單位或組織何嘗也不是如此的策略嗎，這也是一個人思維與理念最根本的展現價值之處。

　　知道自己的角色定位後就要善盡其責，當一天和尚就要敲好一天的鐘，身為廚師的人就要料理好一盤佳餚，身為父母就要善盡教導子女之責，負責企業經營者就必須做好經營與管理等，都是因為在定位之下所展現的行為與責任。

# 二、經營理念

　　思想決定行動、行動決定習慣、習慣決定品德、品德決定命運、命運決定成功。對個人來說就是所謂的「中心思想」，對企業、單位則是「經營理念」、對學校來說則是「校訓」、對家庭來說則是「家訓」等。是任何一個人處世的基礎，是企業、單位建立價值觀與指標、也是企業、單位塑造文化的基礎。

　　任何企業、單位或團體的經營成功關鍵，不在於規模的大或小，而是在於是否具有所謂明確、具體的「經營理念」。亦即運用一句非常具體、象徵的話語、詞句或者是圖形、歌曲等，來傳達企業、單位或團體的經營使命，以促使內部所有參與的員工有所遵行，同時可以做為對外的宣導及形象塑造基本要素。

　　經營理念可以是抽象的詮釋，也可以是具體的呈現，重點是要讓人易懂、易記、易行，並且必須隨著環境變遷及經營使命改變而有所適時調整，只是在調整過程必須是嚴謹與遠見，甚至是整體經營戰略思考。運用一句非常明確的話，可以作為全員的行為標準模式、溝通的方式與目標建立，也可以有效建立單位的企業文化，提昇整體的競爭能力，是非常重要的經營關鍵，但卻也是企業最易疏忽與不重視的地方。

## 1. 經營理念的定義

　　運用一句話、一個字、一種音樂，或者是一個圖形等，來詮釋企業、單位或組織存在的目的與經營的目標。

## 2. 經營理念的重要性

　　一個人成功的關鍵在於：40% 思想觀念、40% 人際關係、20% 專業技術。而一家企業經營成功的關鍵在於：40% 經營理念，30% 整合能力，30% 執行能力。可以看出「理念」對一個人，或者是企業、單位的重要性，有了理念才有執行的最高準則與依據。

　　因為企業、單位或組織內成員是由一群來自不同的學歷、經歷、家庭背景、宗教信仰、工作經驗等的人組織而成，每個人有每個人的想法與做事方式，但是又必須共同去完成團體所共同的目標，這就是「理念」的功能與必備要素。個人亦然，為了要與人競爭、為了生存、為了生活，所以就必須透過學習與努力的方式，來建立自己的競爭力優勢，但是在學習與努力之前，你必須要有自己的中心思想如：誠信、尊重、同理心、慈悲心……等。也因為你有自己原則的「理念」，你才會有積極的動力去學習與努力，並獲得別人的認同與支持。

　　一位小朋友非常的喜歡腳踏車，但是他卻沒有足夠的錢可以買腳踏車，因為他身上只有五元。可是他每次都去拍賣會場，參與腳踏車的競標，但是，畢竟一部腳踏車不是只有五元就可以得標。因此每當拍賣會場在競標腳踏車時，他每次在第一次出價五元之後，總是會被後面出更高價的人標走，所以他每次都是很失望的回家。

　　拍賣會場的法官看在眼裡，便私下問那位小孩，為什麼他每次只出價五元而已？小孩說：「因為我家裡很窮，但我很喜歡有一部腳踏車，可是我又沒有錢可以買腳踏車，而且我身上也只有五元而已！」

　　因此，法官便利用一次的機會，在拍賣腳踏車時，先將最好的一台腳踏車留在最後面拍賣。接著法官開始進行腳踏車的拍賣，等大家將其它的腳踏車全部都出價完時，法官再推出最後一台的腳踏車，此時小孩便立即出價，他一樣的再出價五元，最後法官裁定由小孩購得那部腳踏車，在場的人也都知道是什麼原因。

　　小孩的理念戰勝也實現了他自己的夢想，這也是一個人或者是企業、單位，對於「理念」必須去重視與堅持的要素。

　　一家專責生產降落傘的企業經營理念是：安全、品質。所以經營者要求所有參與生產的員工都必須依據製程流程做好品管，同時在出貨時每一個產品，都必須經由參與人親自試驗跳過後才可以出廠，這就是落實理念的基本原則。

### 3. 經營理念的價值

富爸爸會把錢分給窮爸爸，經過十年之後，富爸爸依然是非常的富有，但是窮爸爸卻是更窮，這是一本「富爸爸與窮爸爸」的書，在書中所提到的也是跟「理念」有關。

「日本第一」的作者傅高義教授，在探討日本企業界員工的工作態度時，有如下的評語：「在一般規模的企業裡，一般日本工人的成績，並不一定比得上忠心耿耿、工作勤奮的美國人，但是整體來說，日本的工人則是比較忠心，也比較勤奮工作。」同時傅高義教授也提到：「有些日本的公司在美國設廠時，運用經過修改的日式管理，沒有幾年，就可以強化員工對工作的投入度，遠超過同質性的美國公司。」因為，日本的企業比較重視所謂的「社訓」、「社是」（企業的規章），這也是日本公司能夠超越美國公司的精神管理「理念」。

我們從一些較具知名的日本企業即可以看出，日本企業對「理念」的重視程度。並融入人文如：「松下人」、「住友人」、「三和人」、「豐田人」等。國內亦有多家企業，也推動類似的「經營理念」如：中油公司的「中油人」、大同公司的「大同人」等。並且將此理念融入整體 CIS（企業識別系統）的運作中，如信條、歌曲、制服、廣宣、交通、建物等，甚至是活動等，以訴求該企業、單位的經營、形象特色。

當然，如果運用簡單的文字、象徵圖像或是歌曲等作理念來訴求也是可以，因為各類企業或組織定位策略各有不同，所以無法一概而論與統一模式。基本上必須能讓內部員工，外在消費大眾很清楚識別與印象，那就是成功的經營理念。一句：「只要我喜歡有什麼不可以！」雖然負面訊息大於正面，但卻也道盡了年輕人的想法與訴求。

### 4. 經營理念的功能

(1) 經營生存與永續發展的基本核心價值戰略。

(2) 是所有計畫執行的精神、標竿與力量的基礎。

(3) 是塑造企業或組織企業文化最有利的元素。

(4) 是塑造風格與無形資產的基本方針與策略。

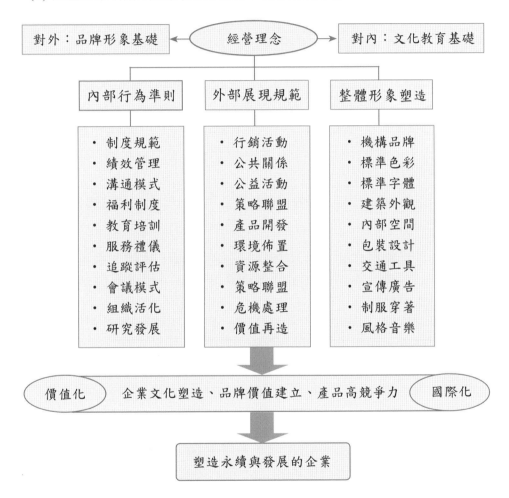

## 5. 經營理念確立的基本原則

(1) 為了永續經營，基本上都必須要有非常嚴謹、明確、具體的「經營理念」。

(2) 明確的經營理念不在於長，而要簡短、易懂、易記、可行、易於落實。

(3) 明確的經營理念，以八個字之內為宜，比較易於記憶、了解，那怕是一個字、一個圖形或是一首歌也可以。

(4) 明確的經營理念必須有全員的參與研擬，才會有助於全員共生、共榮與組織經營運作的順暢，也是企業文化塑造的基礎。

(5) 經營理念要將之轉換於制度、管理、流程、生活中，以利於經營的落實。

(6) 經營理念必須隨著經營與環境改變及趨勢而做適度的調整。

(7) 為了更明確與具體，可以就理念做部分口號或信條、激勵語詞之補充與詮釋，讓企業文化得以塑造，以及讓社會大眾印象深刻、銘記在心。

(8) 可以運用各種方式傳達給全員或消費大眾，以塑造優質的形象與品牌。

　　經營理念不在於長，而是在於明確、具體、可行，並能達成現在與未來的運用策略準則，我們來分享一些成功企業、個人的經營理念；

(1) IBM：尊重個人、服務顧客、追求完美。

(2) 奇異公司：進步是我們最好的產品。

(3) 麥當勞：顧客永遠是最重要，服務是無價，公司是大家的。

(4) 松屋百貨：顧客第一主義。

(5) 資生堂：品質本位主義、共存共榮主義、消費者主義、堅實主義、尊重道德主義。

(6) 日本航空：安全與真心的服務，創造富裕的生活文化。

(7) 中國石油：品質、服務、貢獻。

(8) 台灣企銀：進步、效率、社會責任。

(9) 統一企業：三好一公道（服務好、品質好、信用好，價格公道）

## 6.經營理念的建立流程

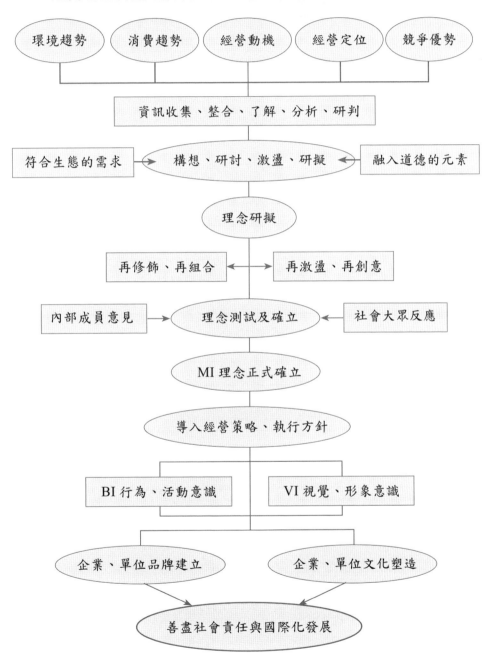

## 7. 經營理念執行及確立表

| |
|---|
| 組織成立動機：（由各組織經營者或參與經營者提供予參與者） |
| 組織成立使命：（由各組織經營者或參與經營者提供予參與者） |
| 成立經營定位：（由各組織經營者提供予參與者或經營共同參與者確立） |
| 理念研擬及詮釋：<br>（依據上述詮釋內容整理成一句或一個字的理念，但必須注意理念研擬的原則，　也可以研擬多句理念以便共同後續再激盪與研討）<br><br>　　1. _____<br>　　2. _____<br>　　3. _____<br>　　4. _____ |
| 研擬人： |
| 第一階段理念：（經由全員共同激盪後確立） |
| 第二階段理念：（經由內部意見、外部反應共同激盪後確立） |
| 第三階段理念：（經由內外部測試及驗證後再正式確立） |

# 三、前瞻規劃

　　雖然「計劃永遠趕不上變化」，但是仍然還是需要規劃，對於想執行任何人事物的時候，都必須要有所謂的「規劃」、「計劃」或者是「企劃」，才能圓滿與順利處理事情，這也是任何要處理事情之前的心境與期待。

　　但是人類在面臨諸多變化與盲點時，所有的計劃或許已經是無用武之地了，會依據當下的情況作調整、改變或者是完全不採用。會有如此大的差異當然原因有很多，但是重點仍然必須回歸到思考、經驗及資訊不足有關。因為要進行規劃、計劃或者是企劃之前，都必須要有非常充足、客觀的資訊做參考、依據，再來就是憑藉過去的經驗與智慧融合做整體規劃，接著是計劃，然後再來是企劃的步驟，如此才能讓事情得以圓滿與如意。

　　當然也有很多是沒有經過規劃、計劃或企劃而成功的案例，但畢竟是少之又少，那是一種機運與因緣際會因素，無法相提並論。現在我們所強調的是必須要有所依據及步驟的合理化，那怕最後的執行是失敗了，那也是一種學習機會、經驗的累積、智慧與知識的提昇，更是一項成功的起步。

　　「凡事起頭難」這是大家都知道的道理，雖然不見得都懂，也因為如此，才會造成人類思維的複雜性，有的人會認為那是一句安慰的話，也有的人根本不願意去面對，當然也有的人將之視為激勵的原點，各有各的不同解讀方式，完全在於個人的思維與態度，這也沒有所謂的對與錯。

　　一位釣客與朋友相約一起到海邊釣魚，當兩人正在聚精會神釣魚時，忽然來了一群圍觀的人，其中一位釣客便問那群人：「你們是否有興趣釣魚？」那群人異口同聲的說：「有啊！我們都非常的想釣魚，但是沒有人可以教我們技術。」

那位釣客便對那群人說：「好的，如果我現在教你們每人釣魚的技術，但是你們每人有釣到魚的時候，你們每人必須分我一半的魚數量，可以嗎？」大夥都說：「好啊！我們願意！」

於是這群人便趕緊回到他們的家，各自取來了釣竿等道具。接著那位釣客便一一的開始教他們釣魚的技術。沒多久，大夥就開始有人釣到魚了。而那位釣客見大夥也已經釣了不少的魚，便開始一一的將他們的魚各收取一半，當他收到一定的數量之後，便整裝回家，只留下他的朋友及那群人仍然在海邊釣魚。

任何規劃、計劃或企劃，沒有一定的基本步驟與流程，必須視需求與當下狀況而定，因此必須是前瞻思維與格局、靈活與應變，才能建立時效及掌握契機、創造新價值，是為規劃、計劃與企劃最終目的。

中國字的意義及內涵，如果沒有深入探索的話，就會面臨霧裡看花、似懂非懂及模稜兩可的結論，當然也就形成不同價值的結論。因此針對「規劃」、「計劃」或者是「企劃」，就必須做定義與說明，才有助於後續執行的成效與價值展現。

因為任何可以達成目標與目的手法、技法、策略或戰略，都必須經由規劃、計劃或企劃的步驟，才是屬於具體、客觀、意義的價值，雖然也沒有一套的標準模式，但卻有其一定的合理化流程，這也是任何參與規劃、計劃或企劃的人必須認知的原點。

## 1. 規劃、計劃、企劃概念

為了讓目標與目的圓滿之前的階段即是屬於規劃，之後才會進入計劃階段。而計劃則是包含企劃在內，也就是一個計劃可以包含各種不同的企劃，企劃亦可以包含各種不同的小企劃在內。

個人或組織為了需求之目標、目的所設定的有效執行技巧或步驟，稱為「企劃」。亦即在有限資源之下要如何創造更具新價值、新契機的構想或執行策略。

　　無論如何的規劃、計劃或是企劃，基本上這些元素都必須包含智慧、專業、經驗、人力、物力、時間等資源。而最後當然也會因天時、地利、人和因素的差異而有所不同的結論。

　　因此任何結論都可以，有如一棵樹的生態一樣，從為何要種植樹開始是構想階段，有了構想就必須想在哪裡種樹則是一種規劃，等樹長大後主樹幹為總計劃，而週邊所衍生出來的樹枝即為企劃，各樹枝也還有小樹枝即是小企劃，而最後所形成茂盛的樹葉就是一種展現成果或價值。

　　所以從規劃開始就必須思考要種植那一種樹比較適當，同時要跟氣候、地域、土質、位置、時機等有關係，否則最後所種植出來的樹會難以成長、茂盛。

　　這也是任何一件事的成敗關鍵，不在於完全是企劃而已，必須包含之前規劃、計劃的組合，才是完整、遠見的企劃案。雖然必須依據如此合理化的步驟，但仍然會有變化的因素存在，這也是前述所及的各項智慧、專業、經驗、人力、物力、時間等資源組合技巧。

　　企劃也是一項「資源整合」、「創意思考」、「具體可行」、「價值回饋」的共同組合，絕不是一個人的思維與能力所及，就如知名的 Hello Kitty 貓、哈利波特、迪士尼世界、奧運等能夠有今天的成就，都是經由上百位、上千位以上不同專業人的組合與創意出來的成果。在過程也會歷經各種不同的溝通、共識、思維、利益、執行等問題與挑戰，這就是企劃所扮演的關鍵要素。

　　所以說企劃是包含著敏銳的觀察力、資源的整合力、客觀的分析力、決策的判斷力、創新的創意力、企劃撰寫力、經營的執行力等元素，這也是必須集眾人智慧與資源，再加上必須要有立體式、創意式、整合式等的思考原因。

規劃的立體思考：

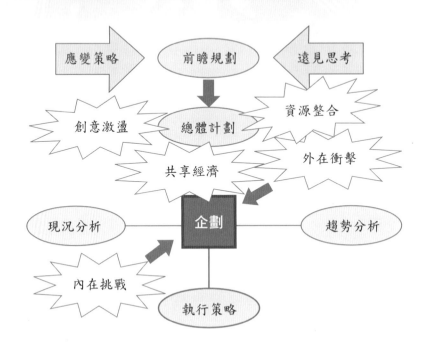

## 2. 規劃、計劃、企劃技巧

「船到橋頭自然直」、「等明天再說」、「看事辦事」等，本來都是非常有意義的一句話，但在這個忙碌的社會裡，卻成了一些人的護身符與藉口。因此根據我們的輔導經驗，一般個人或是企業能有做規劃的比例，其實是不多，大多數從企劃開始著手，所以造成後繼無力的居多。

就以我們長年以來的輔導經驗，可以發現，光是個人的現況工作問題、企業的業務業績等，就足以把大家搞得昏頭轉向，那還有時間再做規劃。所以也可以看出一般的經營，有做規劃的人，他的成長過程會比較安定。因此，一般比較穩健經營的大集團、行政單位，都有年度的經營規劃，才能夠有穩健經營。

　　但是規劃後續的執行，則必須配合企劃策略力的運作，否則也會流於現狀與形式化，這也是必須注意的問題，不要為了應付規劃而規劃，那將會失去規劃力的意義。「萬里長征開始於第一步」，我們的老祖宗不只跨越長城，並且征服長城的事實。規劃的意義不在於是長遠性，短期性也可以，只要是能夠創造機會，快速達成目標就算是規劃。它具有下列的意義：

(1) 可做為決策與解決問題的合理性與方法。

(2) 規劃必須有經驗、知識、創新、遠見、應變與技能的結合，並能符合現在 與未來的需求，而且是可行、易於達成的。

(3) 規劃可以降低風險，並能易於掌握成功的機會。

(4) 規劃可以清楚並明確地了解自己的方向與機會點。

(5) 規劃可以掌握與整合更多的資源機會。

(6) 成功的規劃力，必須有下列的要素：

(a) 前瞻力：任何規劃都必須以格局、前瞻為基礎的思考，以利於後續的計畫及企劃參考依據，同時有助於整體發展策略的應變。

(b) 創新力：好的規劃必須要具有創新力，才能形成差異化，否則是不會吸引更多的機會與商機，也就缺乏成功性。

(c) 競爭性：規劃的目的是在於想創造差異化，並強化資源的整合與運用，高度遠見與格局，以提升競爭的利基。

(d) 實際性：任何的規劃必須要能確實性、可行性，並能迎合現況的情形，也能應對未來發展的應變需求，有助於後續執行的落實。

(e) 自信力：規劃雖然跟經驗、專業會有直接關係，但是如果凡事具有信心的人，執行上總是會比較具有動力與持續。

(f) 智慧力：成功的規劃力，不一定是只有一個人的智慧，而是必須結合眾人的智慧來創造價值，讓整體規劃更具務實與落實。

(g) 整合性：規劃是在於創造與運用機會點，因此除了必須以自己有限的資源為主，再來整合無限有利的資源，才有助於後續執行的利基。

(h) 應變力：任何規劃雖然是依據既有現象，以及未來發展趨勢所做的策略，但卻也會因過程的情境而產生變化，因此在規劃時就必須具備應變的配套措施。

　　規劃的執行，不論是個人，或者是企業，其實過程、架構大同小異，只是內容、方法、策略不同而已。因為任何規劃事情的圓滿，方法與觀念是最重要的關鍵，並且必須客觀性，更要有所謂的「立體及創意思考」，才能將規劃的格局提昇，才有助於後續目的有效達成。「愛拼才會贏」在現代的環境裡並不一定會贏，因為那只是信心的激勵方式之一，必須是有全方位的創新觀念與方法，所以必須是「愛變」，才能易於展現與落實，也是成功的關鍵。

　　規劃也必須有系統化，並符合未來執行力的經驗、資源等累積。否則當執行到一個階段之後，回頭一看時，已經花了不少的資源與時間。亦即當你在確認目標之後，往後的任何執行方式、內容、資源等都是一種累積，如此距離成功的機會點會比較快速達成。一般在做規劃的人，也必須有未來性、系統性、整合性的觀念，才算是一項好的規劃。

## 3. 規劃的執行步驟：

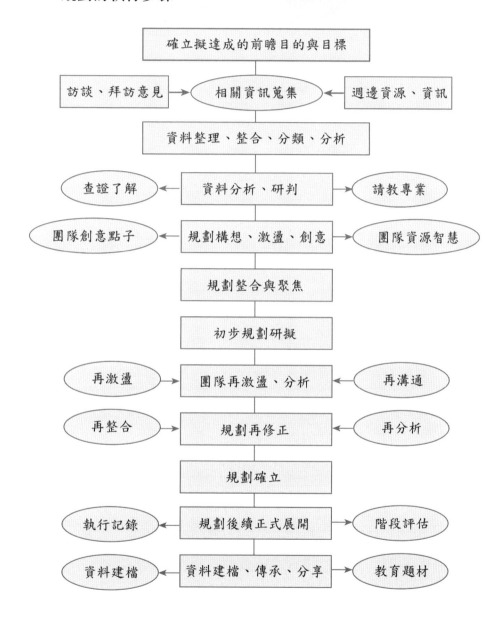

　　說明：此步驟可以配合資訊與表格管理，才易於落實，因此必須自行設計一套符合自行使用的表格，同時必須執行徹底。

## 4. 規劃參考項目（可依需求自行增減、順序調整項目、字義）

(1) 規劃的說明、依據、前言、緣起、緣由等。

(2) 規劃的目標、目的、意義、需求。

(3) 規劃的背景分析、趨勢、發展、說明、敘述、探討。

(4) 規劃的名稱、項目、專案名稱。

(5) 規劃定位、理念、信條、口號、方針。

(6) 規劃的目標、願景、期許、功能、效果。

(7) 規劃的策略、架構、系統、流程。

(8) 規劃的時間、日期、階段。

(9) 規劃的地點、區域。

(10) 規劃的項目、內容。

(11) 規劃的階段項目、時程、方法。

(12) 規劃的組織、成員、專長、分工、相關顧問資源。

(13) 規劃的步驟、流程、次序。

(14) 規劃的行程、評估、追蹤。

(15) 規劃階段經費、總體經費預算。

(16) 規劃的預期成效、功能、附加創造價值。

(17) 相關配合資源、資料、佐證、圖片、單位。

(18) 相關附件資料、參與人員經歷及資料。

# 四、企業文化

　　文化創意產業經營非常關鍵的策略之一是正信的「企業文化」，不只是企業生存的關鍵元素，也是企業經營的第一生命，不論是哪一種產業的企業或組織都是如此。組織或單位也是一樣有組織的文化，學校也有學校的文化，團體也有團體的文化，各有不同領域的文化。

　　企業或組織、單位的基本建設是軟體的企業文化，硬體則是企業的環境及企業產品，並透過軟、硬體的整合與創造企業特色，提供消費需求、創造企業生存的利基。企業文化雖然是來自於理念的基礎引燃至全面的展現，邏輯是基礎化、標準化與合理化的漸漸形成，但仍然必須在塑造過程中的應變與強力堅持，否則會很容易形成所謂的次文化（小圈圈文化），無形中會影響與阻礙主文化的發展，是任何企業或組織發展必須重視的地方。

　　尤其因為理念是靜態的基本思維與精神，而人則是動態與主觀的要求遵從，所以難免會產生諸多的變化與落差，這也是一般企業或組織，很難能具體形成強而有力的企業文化之原因，再加上如果缺乏堅持與具體的執行，久而久之也不會受到重視，缺乏企業文化的企業或組織將會漸漸的被淘汰，這是競爭中必然的現象，卻也是經營中最需重視、最具艱困的工程之一。

　　中國大陸的「海底撈」它不是海鮮店，也不是大飯店，而是一家非常知名的火鍋店，發跡於四川但經營者卻有放眼天下的雄心。海底撈提供了許多餐飲界前所未見的創新服務，而且是從客人在排隊等餐時就開始服務你。包含幫你擦擦皮鞋、修指甲、也可以選擇聽音樂或上網、小朋友可以到玩具區、想玩撲克牌也行、或是射射飛盤、吃喝無限供應的茶水點心，而以上服務完全都免費。

　　等你有位子可以入座還沒坐定時，服務就來了，茶水、水果迅速上桌，通通可以免費一直享用，你脫下的外套有專人會幫你掛起

來並加衣套，每人會給你一件圍兜兜，讓你不會吃得身上沾滿油汙。點菜時服務生會主動提醒你別點太多，吃不夠再點會很快的。鍋底的辣度要幾分辣，他也會問過後才開始調製。服務人員會不時地幫你上菜、配料，還全程幫忙你處理桌面，並一直提醒小心別燙著了。如果加點麵條，師傅還會來到你身邊拉麵條做秀給你看，除了展現新奇的技術，還兼具娛樂效果，創造當下的歡樂氣氛。

吃火鍋時戴眼鏡的人會馬上拿到一條眼鏡布，留長髮的人則會拿到橡皮筋讓你紮好頭髮，遇到年紀很小的小孩，不只給你嬰兒椅還有嬰兒床。整個用餐期間服務人員不斷奉上熱毛巾，不斷倒茶水，而這些也是完全不收小費。

請問廁所在哪？「我帶你去！小心這裡有台階……」把你當一位高級貴賓在服務，不是只有冷漠的手指著往前走的服務。廁所門上貼了一個要你記得隨身物品提醒，還有一個小貼紙「特別時候，需要特別的服務，就請找阿姨。」如廁後洗完手熱呼呼的毛巾就遞上來，還要你別忘了擦護手霜，洗手檯上，從牙籤、髮膠、定型液、梳子應有盡有，讓人隨時可以在當下整妝。

從海底撈的整個服務過程總歸如下：1. 具非常差異化、具體化的服務態度。2. 經營者把服務生當自己的家人在關心。3. 任何食材調理均採透明化並讓顧客安心。4. 童叟無欺與隨時反映的結帳技巧。海底撈的企業文化完整與具體的落實在員工身上，並極力強化貼心、溫心、舒心的服務理念，才有展現在消費者身上並被獲得認同的形象。

## 1. 企業文化的概念

企業文化之所以那麼重要，是因為它是企業或組織內整體員工的價值觀、思維方式與行為模式。是經由經營理念融入到組織、教育、制度、管理、行銷、廣宣等，讓全體員工有一個共同的目標與行為規範，也因為如此才能塑造強而有力的「企業文化」，更是企業競爭的基礎。

　　企業文化是經營環境的自然產物,是經由經營環境的變化、經營者的理念、全員需求三者,在企業的發展演進中、交織中而形成的。

　　企業文化形成要因是透過經營理念融入企業或組織內各項要素,並使之成為具體與明確的展現模式,塑造內外意識的整體認同機制。

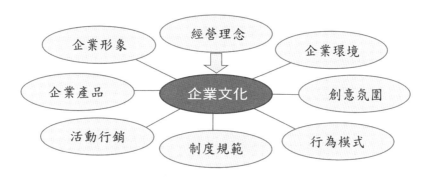

(2) 企業文化的結構

　　因為每個國家民族的文化基本上本來就不同,所以其所形成的企業文化或是組織文化也會有所不同,但原則與結構是相同的,只是運作手法與策略不同而已。基本結構如下圖:

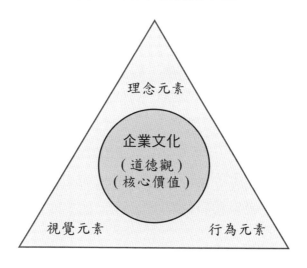

(a) 理念元素

理念元素包括：企業核心價值、企業精神、企業哲學、企業論理、企業道德等。

(b) 行為元素

行為元素包括：企業的各種制度規範、行為準則、活動規範、流程管理等。

(c) 視覺元素

視覺元素包括：整體 CIS 識別、企業環境、景觀建設、文化傳播網路等。

企業文化的理念元素是提供企業的精神與制度思想、行為基礎，是企業文化的核心；行為元素約束和規範理念元素、視覺元素的建設；而視覺元素為行為元素和理念元素提供展現基礎，是企業文化整體落實的組合，三者相互作用，共同形成為企業文化的全部內涵，以及外在強而有力的訴求。

(3) 企業文化的類型

企業文化會因為每個國家與民族特性之不同而產生不同的類型，也雖然世界現在存在著無數的企業、組織與團體，各有各的不同文化風格，但是如果僅以屬性相關做歸類的話，也無法統一標準名稱，只能就大家所熟悉的方面做詮釋，同時也無法認定哪一種型才是最好，基本上必須符合「黃海策略」的精神才是重點，因此大致上可以有下列的類型：

(a) 企圖型文化

這種企業從初始成立後即展現一股強烈的企圖心，所以凡事都鼓勵內部隨時競爭和冒險精神，機動性、競爭性強、產品更新及銷售也快速。

## (b) 埋首型文化

只懂得埋首於既有的任務或業務裡，雖然擁有很專業技術與經驗，但卻缺乏市場機制與應變的能力，所以常常造成後繼無力之感。

## (c) 投機型文化

只想在適當時機做投資或投入，並尋求藉助少量的投資來謀取大量獲利的心態，只要有獲利就好，至於其他周邊如何影響都跟他無關。

## (d) 創意型文化

隨時洞察市場先機、消費趨勢、環境變化而做創意的經營，讓人隨時會有所驚訝的認同，是屬於很有活力及競爭力的企業。

## (e) 保守型文化

凡事力求按部就班、一步一腳印、穩紮穩打的經營，堅持守住基本盤也不會動搖冒險，是屬於大部分企業的經營型態。

## (f) 機會型文化

企業成立時總是有很多、很好的機運，雖然又不是很具知名、權威與專業，但其經營情形卻是有著讓人無法想像的機會出現，而且也是極少數。

## (g) 眼光型文化

經營總是把眼光放得很遠，所以讓人感覺既是穩定又有未來性的經營，當然這類型就必須具備準確又精準的研判力及果斷力。

## (h) 宗教型文化

雖然表面上不以營利為目的，但私底下卻也是有所經營而獲利，只是會將獲利轉化於公益上，塑造企業的加分形象，有助於永續的經營。

## 2. 企業文化的展現特質

「企業文化」在企業經營是有其絕對的關鍵性。因為一般企業無法成為國際化的企業，跟他的經營理念是有絕對的關係。我們一再訴求理念重要的原因，是因為理念是具有絕對的文化元素，就如我們舉例一些實際案例一樣，經營其實是大同小異，只要制度規畫完整就可以，但是重點就是在執行制度時的活性化所產生的價值，那就是企業文化形成的過程與要素。

日本經營之神――松下先生，所秉持的是「尊重人性」的理念。他始終認為「人」是企業的最重要資產。在一次的全球經濟危機中，松下公司也面臨經營的困境，庫存量增加，市場行銷面臨瓶頸，因此內部主管開會做成決議「生產減半，作業員也減半」，並將此決議送交松下先生裁決，結果松下先生做了「一個員工也不能開除」的裁決。因此，所有的員工都非常的感動，並且願意犧牲假期，同時接受由公司相關主管，進行整合與分組任務安排，每個人早上上班，下午外出銷售商品。結果在短短二個月的時間，就把庫存內的商品銷售一空，並開始正常營運，終於度過難關。

所以松下公司，為什麼會更重視員工的參與就是在此，這也是松下始終認為員工是企業最重要資產的原因。松下公司進而導入諸多的制度，如提案制度，公司每年就可以收到 350 萬件的提案改善單，其他如高效率、高薪資，率先周休二日制，各項遠景的措施，強化全員的參與度。

一家企業因為有強烈的企業文化才能化險為夷，這是要成為國際化企業的基礎，因為一般企業在面臨經營危機時，第一個想到要節省的就是人事成本，因此就進行裁員的動作，所以這也是一般企業不願意花經費，在員工身上做教育訓練的原因。總認為求職的人很多，隨時找人都很容易。

　　因此，當企業有如此的想法時，就已經注定要走向被淘汰的命運，因為當你裁減一位員工時，就已經在告訴人，這家企業不是在做長期經營，縱然如果再找到人才，對企業也未必是福呢！

### 3. 文化的基礎原點——信念

　　一個人信念強度的高低，就代表著他自己成就的高低。「人生的光明面」作者皮爾博士，當初他寫完一本手稿的書，他拿去請出版社代為出版，結果都被拒絕，甚至超過十家以上。對於一位撰寫「人生光明面」的作者而言，是一項非常大的打擊與諷刺，因此他非常的消極。

　　他在一氣之下，便把他所寫的手稿給丟到垃圾桶裡。到了傍晚，他的太太在不知情的情況下，正準備打包垃圾桶時，才發覺垃圾桶怎麼變得那麼的重，因此，她便將垃圾桶內的資料撿起來看看，才發覺是她先生所寫的文稿。她便跟先生商量，換她去找出版社談看看，是否可以出版事宜，結果沒有想到這本書一出版竟然造成轟動，而且全世界四十餘國都有他的翻譯版。

　　許多失敗的人，在決定放棄時，都不知道自己和成功有多麼近。所以說，一個人想成功的信念愈強，他的成功機會就愈大。在人生的過程中，通常您想要的，一般都能得到。

　　在台灣為了文化的基礎建設與發展，早期在各縣市都成立了文化中心，並引進各項藝文活動以提昇全民的文化素質，即至今天才又把當初所設立的文化建設委員會提升至文化部，以更進一步強化文化的建設與提昇。在中國大陸也是如此，已經體會到文化的力量足以征服人心，因此也從事深化文化的體制改革，相關精神與文化成為黨政機關的核心詞，就如北京於2011年11月發布「愛國、創新、包容、厚德」作為城市精神，足見文化在兩岸之間是同等備受重視。再加上中國大陸也全面著手在推廣國學，不是沒有原因的。

### 4. 文化必須從基礎開始塑造

企業文化不是大企業的專利品，而是所有企業或組織，不分業態、規模大小的必需品。任何企業或組織的成立除非資金雄厚，否則也都是由小企業開始起家，並經努力的經營，才漸漸的成為中型企業、大型企業。因此在小企業時，就必須注入所謂的「企業文化」，否則經營到了一個規模，再來整頓將會更吃力。

我們曾經輔導國內一家建設公司，也是以經營理念「穩實經營、資源共享」為主的開始。這家建設公司成立也已經十餘年，是由家族企業轉變成公司型態的經營。

為了再生經營，所以我們的輔導基礎也是先從企業文化的角度開始作整合與調整。初期公司的人數約為 150 人左右，因為員工年齡層非常年輕，所以在教育方面下了很深的功夫，才慢慢建立公司的整體文化。也慶幸的是這家公司經營者，非常重視員工教育，才得以順利執行。

因為，我們的經驗，要再生的企業，教育是關鍵，執行卻是機會點。所以依據經營者的需求與目標，採取全員參與的方式。從教育開始到任何事項的執行，不只是運用團隊，也結合各種資源作發揮。其中一項如，有一些本來可以屆退的員工，但他們想再繼續服務公司，貢獻所長不求回報，而經營者也捨不得他們離開，經營者便徵詢我們的意見。經過了解與分析之後，便建議由他們這些人，組成三個團隊，每個團隊有三至四人，而團隊中各依不同專長組合。也就是每個團隊中有木匠、水泥匠、油漆匠等的組織。接著每一個團隊配合各地的工地，展開當地工地週邊社區的修繕服務，而且是免費的服務（當然有一定的範圍）。

　　經過這樣的服務之後，發現公司的形象度提昇，同時工地週邊社區購買房子的人也增多，因為對公司的信賴度提昇。這個團隊除了社區服務之外，也利用多餘時間，參與政府公園及路樹認養、建設的義工服務，連他們的家屬都參與志工的行列，為公司建立更優質的形象與知名度。

　　這些本來即將退休的員工，有如再創事業第二春似的，每一個人反而是更快樂，而且也是公司的活教材、活廣告。公司運用這種再生的經營模式，而發展更多元的經營，如百貨、貿易、交通等。這些發展出來的多元事業，也都是由公司員工一起創造出來的。從這裡也可以讓您感受到那股「文化力」的磁場與功能。

### 5. 個人特質與文化的展現

　　在企業是談「企業文化」，但是個人則談「個人特質」，不論是企業或者是個人，都必須經由企業的理念醞釀及個人的信念認同來整合與展開。企業以文化、形象、商品來展現，個人則以其品德、專業、學識等來轉化與展現，都是企業文化形成的基本要素。

　　一位賣車冠軍的小姐，她在十幾年的時間總共賣了近一千五百部以上的車。她的信念是：「用生命在賣車、用熱情在服務顧客。」她告訴所有買她車的顧客：「買我的車，你只負責開車，其它的全部由我來。」所以很多是跟她買了三代的車，從祖父開始到孫子三代。

　　她把企業的理念與個人的信念轉換到積極行為面，並且運用在行銷與服務上，除了維護企業的文化、形象與商品之外，更展現個人的魅力與特質，這也就是個人特質也必須藉由理念與信念來支持，才能展現在整體經營上的原因。

# 五、品牌形象

　　品牌是企業或單位組織經營的第二生命，也就是除了企業文化之外，最能讓消費者、社會大眾認同或不認同的重要元素。也就是企業或單位組織的經營、縱有很具規模與資源，但是其所呈現的文化是很散漫、不積極，所行銷的產品是很具傷害人類與生態，那麼該企業或單位組織的品牌與形象就不佳了，甚至會面臨被排擠與抗爭效應，很難以再經營下去。

　　品牌與形象是可以畫上等號的，有好的形象就會有好的品牌，同樣的因為有好的品牌，就代表有好的形象基礎。但是形象卻不等於知名度，除非該項知名度是有益於該企業或單位組織的附加或提升功能，否則是各自存在，同時不良的知名度還會對企業或組織有減分的威脅呢。

　　任何足以讓人感受到有形或者是無形的價值判斷，或者是足以讓人感受到滿意或不滿意時，皆是品牌與形象形成的元素。亦即任何人、事、物所呈現出來的總結，都會讓人有所感覺是合理或不合理、好或是不好、舒服或是不舒服等，這種結論就是品牌與形象的總結。

　　因此，形象或品牌的形成是不分產業、產品、活動、對象、職業、職務、時間、年齡、地點等，它是隨時在我們生活及工作週遭而形成。也不論是個人、家庭、企業或者是政府單位、國家等都有其品牌與形象的塑造與需求，亦即必須隨時去做好形象與品牌策略管理，才能建立其永續的價值與目的。

　　早期台灣的派出所（公安）我們曾經建議應該形象化，也就是整體視覺設計包含豎立廣告招牌、服務禮儀等，但是當時被否決，而且還被認為是天方夜譚呢。但是現在卻是全台都豎立起廣告形象的招牌，並強化與民眾的溝通技巧等。其他如一些公部門單位亦然，

開始也認為公部門不需要，但是現在任何公部門的服務態度真是
一百八十度的轉變呢，服務非常有禮貌又周到，尤以戶政事務所最
為顯著，其他的公部門也隨之強化作整體形象的提昇。

　　品牌與形象建設基礎來自於意願、眼光與態度，世上沒有絕對
的一套唯一模式與唯我獨尊的時代，必須隨時面臨需求與成長的改
變，而且必須是在「道」與「德」的基礎下建設與發展，才能厚植
實力的品牌與形象。

### 1. 品牌形象概念與意義

　　品牌與形象是一種對人、事、物的觀念、感覺、喜好、判斷和
態度的總合體，其內涵包含了個人的主觀成分。除了是心境上認知
的內容之外，亦包涵了主觀的判斷、喜好和對人、事、物的關係，
所形成的綜合感覺意識狀態。

　　品牌與形象在其意義上強調的是心境與感想上認知的內容，也
雖然這些內容有時候不是很有組織，但是根據上述之定義、可以了
解到形象對人而言，是具有志向性的。因為形象是一種對人、事、
物觀念、喜好，判斷和態度的混合體，包涵了個人的主觀成分。因此，
任何可以使人產生感覺、幻想的人、事、物實在是太多、舉目所看
到的、聽到的都屬之，也由不得我們不去注意、體會與感覺。一般
人對於平時所看到的企業品牌識別系統 CIS，和企業整體形象 CI 之
間的差異，往往比較易於混淆及難以了解。

　　然而，就其字義上應該可以略微了解，所謂的企業品牌識別系
統 (CIS)，比較傾向於狹義視覺上的表現與運作、呈現。包括名片、
媒體、廣宣、制服、車輛、建物外觀、包裝設計等，所能經由視覺
直接看得到的硬體設備及造型、色彩等。而形象 (CI) 則屬比較廣義
的解釋，除了上述的外在視覺表現之外，就必須包涵內在的精神、
意義、特性等。也就是予人的整體感覺，不論是外在、內在等都能
有所結合、表現一致的優質或劣質行為與視覺，所以說企業或單位

組織的識別是屬狹義的識別形象，而企業或單位組織形象則是屬於廣義的印象形象，差別也就在此。

個人有個人的品牌形象如：名字、行為禮儀、穿著服裝、知識程度等，企業的品牌除了 logo 之外，也有環境、服務、產品、活動等所累積的品牌形象，其他如公部門、單位、組織亦然如此。也因為有了整體的展現，不論是透過視覺或者是行為展現，都足以讓品牌形象累積與塑造而成。所以有時候一個缺失、不良的行為展現，卻必須付出更加倍的優質與再造來挽回品牌形象，是有其道理。

台灣有一家五星級商務性質的飯店，為了吸引顧客上門，除了維持基本的硬體設備標準之外，在軟體方面也做了與眾不同的創新與經營，全部是電腦化的管理、人性化的經營、創新化的服務、價值化的呈現，所以這家飯店經年的業績都非常的好。

每一位顧客在預定或親臨訂房時，全部是標準化的資訊管理，所以當顧客在任何地方預定房間時，飯店即已完全掌握這位顧客的所有資訊，包括搭乘航班、顧客職業、職務、生日、喜好、飲料、特性等。飯店將這些資訊統籌管理，並分工各部門負責接送、招待服務，所以每當顧客依約時間前來投宿時，不論任何負責服務人員的接待，彼此的結合度與默契十足，雖然每個階段的服務人員不同，但是卻會讓顧客感覺，是同一個人在服務的一樣，真正達到「賓至如歸」、「回家的感覺」的境界。

顧客從機場下飛機後專車接送到飯店，服務人員可以清楚稱呼他的職稱或姓名，並沿途與顧客聊聊，可以想像這位司機也是要有基本的語文能力。當顧客進入飯店之後在確認房間時，會享受坐著簽字，並適時端上自己喜歡喝的飲料等貼心的服務。進入房間時也會有如家人般的引導、介紹安全與防護措施，並提供隨時需要服務的方式，如果顧客住宿多日，在房間內也會為他準備相關事務用品，如名片、信封、信紙等，以便顧客在當地住宿時的商務或業務聯絡使用。

如果這位顧客正好欣逢生日時，將會受到家庭式的慶生，包括蛋糕、鮮花、卡片、含優惠價等，都會讓這位顧客有終生難忘的印象。這樣的服務流程是在於創造差異化的價值與附加，而這種價值，是經由內在無形的激發與認同，並展現於外的整體感覺，讓顧客真正體會有「家」的感覺，而不是一般住宿的飯店。

## 2. 品牌形象的形成

品牌形象既然在我們生活週遭隨時都在形成，不論是靜態亦或是動態，隨時都會因人、時、地的不同，而呈現予人不同的結論。品牌形象有如無聲的生命展現，是要運用得當，甚且要懂得去累積與塑造，它所產生的潛能是足以讓一個國家、企業、單位、組織或個人附加化產生，只是因為平時忙碌，未能特意的感覺也疏於注意，直到結論產生時，才會真正注意到品牌形象存在的魅力與價值。

品牌形象也是無形的、抽象的、永續的，但卻也是必須藉助有形的生命力來延續，不分產業、時間、年齡、地點、產品、職務，隨時都在形成、也在表現。

品牌形象也不是企業的專利品，但卻是每人的必需品，更是溝通的潤滑劑、人際關係的第一元素、展現的基礎關鍵。

品牌企業形象的形成，是來自於不同的管道，從一個簡單的企業標誌、字體、名片、產品、制服、車輛等，甚至是建築外觀、環境以及行為模式等元素，到整體予人的總和感覺，皆是品牌企業形象形成的要素之一。不論是透過靜態或者是動態，其表達的方式，皆會因人、地、事的不同而有不同的結果。但終究其目的卻是一樣，都在提昇與塑造企業的品牌與形象。

所有經規劃或者是未經規劃的表現，使每個人在接觸到的有關企業活動，只有一部份才會被知覺到，因此企業品牌形象的傳達，在於整體性、持續性、時效性，它是屬於總體戰略，對企業而言，也必須是投資在時間、人力及成本上，並使之持續及附加化。

## 品牌形象形成過程

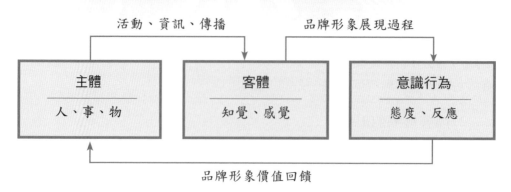

從一個主體的人、事或物，經由活動、傳播等方式予客體，其所形成的總和，再由客體回饋給主體，即形成品牌形象的結果。

90 年代中期台灣企業從 OEM 轉化 ODM 到 OBM，主要是意識到代工產業的未來發展瓶頸，以及認知到企業在品牌這一端所占有的利潤，遠比製造那一端多太多了。過去談品牌是為了賦予產品更強的生命力，讓產品走向國際，未來談品牌則是要進一步賦予產品生命力，讓品牌能超越國界，在全世界落地生根。

捷安特（Giant）其策略是提供消費者從兒童車開始騎的就是捷安特。在台灣的市占率是第一名，年年入選台灣十大國際品牌。但很少人知道捷安特在荷蘭也有基地，做的是登山車與全配備旅遊車的塗裝與組裝，而且還是歐洲三大品牌之一。尤以該公司更是長期投入社會企業，可以看出該企業在品牌與形象上的重視程度。

中國鞋業品牌達芙妮即使在金融海嘯最劇烈的時候，達芙妮 2010 年仍創下營收新台幣 216 億元，成長率 11% 的好成績。達芙妮善用代言人行銷，找來劉若英做代言迅速打出知名度，一年賣出 4,000 萬雙女鞋。

品牌不是名牌，名牌代表的是昂貴，品牌代表的是價值，靠的也是口碑。品牌也不是只有 LV、BMW 才叫品牌，台灣的蝴蝶蘭、

永和豆漿，中國大陸的王老吉、海底撈等也可以是品牌，只是各有其不同的顧客層次與運用策略而已。

### 3. 品牌形象的價值與差異

由上述的探討與分析，企業品牌形象不只是視覺上（VI）的表現而已，它更是屬於內涵與外在的整體行銷。亦即沒有內在基礎，僅有華麗的外在美，是無法長久記憶、深植人心，當然印象就無法深刻。塑造企業品牌形象也是在解決企業明日的事，而不是只在解決企業今日的事。因此，企業品牌形象也是屬於一前瞻性的策略與經營，也是促使企業長青的唯一法則。因為企業是處在不同的環境與時代下，要永續經營就必須由人歷代相傳，而人的壽命有限的機體，所以雖然是不同的人在經營，但是如果藉著優良的企業品牌形象作基礎，將是有利於企業的長青與永續。

所以也可以說，企業品牌形象不只是企業無形的潛在資產，也是企業最大的有形資源與資產，更是企業競爭的重要元素之一。根據美國商業週刊 2000 年曾經報導過，全世界黃金品牌價值如：可口可樂 689 億美元、微軟公司 651 億美元、諾基亞 350 億美元、麥當勞 253 億美元，甚至現在的蘋果電腦與 facebook（臉書）也接近千億美元的價值，可以顯見品牌在企業或單位組織資產，所佔的產值比重有多大。

上述的黃金品牌形象價值，也是經由消費者的認同結果。所以從「理念」開始，至策略、制度、行銷、商品、活動等的塑造，都是消費者的眼光與焦點，也是企業在經營中必須隨時重視品牌的塑造過程。

以目前所熟悉的 CIS 意義來談，CIS (Corporate Identity System) 我們將之定義為企業識別系統，是屬於更高的經營策略，除了必須運用企業的理念作為視覺設計之外，還透過企業活動、行為、表達、知識等交互影響與展現。也就是企業透過各種有形或無形的訴求與

展現，以建立消費大眾認同及印象累積，是為企業品牌形象的基本意義。

### 有「型」的品牌形象

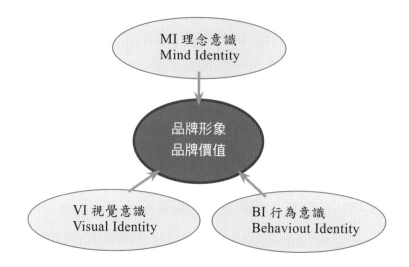

CIM 的意義，CIM (Corporate Image Management) 形象管理，是屬於更高層次、更深入、更廣泛性的經營戰略，也是一般企業比較陌生的經營技巧。因為它不只包含理念識別、行為識別、視覺識別的整體規劃與展現之外，更必須融入經營使命、企業文化、市場戰略、消費趨勢、管理戰略等層次，所以必須是很具有遠見、道德、執行或創意的經營戰略。目前坊間也比較少有的新戰略資訊，在企業裡卻是一項最高機密，因為那也是任何品牌戰略的最基礎關鍵。

1990 年，陳木村顧問在中國生產力中心服務時，曾經帶了一個形象參訪團到日本參觀訪問。第一天晚上，大家陸續上了日本電車，並一起站在靠近車門邊，看見一位正在閉目養神的小姐。

　　當電車的門關閉時，也因此驚醒那位本來在閉目養神的小姐，她睜開眼睛之後立即起立，並邀請一位年紀比她年輕的小姐坐，本來那位小姐沒有接受，後來因為她熱忱的邀請，那位小姐才坐了下來。

　　到底她們是什麼關係呢？為什麼她要讓一位年紀比她輕的小姐坐呢？陳木村顧問便透過翻譯問那位讓座的小姐：「小姐對不起！請問一下，妳剛剛讓座的那位小姐是妳的誰？」讓座的小姐便說：「先生，是的，她是我們公司的客戶！」再問：「妳怎麼知道她是您們公司的客戶呢？」接著她說：「因為她手上提著是我們公司的產品，所以我們必須服務她。」

　　非常令人驚訝！品牌形象的展現不是只有在公司內的展現，更要在公司外發揮，並且把品牌形象也落實在生活中，同時把品牌形象策略提升到「戰略」的層次，才會塑造真正的價值形象。

　　因為在企業或單位組織裡，每個人每天上班時間只有八個小時至十個小時，其它的時間扣除睡覺之外，剩餘的時間會與家人、同事、朋友在一起，此時就是你展現企業品牌形象最好的機會。

## 1. 品牌形象設計技巧

　　從事品牌形象規劃與設計、輔導業者非常的多，各有各的專長領域，也有各自的成果，因此以我們長期以來的品牌形象規劃、設計與輔導，提供下列的參考原則：

　　(1) 具備理念基礎：

　　任何品牌規劃與設計必須依據理念、定位及市場趨勢為整合與基礎，避免以經營者權威的主觀意識、美學、喜好，或自我感覺良好等做主導與規劃，如此品牌才會具有生命力、魅力及未來性。

(2) 合理化造型組合：

美學因為是每個人的審美觀不同，所以無法一概而論，喜歡的造型各有不同、色彩也不同、文字或圖像組合也是如此，因此在前述理念之下的設計，如果經過測試及市調，並經大多數人的認同或喜歡，那就是所謂的合理化造型組合，也是迎合大眾需求的美學。

(3) 融合生態意識：

規劃與設計前提根據雖然是必須，但在後續的展現上也是必須重視的要素，不要為了品牌形象的展現而違反自然與生態原則，如：材質的運用、安全的呈現、道德風俗的傳達等都必須有所考量與維護，才能長期共享地球資源。

(4) 全員及社會參與：

品牌形象設計必須提昇至戰略層次的原因，在於因為是眾人的事，而不是只有企業或單位組織的事，因為經營是必須互動才能產生價值效益，也就是必須顧及內部全員及社會大眾的優良感覺與認同，所以必須是全員及社會大眾的參與，後續經營才有持續與附加產生。因此如果完全靠經費打造出來的品牌，那是無法持續與長久的。

(5) 有效運用與表現：

品牌形象規劃與設計到能與工作、人際、生活、展現做融合，那才是最高明的規劃與設計策略，而不是只有名片、DM 文宣、電視媒體等的展現，而是可以融入企業、家庭與社會展現才是最大利基。因為品牌表現於平面，跟立體是截然不同，再加上活動等的展現方式，又是不一樣，不只要讓人認同、記憶，還要讓人印象深刻。

(6) 善盡社會責任：

品牌最終的目的在於塑造企業或單位組織的附加價值，既然如此就必須有更遠見的經營格局與社會責任，適度參與社會相關公益及道德教育宣導，提昇社會風氣，也是品牌形象無形價值塑造最有力的戰略。因此必須是持續性、效益性的導入，不要只有曇花一現的處理。

**品牌形象塑造過程**

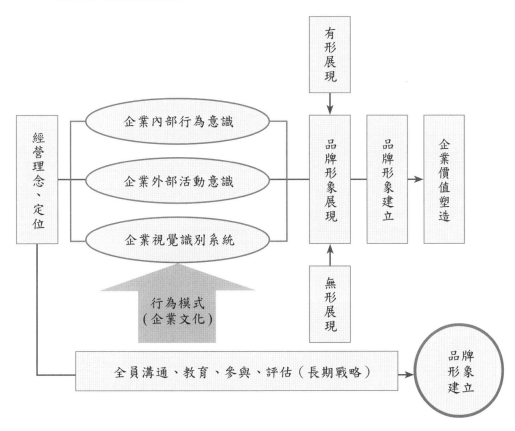

# 六、創意產品

產品是企業、單位或組織的的三生命，攸關企業得以生存的有形元素，它可以是有形的產品，也可以是無形的產品，只要能符合消費者想要的、需要的，社會發展必須的，維護自然生態原則的產品，都會是一個好產品，而且會是讓人難以忘懷的記憶，也不論其發展到第幾代，都會受到消費者長期的購買，如：台灣的綠油精、花露水、紅龜粿、夜來香歌曲等都是一種百年產品。

產品之所以那麼重要的原因是因為能滿足人類的需求，不論食、衣、住、行、育、樂等都是產品的範疇，包含身心靈、宗教等，只是每個產品的訴求對象各有不同、價值與意義也不同。你如果生產消費者流行的產品，你不會賺錢，你如果生產消費者需求的產品，你還可以賺錢，但你如果生產消費者想要的產品，那你一定會賺錢，這不是誇大、也不是勢利，而是一種真實的世界。

產品也會因為時代不同、生活不同、民族不同、區域之不同而生產不同的產品。所以有些產品是具有文化因素、具有歷史淵源，有些則是有功能性就好。同時所生產的產品會因屬性不同、素材不同、需求不同，也就會面臨生命週期、價格、普及性、價值性之不同，所以也沒有所謂的絕對產品，都必須隨著時代與環境的改變而改變，產品才會有生命力與價值力。

中國大陸「康師傅麵」在產品的命名策略上，是以抓住消費者的心為主的產品展現。當初以中國大陸的消費與民族特性命名，「康」代表具衛生又健康，「師傅」則是中國大陸，對師傅的尊敬，也代表是專業技術、品質的意義，所以市場佔有率非常的高。

新力公司的商品都附有「愛用者調查卡」。公司在接到顧客寄回來的卡片之後，會將卡片集中處理，並交給商品企劃單位，作為產品的改進參考。

　　松下公司訂有一套「提案制度」，並鼓勵員工，隨時參與公司任何產品的改善提案，所以松下公司，每年可以收到公司內，總計達 350 萬件的產品改善提案，奠定松下的市場佔有率。

　　有人問玩具大王：「你把玩具事業經營的如此成功，你是如何賣玩具？」玩具大王說：「這個答案必須等到我退休時再告訴你們，因為我們現在是競爭對手！」等玩具大王退休時，他告訴玩具業者：「如果要賺小孩的錢，必須先打動媽媽的心。」

　　日本安藤百福先生，因為每天看日本人排隊等候吃麵。他心裡想：「如果能夠發明一種隨時可以沖泡的麵，那將會更省時。」但是，他又不懂得沖泡麵的原理。卻在一次的機會裡，他看到他的太太在廚房炸天婦羅，因此產生靈感，創造世界第一包的「泡麵」。另外，又因為他看到外國人用紙杯在喝咖啡，才又引發他創造第一杯的「紙杯泡麵」。

　　台灣一家寺廟，每天為了非常多前來聊天而喝茶的人傷透腦筋。最後在我們的輔導之下，改為提供「天公茶」、「平安茶」、「財神茶」，造成轟動，並增加寺廟的收入，造福鄉里。

## 1. 產品的價值與要素

　　經營的有形價值就是透過產品創造經濟，不論個人或企業，也不論其產品是有形亦或是無形，只要是消費想要的都是產品的範圍。但是長期以來所謂的生意人，為了自己的利益與發展，不惜使用具有傷害人類身心發展與健康的素材，不只對人類造成極大的身心健康問題，也間接影響地球生態的自然與平衡發展，現在的氣候暖化、金融風暴、種族歧視、能源耗竭等，基本上都跟產品研發與製造有關。

　　人類為了生活更舒適、便捷與享受，而研發製造了很多的汽車、家庭電器用品、資訊產品等。也為了財富而研發所謂的理財、投資大觀，造成世界金融秩序的凌亂與價值偏頗。為了讓美食餐飲更可口、更美味，而加諸工業用的塑化劑、起雲劑、地溝油等素材。也

為了彼此權利與慾望而造成諸多的種族傷害事件等。這些也都是與產品有關，只是忙碌的人類都在時間裡給漸漸淡忘了。

1982 年，美國小姐后冠的加州小姐，是一位非常熱愛運動又樂觀的女孩子。因為在一次的滑翔翼飛行當中，摔碎了雙腿，並造成極度的重殘而無法站立與行動，因此她的朋友便共同合資於她出院當天，送給她一部當時最新的電動輪椅。但是當她使用起來時總是覺得很不方便，因為當時設計這部電動輪椅的人，並不是一位殘障者，所以不知道殘障者的真正需求。

因此，她便邀請一位懂得機械的朋友，一起為她參與設計、修改電動輪椅的工作，經過修改之後終於能行動自如，而且感覺非常的方便。此時，她想到現在跟她一樣的殘友，應該也會很需要類似的電動輪椅，所以她就與朋友一起集資成立工廠，專門生產電動輪椅的事業，提供各地的殘友，就這樣，後來她成為美國傑出的中小企業家之一。在具樂觀又積極的心態之下，她並不向命運低頭，並以個人的需求與經驗，再結合他人的專業，創造亮麗的人生與事業，的確是讓我們尊敬與學習。

美國嬌生公司的經營理念是「以消費者的立場設想，並反應主婦的心聲。」說明了產品的基本要素與價值。

所以美國嬌生公司對商品的開發一向重視：
(1) 生產銷售的商品，必須對消費者的生活有助益。
(2) 確實掌握消費想要的正確資訊，並加以靈活運用。
(3) 配合公司的經營理念，建立消費者對公司及商品的信賴。

所以嬌生公司是透過多元活動的方式，建立上述的基本訴求與策略。

### 2. 掌握產品成功的關鍵因素

從一些消費趨勢的資料顯示，產品會失去顧客的原因：1% 客戶死亡。3% 客戶搬家或失蹤。5% 熟人再介紹新產品，所以消費者轉用其

他產品。9% 消費者自行轉換其他產品。14% 產品出現問題或瑕疵。68% 產品的現場服務與售後服務。從這裡可以看出產品的行銷利基及策略。

迪士尼世界的產品是無形的，而且是歷久不衰，很讓消費者留連忘返，因為迪士尼的理念是強調把歡樂帶給消費者，所以不論是參與表演者的人，或者是隨時在整理環境的服務人員、現場解說員等，都必須永遠保持微笑。讓消費者來到現場，到處都可以感受到那股歡樂的氣氛。

麥當勞的理念也是強調顧客是最重要的，服務是無價的，公司也是大家的。所以您在前往消費時，也可以感受到那股歡樂、積極、衛生、品質的服務與氣氛。

以前的消費者是因需求而購買，現在則提升到自己喜愛與感受來選購，並講究產品的質感與纖細度。華歌爾內衣強調「開發合乎時代的新產品」、「製造消費者喜愛的產品」的理念，創造商品利的價值。

台灣一位上班族的小姐，抱持者對任何產品的「不滿意」心態。所以她改良並研發非常多的新產品，並將此創意尋求廠商合作，創造高利潤與收入。

台灣一家專門在生產化妝紙（衛生紙）的企業，為了改善產品及提高市場的佔有率，所以便邀請國外的幾位顧問前來輔導。在前來輔導之前，雙方彼此都已經談好相關的顧問費、顧問方式、顧問期間為一個月等。

當國外顧問師依約前來時輔導時，公司也特地提供專車並帶顧問群到台灣各地旅遊了三天，第四天應該開始進入公司顧問諮詢，但是這幾位顧問師再向公司請求，他們想去另外其他地方旅遊。就這樣第五天、第六天、第七天、……這幾位顧問師都連續到其他地方旅遊，總計在全台各地旅遊了近二十九天。

公司眼看明天的顧問期限即將到期，但是仍然看不到顧問師的改善報告，雖然公司心裡很急，但只見幾位顧問師，仍然在公司內連夜的討論著。在最後一天的期限，幾位顧問師提出一份改善報告書給公司，公

司幾位主管看到這份改善報告書之後全部都傻眼了，因為那份報告書上面只寫了三個字：「不要壓！」

全體主管個個不知所措，沒有一個人可以理解「不要壓」這三個字的意義。最後顧問群就藉機與公司主管上了一堂改變新觀念的課，主管們才恍然大悟：

(1) 因為幾位顧問師發覺，公司的企業文化太過於傳統、保守、被動，而且都是各自為政，因此他們在顧問期間主要目的是在「以身作則」。亦即都是團體運作、團體行動、分工作業，所以最後只給三個字，主要目的是要他們學會運用團隊思考、運作及激勵。

(2) 進行顧問期間幾位顧問不是去旅遊，而是到各旅遊景點的公廁，觀察當地使用化妝紙（衛生紙）的情形，並徵詢當地使用化妝紙（衛生紙）的需求與習慣，而幾位顧問師外出現象，卻被公司誤認為是去旅遊，因為幾位顧問師以行動來說明，市場是必須主動走出去，而不是只有在室內及紙上談兵。

(3) 「不要壓」是因為幾位顧問師發覺，其它品牌的化妝紙（衛生紙）因為經過立體壓花，所以在包裝上比較膨脹，因此看起來比較大包，同樣的價格，消費者當然比較喜歡採購「便宜又大碗」（台語發音）的化妝紙（衛生紙）。

(4) 顧問期間未能進公司，主要目的是在於破除公司主管人員依賴的心態，認為既然聘請顧問前來輔導，所以只要用心執行一切就OK，因此顧問不進公司可以免除這種心態，因為顧問師不是萬能，也不是神仙。

(5) 準時要離去的原因，是在強調守時的觀念，亦即必須於時間內完成目標與任務，如此才是有效率。

產品不只是必須符合消費者的需求，更必須懂得包裝、命名、行銷等策略，不論其是有形或者是無形的商品從消費需求到研發、上市

等都是一樣的基礎。所以說產品的成功與否，是必須由消費者來評價的，更必須佔在消費者立場來想、來研發，才能創造永續。

### 3. 有形產品的規劃與展現流程

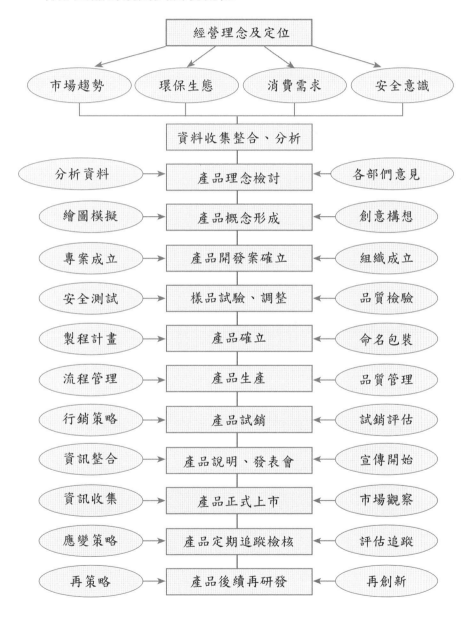

　　有形產品的規劃與展現流程，會因不同產品而做改變與調整，雖然有些流程內的項目，或許會有委外加工的機制，或是整合周邊相關產品做為自主產品，以及策略聯盟方式行銷或展現，但仍然必須堅持從理念開始的道德信念，有助於產品的生命力延續與社會責任。經營者在高利益誘惑之下，是很容易迷失方向與誤入歧途，因此在進行產品研發的初始動機、過程堅持到展現責任為何必須具備道德理念的原因。

　　企業經營獲利本來就是必須，但是如果能將獲利意念轉化成具有高價值、高道德意識之下，才是產品策略最高的準則。一位發明家研究了一支非常具有多功能的浴廁清潔刷子，並將之取名為「鴛鴦刷」，為了市場行銷的品牌建立，他做了非常精緻的包裝與行銷策略，但卻沒有想到他的鴛鴦刷竟然銷售不理想。

　　正當他在百思不解原因時，忽然接到一通來自鄉下老人家的電話表示：「你們公司所生產的這支鴛鴦刷，刷背時刷得很痛呢！」此時他才意識到問題是出在於名稱。因為他所命名的商品名稱，會讓人誤以為是夫妻在共同洗澡時使用的產品，所以他便立即重新命名，並再行銷市場，終於再創造新業績。

　　艾科卡在經營福特汽車時期，為了創造差異化，提昇競爭力，所以運用一批非常有創意的年輕人研製新型汽車。他們從市場調查開始，收集未來市場及消費需求資訊，最後鎖定需求特點。接著他改變傳統設計與製程流程，並對內公開徵求設計圖，同時命名「野馬」，然後進行生產、上市。野馬在上市之前，對於價格的策略與擬定，他也採取市場導向，公開徵求特定對象的看法與估價，最後他確立基本價格之後，即刻展開行銷，創造非常好的業績。

## 4. 無形產品的規劃與展現流程

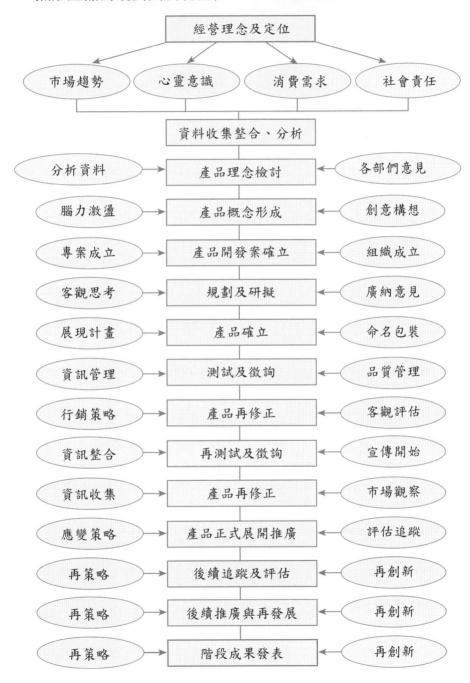

経營理念及定位

市場趨勢　心靈意識　消費需求　社會責任

資料收集整合、分析

| 分析資料 | → | 產品理念檢討 | ← | 各部們意見 |
| 腦力激盪 | → | 產品概念形成 | ← | 創意構想 |
| 專案成立 | → | 產品開發案確立 | ← | 組織成立 |
| 客觀思考 | → | 規劃及研擬 | ← | 廣納意見 |
| 展現計畫 | → | 產品確立 | ← | 命名包裝 |
| 資訊管理 | → | 測試及徵詢 | ← | 品質管理 |
| 行銷策略 | → | 產品再修正 | ← | 客觀評估 |
| 資訊整合 | → | 再測試及徵詢 | ← | 宣傳開始 |
| 資訊收集 | → | 產品再修正 | ← | 市場觀察 |
| 應變策略 | → | 產品正式展開推廣 | ← | 評估追蹤 |
| 再策略 | → | 後續追蹤及評估 | ← | 再創新 |
| 再策略 | → | 後續推廣與再發展 | ← | 再創新 |
| 再策略 | → | 階段成果發表 | ← | 再創新 |

　　無形產品之所以重要，也是現代趨勢與環境非常需求的關鍵，主要是因為在研發過程會比有形產品來得複雜與嚴謹，同時在推出後會影響到人的思維、心靈與價值觀部分，也會帶動整個社會的學習風氣，如知識活動、身心靈活動、宣傳意識活動、生活禮儀、服務禮儀等，所以無形產品對社會的影響力很大，是開發者必須重視與注意的地方。

　　有一位員警正在路上執行勤務，突然一輛自行車飛速的騎了過來，員警意識下立即吹起哨子並做手勢要自行車給停下來，當自行車停了下來之後，員警發現竟然是一位大約十五歲的少年，員警告知那少年他已經違反了交通規則，那少年即刻回答：「警察伯伯，對不起！我因為趕著要上學所以騎得有點快。」員警嚴肅的回答：「你這樣的行為是非常危險，但還是要請你留下資料，我將會寄一張罰單給你！」

　　不久少年收到一張請他以後不要再騎快速自行車的宣導信，並附上一封來自國內某知名自行車俱樂部的邀請函，邀請這位少年加入他們的行列，他們可以提供自行車的免費培訓。當初的一張自行車宣導信，不只達到規勸的效果，同時也培育出一名優秀的自行車選手。

　　公部門的理念讓成員以善念及智慧處理違規事件，不只可以有效遏止事件的再發生，同時也再造一件具有非常價值的事，這就是服務禮儀的展現價值。

　　不論其真實性如何，但卻是人類價值觀差異的表達方式，也沒有所謂的對或是錯，基本動機只要是合理，在不影響整個生態的運作法則之下，它還是一種價值觀的各自表達，以及行為模式的展現。

　　不論無形產品的研發過程如何，終究對人類所產生的影響是非常的大，也不論是從企業、單位、宗教或公部門等都是如此，這也是黃海策略必須再做詮釋之處，因為是無形產品，也是無形價值的展現，我們必須再做叮嚀與呼籲。

# 七、執行應變

　　白居易有一次仰慕鳥巢大師的道行，便不辭辛勞，跋山涉水去拜訪鳥巢大師。當他拜見鳥巢大師，並說明來意之後，只見鳥巢大師的頭微微一點，然後微笑的說了八個字：「諸惡莫作，眾善奉行」。

　　白居易聽了之後，大失所望，心想；自己不辭辛勞，跋山涉水的來到此地，卻只有聽到八個字，實在心有不甘。於是衝口而出：「這個道理，八歲小孩子都知道啊！」鳥巢大師笑著道：「是啊！雖然八歲小孩都知道，但是，八十歲的老翁卻並不一定做得到啊！」

　　「有行動的人就有獎勵」、「想說沒說、想學沒學、想做沒做，總結就是摃龜（台語發音）」，在說明如果要有所發展與成就，唯有「做」才是最重要。現代的人普遍存在著「說的有餘、做的不足」的現象，包含在學習、生活與工作中，也就是說，都只是在「知」的階段，還未達到「做」的境界，所以才會形成說歸說，做還在後頭等著呢。

　　閻羅王召見群鬼如何誘惑更多的人下地獄。牛頭說：「告訴人類根本就沒有天堂，所以不必顧慮道德問題。」閻羅王思考後覺得不是很理想。馬面說：「告訴人類並沒有地獄，所以可以為所欲為吧。」閻羅王思考後覺得也不是很理想。旁邊一個小鬼便建議：「很簡單，只要告訴人類『還有明天！』。」閻羅王思考後覺得這個建議理想，於是便傳令下去全面告訴人類「還有明天」。

　　好一句「還有明天」足以讓人永遠都是在原地踏步，裹足不前的抱著理想一直在期待著，所以造成諸多的遺憾呢。任何縱然有完整與偉大的計畫與觀念，但是如果缺乏「執行」，最後仍然是有如一張廢紙。

　　有一本「執行力」的書非常暢銷。當然我也參一腳趕緊購買來看，的確是一本好書，因為讓我也學到很多。所以值得您去買來看，因為好東西，本來就是要跟好朋友分享，也讓大家一起來重視「執行力」的魅力。

　　以我們長期以來的輔導經驗，「執行」才是輔導企業經營成敗最具關鍵之一。因為一般企業在接受輔導之前，我們都會先行「診斷」，亦即針對企業內外做非常深入的診斷，並找出經營上的盲點與利基，再經由激盪與創意的規畫後即導入實施，到最後所展現成果時，即可以判斷出該企業的執行力如何，這是一個非常務實的驗證策略。這也是一般企業經營的非常辛苦，不是沒有人才、沒有商品，也有完善的制度等，而是只缺那臨門一腳「執行力」的關係。

　　其實不只企業，包含個人、家庭、組織或政府相關的單位也是如此，也都是面臨執行力的問題。一個良好的政策，經過不同的人來執行，也會產生不同的結果，這個關鍵就是在於執行過程與應變力，所以為什麼很多好的政策一推出之後，但是後續及現況問題仍然一大堆，最主要的關鍵也是在於「執行力」的問題。

## 1. 執行的關鍵—應變與方法

　　執行的關鍵並不是只要努力、埋首做就對，因為規劃雖然也是經過各種資訊收集、整理、分析及整合而成，但是在面臨時空、地點及變化等各種不同因素之下，執行時仍然還是非常的需要有應變的執行力，因為計畫永遠還是趕不上變化。同時也會面臨執行人員的不同，有來自於不同人的智慧、專業與敏銳度等，所以要如何執行才好？這些也都是必須思考的問題。

　　執行方法當然會有很多，有時候也必須面對「人情世故」的關係，那將是更難以執行了。因為我們是講究情、理、法的社會，所以同樣的事情，我們或許無法執行完成，但如果運用別人的方法與技巧，或許是可以執行完成。坊間企業、單位也導入很多的新管理技巧，如 NLP、TPM、TQC、TWI、5S、ISO、CIS、ERP 等，但是成功的並不多，主要是因為都是缺乏「本土味」，所以都是曇花一現的居多。

　　大多數的業務員都會花上八到九成的時間對客戶介紹產品，卻只花一到兩成時間做其他事情，但是超級業務呢，則剛好相反，他會只花二成的時間介紹與陳述商品，三成的時間找客戶，五成時間都在了解客戶、為客戶詳細規畫，而你必須用盡一切方法讓他們專注在你身上，並且運用一些閃亮的字彙、吸引力的字眼，如此你才有成功的機會。

　　**執行步驟**

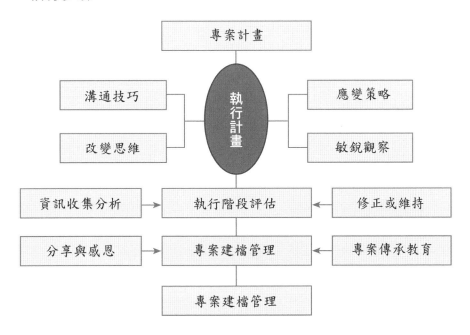

### 2. 執行的應變技巧與運用

　　我們在輔導台灣中油加油站時，光是在台灣地區就有不同的地域文化，也雖然同樣是屬於中油公司，但是在導入 CIS 系統的輔導中，輔導方法、技巧也有不同。在北部地區加油站使用的語言、溝通、策略與中、南部地區加油站就是不同。初期的書籍、水果甚至是檳榔都運用上，因為每個地區的生活習慣與需求都不同。

　　也雖然我們不吃檳榔，但是為了輔導順暢，你就必須先融入他們的語言、生活與文化，當然有些不良的習慣如吃檳榔我們會視時機給予勸導及改善，你才能讓他們覺得您跟他們是可以相處與信賴的，既然是可以相處與信賴的，所以我們在輔導時的溝通與要求，就比較容易落實，這就是執行方法的技巧。

　　不然如果以顧問的立場，要求那、也要求這，那麼我想最後是無法執行與輔導了，再有專業的顧問也是會面臨執行力的挫折。生長在孟加拉的尤努斯先生當他取得美國經濟學博士學位之後，即刻返回家鄉服務。有一次他在走訪農村時，見到一位婦女帶著三個小孩在編織竹藝，很是辛苦而且傷痕累累。他便趨前問那位婦女：「你如此努力與辛苦編織竹藝是否足夠家用呢？」婦女回答：「因為她沒有本錢，所以買竹子的成本必須先向中間商借，而且利息又高，她每天辛苦賺來的錢幾乎都在還利息，所剩無幾啊！」尤努斯接著問婦女：「那你怎不向銀行借款呢？」婦女低下頭說：「因為我無法提供擔保品，所以銀行根本、也不可能借我錢。」

　　尤努斯聽完之後感觸很深，他也意識到現況經濟學理論根本無法用在一般貧困的人身上，尤其是在他的國家裡。因此他決定把所學的經濟學發揮出來，他除了拿出自己的錢之外，也到處籌募基金，並成立一家地區銀行，開始提供非常低利息的小額貸款給一般貧困、有意創業的人。就這樣他創造了人要再生的基本價值－「信用」。也因此他將事業版圖擴及全世界一百多個國家，同時幫助了世界無數貧困的人。

　　同樣的是金融服務業，尤努斯感同身受後，即想出一套不只可以改善與照顧社會大眾的人，同時又可以活絡經濟，遠大於只為自己經濟利益著想的人來得有價值，更贏得尊敬。

### 3. 執行前的學習與養成

(1) 學習分析與判斷的能力

每一項事情的發生或擬執行時，其實都有它的基本因素，包括原因、目的、需求、目標、過程等，所以在這方面應該多學習，正確、仔細的分析技巧與判斷能力，才有利於對事的判斷，更利於執行技巧與方法可行度提高。

(2) 學習執行的技巧與方法

雖然是同樣的事，但是會因人、時間、地點的不同，形成每件事的執行方法與技巧不同。也雖然計畫是有原則、法規，但是執行的技巧與方法是可以改變的。同樣的事要執行，但是有的人是吃軟不吃硬，也有的人是吃硬不吃軟，必須能巧妙的運用，先把「人」處理後「事」自然就順暢圓滿了。

(3) 改變「多做多錯，少做少錯」的觀念

這種現象在政府單位、國營事業、大機構內比較嚴重。為了執行的成效提升，因此必須改變一些基本的獎懲標準與制度，讓每個人願意勇於去嘗試，如此才會有解決問題的新方式出現，這也是一般公部門或單位最為盲點的地方。

(4) 尋求變化的新方法

在許可之下應尋求不同執行的新方式，因為凡事在未成功之前，沒有一定的標準模式可以保證會成功，所以除了參考前人的經驗、技巧與方法之外，可以嘗試改變其他的新方法，除了可以降低成本之外，更可以建立執行信心與新方法。

### (5) 建立自信心

雖然執行任何的事不是成功就是失敗，但是在未執行之前，應該先建立自己的信心，絕對不能有「未戰就先想輸」的心態，凡事當作成功本來就是應該，失敗也是經驗的累積心態就好。

### (6) 養成多動動腦的習慣

不一定要執行事情才動腦，因為隨時充實、學習自己，總有一天您的機會會來。所以隨時養成多動動腦的習慣，當遇到任何要執行時，您就能具信心、創意與希望的大顯身手。

### (7) 凡事多一點問號

任何事都有在改善的空間，只因我們還未再找到更新的方法，所以凡事問號愈多，您學習的機會就愈多，學習愈多，觀念就愈靈活，觀念就愈靈活，你的執行應變能力就更強，也將會有利於執行的靈活化，創意化與信心。

### (8) 相信三人行必有我師

我們的專業、經驗並不代表執行一定會成功，未具專業、經驗的人，也並不代表他不會做事，當局者迷，旁觀者清，不要去懷疑週遭人的能力，或許別人的一句話，正是我們執行時的盲點，也是執行的契機與技巧。

### (9) 建立勇於嘗試、擔當與負責的心態

愈怕做錯事愈沒有成功的機會，有失敗才有經驗，有嘗試更才有機會，嘗試與擔當等於在為執行時的動力加分，同時在為自己創造未來。

### (10) 經驗分享

把您的執行經驗與大家分享，同樣的別人把執行經驗與您分享，如此的互相交流、分享與成長，將會更增加自己執行的信心、能力與學習機會。

### 4. 執行的技巧

#### (1) 明確、具體的目標

執行任何事項一定要有明確、具體的目標，目標的大小不限，但是必須先以可行與具體的目標設定為主，因為目標的設定，會影響一個人執行的心態，這是一般人的通病，有的比較缺乏信心與經驗的人，又礙於職務的關係，但是當他看到不太容易做到時，第一個信心度的基礎就沒有了，那又談何執行呢！

#### (2) 把執行當機會教育

沒有一個人是天生的執行高手，有的是經驗的傳承、學習的累積、勇於嘗試的膽識養成，因此可以藉執行的機會，做成長的教育，激勵參與執行的成員信心、希望，將會有助於事情與目標的圓滿性，切忌以命令式、當然耳的方式下達執行任務，除非是特殊專案。

#### (3) 運用團隊智慧

孤掌難鳴、孤陰難生、孤陽難成，三個臭皮匠勝過諸葛亮，的確在執行過程中，要善加多運用眾人的智慧與經驗，將會更有利於執行的順利與圓滿。

#### (4) 重視人才與適才

每一件事都有每一個人適合發揮的地方，也不是每個人都是萬能，因此適才適所才是執行的關鍵，所以有時候他做不好，不是他沒有執行力，而是沒有適才適所而已，也因此在邀請相關執行人員時，更必須思考他的經驗、專業、處世等，尤其是他的「品德」，因為品德為影響執行的品質與價值。

#### (5) 真誠的溝通與技巧

執行展開時雖然會有一份計畫書或者是相關參考資料，因此必須於執行前，站在執行者的立場，做明確、詳細的溝通，並互相激勵，因為互相激勵也是執行的一隻小螺絲釘。

(6) 相關制度的改善與配合

人都需要鼓勵、安慰、讚美，愈多鼓勵會有愈多的動力，因此必須配合制度的改善，獎勵執行人員的辛勞，讓參與的人也是一種教育與激勵。

(7) 執行流程的具體化

執行的流程事先經過共同的溝通與確立，並將之具體化，除了掌握進度之外，更可以降低成本、快速達成目標。

(8) 建立評估系統

執行計畫應有階段性，不論是短期、中期、長期都是一樣，有階段性時比較不易偏失，也能藉此做評估，以利執行的缺失改善，易於掌握成功的機會。

(9) 凡事務實求是

執行力最忌諱的就是太過於理想化、眼高手低等心態，凡事都認為沒問題，其實都是問題重重，因此在人員、經費、資源、能力、專業上應該有所務實與準備，避免理想化與空歡喜。

(10) 追根究底的機制建立

執行不力一定有其原因，執行成功也一定有其方法，所以對於執行不力的時候，應該建立一套「追根究底」的辦法。同時在此辦法建立基礎上，必須強化追根的原因，而不是在做究底的懲罰，因為人的缺失，要責備倒不如用肯定、激勵會來得有效，而且才能真正了解與找出執行不力的原因。

(11) 立即、馬上、就做

凡事想聽沒聽、想說沒說、想做沒做那就等於是「摃龜」（台語發音）。所以光說、光想、光聽而沒有「做」，仍然是紙上談兵，有做才有經驗、才有新方法，更才有新機會。

　　執行與應變大家都知道是非常的重要，但是說實在的企業或單位裡，知道歸知道、聽歸聽，而做的人也是在做，永遠沒有交集，這樣的執行當然就是不行。因此任何執行展開時，上至經營者、下至基層員工，都應該緊密在一起並各自分工，再經由整合與評估讓全員參與執行，才是一加一會大於二的道理。

　　我們以數字來做驗證可以看出來 ( 同樣是乘以 10)，始終堅持自有個人力量執行的話，最後還是一樣，但是懂得資源整合、獎勵、分享的人其所產生的價值就是不同，相對於執行中一再的打壓或抱怨的人，其執行力就會被打折。

$1.3 \times 1.3 \times 1.3 \times 1.3 \times 1.3 \times 1.3 \times 1.3 \times 1.3 \times 1.3 \times 1.3 = 14.3$　　—　　運用團隊力量的執行

$1.1 \times 1.1 \times 1.1 \times 1.1 \times 1.1 \times 1.1 \times 1.1 \times 1.1 \times 1.1 \times 1.1 = 2.59$　　—　　運用團隊力量的執行

$1 \times 1 \times 1 \times 1 \times 1 \times 1 \times 1 \times 1 \times 1 \times 1 = 1$　　—　　堅持個人力量的執行與運作

$0.9 \times 0.9 \times 0.9 \times 0.9 \times 0.9 \times 0.9 \times 0.9 \times 0.9 \times 0.9 \times 0.9 = 0.35$　　—　　再打壓、抱怨的執行

$0.7 \times 0.7 \times 0.7 \times 0.7 \times 0.7 \times 0.7 \times 0.7 \times 0.7 \times 0.7 \times 0.7 = 0.01$　　—　　再打壓、抱怨的執行

### 5. 影響執行力的隱形殺手

　　一般執行不力的原因，是因為規劃是規劃的人，執行的人又是另外執行的人，這樣的互動本來就是沒有基礎，當然就無法展現執行的成效。企業縱然是擁有具強而有力的企業文化、習慣、流程、語言等，但是我們卻疏忽了企業內還有一個「次文化」的影響關鍵。「次文化」是包含每個人自己的想法、行為與模式，這些次文化平時在組織內是不易顯現，但卻是執行的隱形殺手，因為它也會影響一個人執行的思維、動機、行為，這也是一般人疏忽的地方。

　　一對鄉下的年輕夫妻相約到大都市找工作。來到大都會之後他們看到上公廁都要給錢，因此覺得非常的不能適應，便再相約回故

鄉。他們回到故鄉之後便把在大都會上公廁都要給錢的事，告訴一對夫妻，這對夫妻聽完之後，心裡想；在大都市連上公廁都要收錢，這個商機的確是太多了。

因此這對夫妻便整裝北上，他們先觀察公廁收錢的情形，那些地方有公廁。當他們把資訊收集之後，便挑選一個外包公廁的地方開始經營，然後再慢慢的做起公廁的維修工程，因為這種工作他們比較容易入行。最後這對夫妻陸續開發出一些新式的馬桶、衛生設備器材等，終於成為專業的衛浴設備生產廠商，最後還擴及到經營環保事業等。

同樣的一件事，在不同人的看法之下就會產生不同的結論，雖然有執行的行動，但是仍然必須要有方法。前一對夫妻只看到現象後即放棄再思考的機會，當然就失去執行的契機了，而後面這對夫妻就懂得應變的思維與技巧，並從此找到新商機。因此相關的判斷力、價值力、經營力等，都是需要的配合要素。「愛拼不一定會贏」，應該是「愛變才會贏」，你同意嗎！

在潛意識裡有一個名詞稱之「出離」，意思在說，就是不要再執著過去執著的事物。當你不再執著一件事物或一種習慣，它就失去了指揮擺佈你的能力。你也就獲得了自由。如果你看到一個觀點，這個觀點讓你很不舒服，那麼就說明你執著於一個相反的觀點。這個觀點會奴役著你，所以你會不舒服，這時候你就應該趕快出離。不管這個相反的觀點正確與否，或是誰說的，如果他可以讓你不舒服，那你已經被攻陷，你都應該立即從那裏出離。

# 八、資源整合

　　同樣一件事、一件商品的創造與建立，除了既定的目標與目的原則之外，如果能夠有所附加價值那會更好，因為現在是面臨快速變化、講求速度與效益的時機，如果僅以有限的價值產生是非常可惜，而且也會增加成本上的負擔，時效的不足等現象，所以，必須思考在經營後續附加價值的產生。也就是讓原來的價值可以提昇與擴大，當然在此前之下，個人或個體的資源與智慧是有限，就必須借助外力資源共同來創造，亦即我們現在所談的所謂「策略聯盟」、「異業聯盟」、「人力資源」等概念。

　　我們在觀光局的演講中常提到一種「經營附加化」的觀念，前來聽講的對象大都是國內一些觀光飯店及旅館業者。因為飯店經營只是個體經營，而消費者大多數是帶狀性的旅遊，亦即消費者是在這一處旅遊完後再旅遊下一處，所以都會隨著旅遊動線預定飯店，因此，如果旅館或飯店業者採取策略聯盟，將會有助於服務價值的提昇。在此我們提供建議策略聯盟方面：同業聯盟可以互相提供住宿、旅遊動線、人力等支援與服務，異業聯盟可以互相提供交通、導遊、消費、資訊等服務。景點旅遊動線方面可共同設計旅遊動線提供旅行社，當然在動線亦上有同業及異業策略聯盟提供之服務，再加上廣告、CI 系統、EPR 系統等整合，讓消費者可以一次消費多家的整體服務，既安全、安心又溫馨的附加價值，業者也大大提昇整體績效。

　　附加價值的意義在於整合資源與創意思考的相乘效果，也是現在競爭力的要素之一，當然必須具備道德意識及社會責任，基本上是任何人事物都可以思考的原則與方向。

　　日本一對年邁夫妻，因為所經營的旅館生意長年並不理想，因此便改變心思維，將旅館後方的山坡地加以整理整頓之後，並規劃成各種不同代表性的區域，以提供前來住宿旅客可以植樹或種植蔬菜的機會，此舉創造旅客回客率大增，而且旅客還會介紹更多的親

朋好友一起前來參與，雖然不一定有住宿的機會，但卻也達到廣宣的效果。同時這對夫妻便再運用該地區的民俗文化，適時舉辦一些地方的民俗活動，造成該旅館時常客滿。

很多人都在抱怨景氣差、消費低迷、政治不安定、世局動盪激烈、環境變化快速、人倫喪失等。但是如果現在總統換您做，聯合國秘書長也換您來當，請問您又有什麼辦法可以解決上述的問題呢？

所以，不是上述的問題，而是自己「心」的問題，我們很容易把心給複雜化了，其實也是沒有什麼問題，只是因為現在的資訊太發達了，任何地方的大小事、那邊所發生的事這邊馬上就知道了，因為我們每天不論在哪裡，都在接收這些的訊息，所以會造成我們心裡想得太多、也擔心太多了。

如果現在要讓我們清靜下來兩三天，都沒有事做，那真的也會發瘋。所以說，人的確是很難纏的、也很矛盾。以經營的思維與角度來看，眼光比較明快的人，當知道人性比較不安於「事」的時候，就會尋求並立即創造出符合市場的需求與滿足感－－全方位經營。

有了「全方位」的概念之後，還要再創造另一種更符合趨勢的需求－－整合經營，這也就是「資源整合策略」的部分。

我們一般想到交通廣告，都會聯想到公車廣告、手推車廣告、計程車廣告、貨車廣告、飛機廣告等，但是卻少有人會想到機車或腳踏車廣告。坊間最近也出現一群大約十部左右的廣告自行車，這些自行車為三輪方式，都設置同樣大小的廣告內容，全員也一律統一服裝，並結伴於各街道遶行，是一項非常創意的活廣告。其他每逢競選時期，有些候選人也會借助機車綁上旗幟做宣傳廣告，也是在創造行的廣告新價值。

其實如果加以規劃，它所呈現的功能不亞於上述的交通廣告。因為機車或腳踏車是無孔不入，而且是隨時隨地都在展現與傳播。

早期輔導大陸一家鞋業，為了塑造知名度與品牌，想到要花費一筆龐大的廣告預算，又擔心效果不好，所以採用整合創意策略，就是在經過評估之後，發覺效益實在很有限，因此便將此廣告概念動在全體員工的腳踏車上。因為所有六個廠全部員工加起來也超過30,000 人，亦即將所設計的廣告牌全部都釘製在全體員工的腳踏車前後，也就是說每當全體員工上下班時，即造成該鞋廠的品牌在各處都可以看到，一夕之間成為人人皆知曉的一個新品牌。

### 1. 整合策略與經營概念

「全方位」的概念是在提供「一次消費滿足」的心裡。因為在忙碌的環境，時間就是金錢的觀念已經普遍被重視。因此要購買東西如果還要跑好幾個地方，那麼消費的購買慾就會降低，所以才會引申出提供消費者「更方便、更省時、更快速」的全方位服務。在全方位的經營領域，是以商品為主體，所以類似量販店、大賣場、商場、網路行銷、淘寶網、物聯網等都是屬於這種的方式。也就是現代經營的新名詞「一條龍策略」，消費者只要提出需求時，最終其所獲得就是全套的一貫服務，不需要再轉介到其他地方的服務，讓消費者也是超乎所值得感覺與滿足。

但是「整合經營」就不同了。它不只是集合上下不同的商品，也集合上下不同的業態，甚至是上下相同的產業與產品，可是仍然必須要有垂直的商品與業態經營為主。也就是如台灣有一家「英語補習班」，他們運用既有的資源，並以原來專業的英語補習為主體，再配合電腦班、安親班、幼稚園、文具品、英語遊藝場、英語話劇、英語繪本等，讓本來只有要前來參加英語補習的小孩，可以有更多元的學習機會，同時可以兼顧家長的照顧問題與方便需求，如家長也可以一起參加電腦班等。

在我們的輔導裡也有建議採用「一條龍」的經營法，這種方式也是在整合事業體資源的一種策略。一家本來在從事動物飼料（豬、

雞的飼料）的業者，因為他們是家族企業，家族成員有學化工、會計、企管、資訊等，再加上家族擁有一些山坡地、田地等。

因此，在一次的輔導中，我們就建議經營者導入「一條龍」的策略，也獲得經營者家族成員的認同。因此我們輔導仍以飼料事業為主體本業，下游在既有的山坡地經營「放山雞」，放山雞因為是開放式，配合休閒農場的成立，裡面除了養雞之外，也養一些鳥、羊、兔等溫馴動物，並種植一些花藝，讓遊客可以休閒、度假、教育、消費等多元享受。

上游則是貿易公司，經營動物的健康食物進出口，並設置相關肉品加工廠、有機肥料、農業生化科技等。這些的新事業成立初期都是採取專業經理人與專案管理制，讓家族成員也能夠從中學習一些經營技巧。並導入利潤中心制，讓各個參與經營事業的家族成員，從創業貸款開始到後續的經營，都必須有自主經營的使命與壓力。

最後再以「集團式」的整合經營，創造互動的商機，這種的經營也是屬於「整合策略」的發揮，因為現在是團隊資源整合運作的時代，也是您必須去思考的方向。經營不在於大或小，而是在於精、巧、靈的組合與發揮，這也是「整合策略」的基本要素。

其它世界各地的經營策略也是如此的運作。如日本一些企業，請員工的家屬前來領薪資的做法、IBM 提供員工家屬教育訓練費用、一些企業將廠房設施開放當地社區來使用等，其實都是「整合策略」的方式之一。

因為整合的目的就是在創造顧客想要的、需求的、滿足的、超值的，不論是如何的經營，都是要讓顧客感覺並真正受益，所以整合的技巧與策略也是很重要，切忌為了短期獲利而盲目整合一些不相關的產業，以免勞心又勞力，反而讓自己陷入更迷惘中而更難經營。

整合策略的運作架構如下：

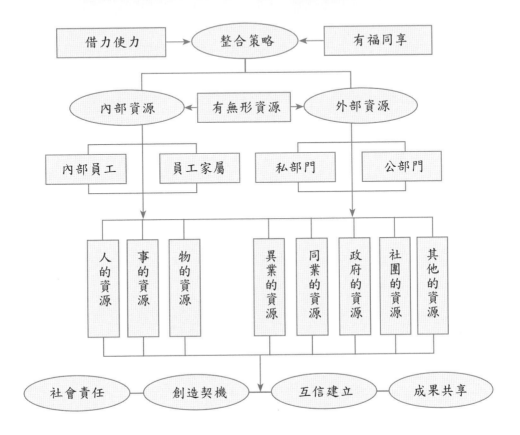

　　任何企業、單位、組織或個人都有一些基本的資源，如人力、關係、專業、智慧、創意、經驗、設備、資產等資源，而最主要是要看您如何去整合，並讓這些資源產生彼此的互動需求與效果，同時更能讓顧客受益與超值滿意。同時在進行整合資源時，建議您一定要堅持「有福同享」的觀念，因為您要運用別人的資源就必須有「道德觀」，否則會面臨曇花一現與形象受損的情形，所以不論是個人或是企業在整合時，要眼光放遠一點，沒有人幫你抬轎是很難如意，因為人不是萬能的。

## 2. 內部資源整合技巧：

### (1) 人的資源

內外週邊及既有人力、人際等智慧、知識、專業、興趣、財力、資源等，加以分析及歸類、建檔，並將這些資源運用在擬執行的計畫裡。所以之前的溝通與分享必須很明確，並能強化全員參與、互信基礎。

### (2) 事的資源

內外週邊及既有的企劃、執行、案例、銷售、活動、專業、設備等經驗資源，是你整合的機會。因為雖然你有關係、設備，但是缺乏配合專業、案例、設備也是難以發揮。有設備、專業，但缺乏關係也是不行，如「經紀人」就是如此。

### (3) 物的資源

內外週邊及既有的商品、專利等加以分析及整理，並共同或代理經營、銷售。有錢出錢、有力出力的觀念，物的資源才能創造附加的價值。有的人只會做，但是不會賣，也有的會賣，但是卻不會做。所以必須整合才有機會。

三國時代，南方雙雄孫權和劉備聯手集結大軍，準備對抗北方梟雄曹操，雙方在長江沿岸的赤壁隔岸紮營。劉備的軍師諸葛亮便趁著天霧氣掩護之際，派了二十幾艘滿載稻草人的船隻航向對岸，此時曹操的軍隊誤以為敵軍來襲，便集中火力向那些船隻發射了數萬支的箭，結果小船滿載而歸，諸葛亮因此從敵軍處取得大批的武器，也奠定赤壁之役的戰果。

「三個臭皮匠勝過一個諸葛亮」，處理事情需要智慧與技巧，但也不見得每個人都會擁有如此的機能，所以還是必須借力使力的方式，才能讓事情處理圓滿。資源不一定是有形的，看得到的才是資源，它包含無形的智慧、經驗、技術、經營、時間等也是一種資源，端看自己所缺的資源而定。

### 3. 外部資源的整合技巧：

#### (1) 異業資源

整合目的就是讓顧客方便、物超所值。所以很多異業的結合，如商品的組合贈品、商品組合活動、商品組合商品等都是。國內政府及相關單位，早期雖然有推動實施「異業交流」的方案，但是因為相關的配套措施及技術未能建立，僅由業者之間的自行互動方式，所以一般的成效不是很理想。另外以個人的經驗，在異業交流中最大關鍵是「分享同工不同酬」，造成沒有後續與成效的原因。

#### (2) 同業資源

有人說「同行相忌」，這個觀念必須打破。因為一個人，或是一家企業，再如何的經營與成功，仍然是有限的。大多數的人是不會滿足現狀，當沒有錢的時候，心裡會想我要的不多，只要有就好了。可是，當有錢了之後，還會想再多一點，愈多愈好，因為人本來就是有「貪念」，只是會因人而異的使用而已。所以未來如果能夠將同業的資源加以整合，能比同業更能創造「整合力」的人，你才是贏家。

#### (3) 政府資源

天下烏鴉一般黑，任何國家都有所謂的「黑金」，只是大小與與處理的方法不同而已。所以要經營必須面臨現實問題，有錢是好辦事，也能使鬼推磨。「有關係就是沒有關係，沒有關係才是有關係」，「提前『錢』來談」不就說明其道理嗎！因此，政府相關單位的資源，必須要重視的原因就是在此。有時候一個即將推行的政策，如果先讓你知道，你又會整合的話，那就是你的商機，別人只有乾瞪眼的份。

#### (4) 社團資源

台灣的社團非常的多，如果要說社團數量，那可能是世界上最多社團的地方。根據統計目前登記有案的大大小小的社團，不分黨

團、國際、中央、地區，總數應該超過 60,000 個以上。這麼多的社
團大多是一些有力（有錢、有閒、有名）人士所發起組成的，所以
在那裡的資源非常的多，如果好好的加以整合運用，將會是你另類
的商機與機會。

(5) 其他資源

其他在生活、工作、人際中隨時都會出現的資源，如同學會、
慶典活動、宗教儀式、讀書會、公益活動等，甚至是傳統市場、學校、
社區、商圈等，也是一種資源整合的來源。

所以生存在這個同質化的環境、機會裡，能夠具備「整合策略」
的人，或是企業才是贏家。因為要突破或發展的企業、個人或組織，
如果缺乏相關的資源整合策略，僅依賴自主的資源作發揮，仍然是
會面臨更大的競爭壓力，因為每一個人、每一家企業大家都想發展，
既然如此，週邊的配套措施、觀念、能力、技巧就是你整合的基礎。

## 4. 創意的整合技巧

芭比娃娃從早期的玩具開始就一直賦予她生命力，到現在仍然
是暢銷的商品，她靠的是「整合策略」的創新觀念經營，從單身的
娃娃到兄弟姊妹、父母、結婚等，讓她與人類的生活結合在一起，
成長在一起，要不然只是一個娃娃的商品，到現在仍然是很具有生
命力。

迪士尼世界也是如此，從米老鼠的創意開始，整合週邊的遊樂
設施，創造歡樂世界。迪士尼世界的創辦人華德迪士尼，早期是一
位南加州知名的插畫家，因為在爭取到電影公司，一部「奧斯華與
幸運兔」的卡通影片而成名，但是後來卻因為被該電影公司派人暗
地偷偷學習他的製作技術，因此造成他無法再與該公司的續約合作。

因此，華德迪士尼非常的挫折與灰心，但是後來他想到必須運用
整合資源策略，才有持續與發展的機會。因此他想到以前所住的房子
裡，有一隻老鼠都會跑出來跟他要東西吃，而他也把那隻老鼠命名為

「摩第摩」。他靈機一動，是否可以把「摩第摩」來當成主角呢？並製作成卡通影片。他就把這個構想跟他的太太商量，結果他的太太認為「摩第摩」唸起來很饒舌，不好唸又不好記，因此就建議他把名字改為 Mickey 米老鼠。

接著他就以 Mickey 米老鼠為主角的卡通影片，並於 1928 年在紐約展開首映，造成轟動全世界，成為所有卡通人物的新寵。當 Mickey 米老鼠造成轟動之後，華德迪士尼再以此機會創立迪士尼世界，並且以「帶給顧客歡樂」的理念，整合相關的遊樂設施，提供顧客永遠難忘懷的歡樂。

這是一項非常成功又具創意的整合策略，從這裡我們也可以看出，在「整合策略」的前提之下，主力（主體）商品必須明確、具體，而其它的整合設備、項目、資源等，只是在協助與提昇主力（主體）的價值與魅力，必須避免超過主題的情形，也避免混淆主題意義，造成主題的定位更加模糊，而這種現象在各地一些的遊樂場所，卻都是最嚴重的錯誤，遂造成一些遊樂場所，面臨經營上的困難。

基本上每一個國家、民族的生活、消費、風情都各有不同，所以一些遊樂業者缺乏這種觀念，都認為迪士尼世界的這些設施，能夠帶動人潮便一味的模仿引進，又沒有本土化全部照單全收，當然是造成商品後續整合經營的盲點。

### 5. 整合策略的基本理念之下，也必須有下列的認知

(1) 明確、具體的經營理念

因為整合如果缺乏這種概念，將會動搖主體的經營，最後形成大雜燴的事業，那麼顧客將會更迷惑，不知道您到底是在賣什麼商品。

(2) 必須創造多贏的空間

整合的目的不只是要創造本身的利益與價值，更要有共同分享與成長的機會，讓參與整合的人、企業也能獲利與機會，顧客更能買到他想要的的商品與服務。

(3) 相關屬性的整合

不論是垂直的資源整合，或者是橫向的資源整合，都必須與主體事業屬性相關，並能互補、創造附加價值的方式與商品。

(4) 隨機應變整合系統

沒有一項系統是永遠的，也就是在整合之後，必須重視消費者的反應與建議，隨時做應變與調整，整合的策略與項目，因為如果整合不良時，恐怕會造成主體形象上的傷害。

(5) 整體形象的包裝

「佛要金裝，人要衣裝」來自不同的單位、資源，也雖然屬性相同，但是必須重視整合的包裝與形象。因為顧客想要的是「一次消費，全額保障」的安全感，所以在這方面必須重視。

有一次接受國內一家渡假山莊的委託輔導，因為這家渡假山莊業績本來是不錯，但是後來因為競爭與景氣因素，所以業績一直無法起色。業者為了要提升業績，因此他到處去觀摩、參觀其它業者經營情形，最後他也增加烤肉區、植物藥草區、遊樂區、釣魚區等，投資了不少的經費，但是最後的營業收入，仍然無法趕上支付利息，造成他非常的挫折。

當時他跟我們表示，他這些的投資都是比別人好的規劃與設備、安全、衛生，但是為什麼顧客怎還不來呢？我們當時只問他一句話：「你所增加的這些設備、項目，是不是顧客要的？」他被我們這一問，當場楞在那邊。

最後我們分析並建議給他：

第一、會來渡假山莊的人是那些人？他們來此的目的是什麼？需要什麼？要先做了解。

第二、當你知道以後，你才能在這方面去深入與強化、設備、美化等，更能滿足消費者的需求。

第三、應立即整合週邊的資源，讓顧客可以因路程的方便性，而願意停留更久的時間，創造週邊景點、農場等大家的商機，因為人潮就是錢潮，但前提之下，商品的組合必須明確與互補。

第四、整體包裝與促銷遊戲規則建立，並統一宣傳。

第五、整合外在資源，如顧問公司、保險公司、相關企業等，把渡假山莊當成這些公司的教育訓練場所，並擬定利潤分享的辦法。

第六、主動提供相關愛心團體三折或半價優待，讓這些團體也能有機會前來消費，因為這些團體的人，也有親朋好友。另方面在設施上，也必須有符合無障礙的公共設施。

經過我們這樣的建議與輔導，現在山莊主人已經退居幕後，並交第二代繼續經營，而他本人則專門在做資源與商機整合的工作。他說感覺好像在做功德似的，日子過得非常的快樂。所以「整合策略」既然有這麼多的好處，那你企業、個人的整合與經營成功就更有機會了。

# 九、績效評估

有一位水電工人接受一家公司的邀請，找他前去公司察看，為什麼公司的水費逐月在增加，是不是有漏水或其它因素？這位水電工人到了公司之後，便開始檢查管線、馬桶等，但是並沒有發現漏水或是其它因素。接著他就站在茶水間、化妝室旁邊觀察員工用水的情形，最後他找出答案了。因為他發覺公司的女性員工每當要上洗手間時，為了寬衣解帶但又怕被別人聽到寬衣的聲音，所以就會習慣性的要先壓水箱的控制鈕，並運用水箱流出時的水流聲，做為掩飾她寬衣解帶的聲音，接著等這位女性在完成小號時，她又會再一次的按鈕沖水，並再趁此水流聲做回覆穿衣的動作。當然有的是心理因素，認為必須將馬桶沖乾淨才比較放心，或是其他因素等。

所以這位水電工人發覺每一位女性員工在上化妝室時，她所使用的水量是兩倍或三倍以上，當他找到這個最主要的原因之後，他便著手思考與研究。最後他設計了一種簡易的音樂聲，並將此設計裝置在水箱上面。等女性員工上化妝室時，她們習慣性按鈕第一次出現的聲音不是水流聲，而是美妙的音樂聲。此舉為該公司節省了不少的水費，也為他自己創造了專利的財富，最後他又陸續發明了一些省水的方式與設備，包含現在的大小號按鈕、主動沖水等專利，為他再累積了更多的財富。

水電工人為了解決問題所以用心的觀察與評估，最後經過評估終於找出解決的對策，他當初如果未能如此做的話，即使換了一些零件也是於事無補，不但解決不了問題還增加成本。

任何事情的執行不在於要如何趕快完成，而必須要有階段性的執行評估配合。也就是雖然是依循著計畫在執行，而執行過程除了應變策略之外，必須在到達一個階段時即進行評估，此舉將

會有助於執行的缺失做及時與即時的改善與調整，不至於產生無謂的浪費與錯失機會，如此所產生的效益才會是有效，否則當執行完成時，才發現在執行過程中的缺失因素時，已經為時已晚了。

　　一般執行專案會做評估的大部分是公部門的專案居多，普遍會採取所謂的期初報告、期中報告、期末報告，以了解專案的執行是否階段完成、具有成效、合乎執行原則等，但是唯一可惜的地方是在公部門的評鑑委員，幾乎每個階段的評鑑委員都不是同一批人，所以造成來參與的評鑑委員，幾乎是前不知後又無結論狀況外之下，只能善盡評審、評鑑員的責任提供個人參考意見，在最後又經由多數評鑑委員的表決通過後，執行專案者又必須將原計畫再做適度的修正，以配合評鑑委員的綜合結論。

　　試想在經過期初、期中、期末不同評鑑委員的不同建言、計畫再如何修正與補充等結果，到最後結案了成效卻比預期的來的低，是可以想像的因素，但是一般主辦單位卻永遠無法理解與改善，這也是一般政府專案無法落實的原因，由此可見評估策略在執行階段的重要性。

　　其他如一般民營企業或單位如；壽險業、直銷業等，雖然也有所謂的晨間會報，但也是侷限在「現象解」。也就是每個人必須針對他昨天所執行任務的過程與缺失提出來與大家分享，讓現場主管或同仁參與提供解決對策，這就是針對現象做提供個人不同的意見而已。其實這樣的意見我相信仍然無法掌握到問題的關鍵，因為如果提出缺失的同仁表達不是很明確，再加上如果表達又不正確，那麼提供再多資訊、再好的改善意見仍然是沒有幫助的，這就是無法「問題解」的原因，而這種最基本的評估策略就是一般人最易疏忽的地方。

### 1. 評估策略基本觀念與架構

評估策略不單純只是追蹤與追究而已，它是一項全面性的階段總整理，也分為前中後階段的評估策略，不是只有執行中的評估策略，所以必須非常徹底與具體，才能有效掌握執行進度與品質，同時也有助於投資策略的風險降低。

執行前的評估策略是針對擬要執行的專案做評估，是否可行、投資成本及風險、回收時間等等，是需要一些時間及人力等成本，會比較複雜但卻是非常重要的前置作業，當然規模可大可小，項目也可以適度增減。這也是一般不願意投資與不重視的地方，才會造成很多專案的展開時是轟轟烈烈，最後卻是草草了事的原因，這就是過於「急躁」與「短視」的做事方式，而且是有很多類似的案例呢，很少有人會引以為鑑，非常可惜。

兩位友人相約到森林打獵，在即將出發時，一位獵人除了全副武裝之外，更在他的脖子上掛了一雙輕便鞋。另外一位獵人看到之後便說：「你已經全副武裝了，為什麼脖子上還要掛一雙輕便鞋呢！」那位獵人接著說：「不錯，雖然我們都已經是全副武裝了，可是我在想；如果當我們的子彈都用完了，但是獵物卻沒有打死時，那麼牠可能會反過來攻擊我們，到時我就可以趕緊換上輕便鞋，那時我就會跑得比你快速呢！」

這個啟示可以告訴我們對於即將發生，或者可能發生的未來，必須加以判斷與評估，才能做事後的危機處理，因此執行前的評估是後續「危機意識」的準備策略，這就是我們必須重視的地方。

執行前的評估策略架構如下：

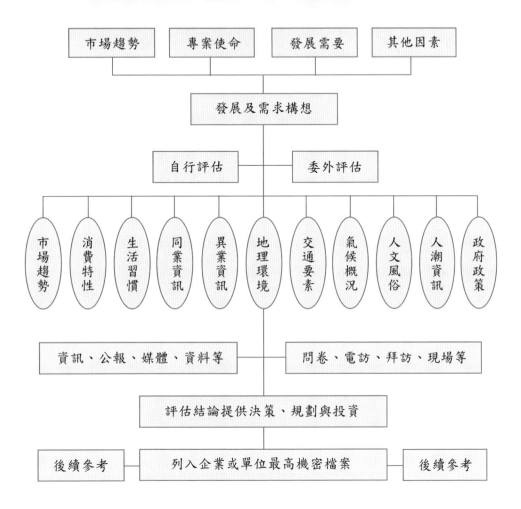

執行後的評估當然就不一樣了，是針對專案計畫在執行過程到一定階段時，或者是專案計畫完成時的評估，執行後的評估必須是非常客觀，而且是要非常的就事論事，不能有個人主觀意識過濃，應該針對該項專案的事實作分析與評估，而不是再提供非相關的意見，而且要非常具體、明確與完整，否則到最後的評估整合仍然是無法效益產生。

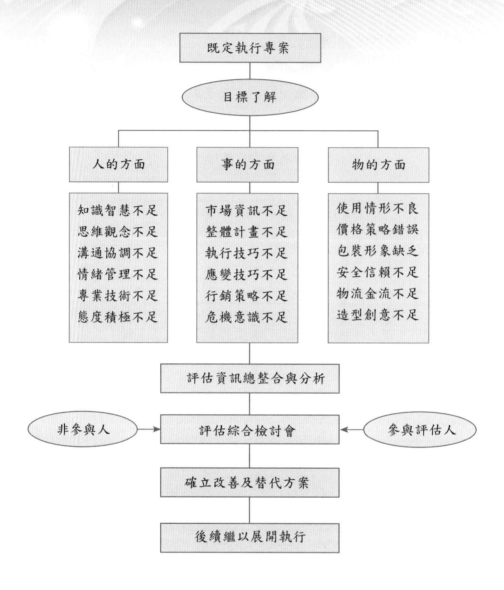

一位大學教授在上課的過程中，對著一群學生說：「在前面講桌上，有一杯是我的尿液，非常的甜，你們相信嗎？」在場的學生當然沒有一個人會相信。

大學教授看到學生們一副不信的表情，便用一隻手指頭，沾了講桌上那杯尿液，然後放進自己的嘴巴，並舔了一下說：「哇！

好甜喔！」在場的學生見狀之後，便開始有些相信。因此大家便上前去跟教授一樣的做法，用自己的手指頭，沾了講桌上那杯的尿液，然後也跟著放進自己的嘴巴裡，幾乎所有的學生經過這個動作之後，都說：「哪裡、、教授騙人！你的尿液好臭喔！」

等全部的學生都嘗試過了之後，教授接著跟學生說：「你們在學習的過程中，只會看表面與結果，當然判斷就會錯誤。我剛才是用中指下去沾尿液，但是我卻用食指放在我的嘴巴裡，當然是甜的！」此時學生們才恍然大悟。

這就是一個人在做任何評估策略的盲點。所以任何評估過程不論是運用直覺、感覺、經驗、數據等，多加求證、觀察、傾聽、謹慎還是必須的。

## 2. 評估策略的技法

評估策略當然是有很多種，但是我們會建議凡事「合理化」為原則，也就是必須針對問題的產生做有效掌握與分析，才能清楚的對症下藥，否則事情將會更複雜化。

台灣的經營之神王永慶先生，一次發覺公司其中的單位財務表上虧損了兩佰萬元，便請該單位的財務主管前來說明是什麼原因？經過財務主管的說明之後，王董事長即刻請那位因一時疏忽而虧損兩佰萬的員工前來。

在那位員工前來向王董事長見面時，王董事長不但沒有責備那位員工，反而跟那位員工說：公司現在有一項非常重要的專案要執行，我認為全公司只有你是最適合的人選，所以要請你來執行一項非常重要的專案。當王董事長在跟這位員工說明專案的內容時，他的右手同時不斷地露出食指跟中指做 V 示意的手勢，但是王董從頭到尾都沒有提及那兩佰萬的事，也讓這位員工是一頭霧水。

這位員工心裡想：「也許我們王董已經知道我虧損兩佰萬的事，所以他才會不時作出那種 V 示意的手勢，可是他從頭到尾也都沒有提及兩佰萬的事。反正我先接下專案之後再說，或許可以將功贖罪！」最後這位員工同意接下此專案。接著王董事長便與那位員工約定，也就是此項專案執行的時間是一年，在這一年的專案目標是 1,000 萬元。如果他在執行超過目標時，所多出的金額全部都歸給這位員工。亦即如果執行目標達 1,200 萬元時，這位員工即獲得獎金 200 萬元，如果 1,600 萬元時，獎金即 600 萬元，以此類推。

這位員工在接下王董事長交待的專案之後，便全力、用心的執行，到了年度結案時，他所執行成果竟達 1,600 萬元，他非常的高興並即向王董事長做報告，王董事長也非常的高興，並要這位員工下一星期前來領取獎金。到了一星期後這位員工依約到了王董事長的辦公室，王董事長也非常肯定他的能力，並當場交給這位員工一張獎金 400 萬元的支票。

這位員工收到支票一看發覺數目不對，便跟王董說：「報告董事長，這個數目好像不對，因為我執行成果是 1,600 萬元，所以應該是 600 萬元才對吧！」王董事長面對員工笑一笑，同時拍拍員工的肩膀：「同事，你那兩佰萬元已經用完了，所以剩下這個數目是對的！」那位員工一聽之後，非常的感動與信服王董的領導智慧。

王董事長的評估策略原則就是合理化，他的合理化分成三大步驟；第一、先找出問題的原因，第二、尋求解決問題，第三、運用智慧解決問題，因為如此才能將前述問題轉化為更具效益。如果換取一般的經營者，我想現在可能是在法院見面了，或者是已經鬧得不可收拾的地步了。評估策略不是只有一些基本的追蹤與追究，而是必須有智慧的融入，也就是必須深入與徹底了解真正的存在問題，問題的產生是有意還是無意、是能力或專業、還是技巧與判斷力等，這些都是跟評估策略有著極密切的關係，因為評估策略是包含外在的觀察力、

敏感度與內在的智慧與判斷。

　　評估策略不外乎三大要素即目標管理、執行技巧與應變能力，因此我們借用希臘柏拉圖一套合理化的評估法則，來做評估的基礎說明：第一個圖示：如果以目標做定位，那麼就以執行技巧及應變能力做評估的項目與標準。第二個圖示：同樣的如果以執行做定位，那麼就以目標管理及應變能力做評估的項目與標準。第三個圖示：以應變做定位，則必須以目標管理及執行技巧做評估的項目與標準。三者互動運用為評估策略將會產生明確與效果。

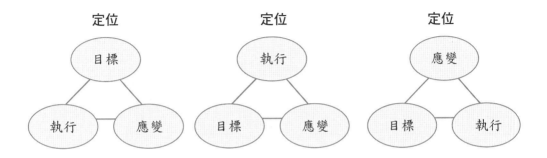

### 3. 評估策略能力的養成

　　評估策略不單純只是追蹤與追究，還包含智慧、判斷、敏銳、觀察等多項技巧，也雖然知道要改變、要學習、要執行，但是如果缺乏客觀與正確的評估策略，最後恐將造成更多資源、人力、時間、物力的浪費，那是得不償失的。

　　以目前的商店街來說，你只要稍加統計並觀察，你可以發現淘汰率是非常的高。這裡所謂的淘汰率有三種；一種是店面維持原狀，但是老闆換人做做看。另外一種是真正的關門大吉，從此消聲匿跡。再來一種是轉移陣地，另起爐灶。一般想要開店或者是想創業的人，對於現象與市場等的評估力總是不足。終究其因是以「一廂情願」的居多，總認為只要我努力，再加上自己的專業、信心，以及現場

市場的判斷，「應該是可以做！」這裡的「應該是可以做」就是一廂情願的行為了，所以他的判斷力與評估策略當然是單向與錯誤的，既然是種植「錯誤的評估種子」，那怎麼會有開花結果呢！

評估跟一個人的思維也是有很大的關係，如果凡事於自大、短視、謙虛、遠見等不同思維，都會影響他在做評估的客觀與結論，進而會影響他處事的方式。評估策略是要打開你的感官，去了解整個事件、過程真正的問題與情形，所以必須運用下列的技巧，並養成習慣，你將會有效提昇自己的評估能力。

(1) 洞察力的養成

藉由洞察力的運用你可以很快地了解一個人，整個事情的過程與真相。心理學家是經由客觀的觀察一個人的行為、外表、穿著和一些反應現象、簡單問題來做判斷，就如坊間的算命業者也是如此的運用，除了基本的理論之外，洞察力愈強的算命業者，推算愈能準確。

(2) 用心的傾聽

一個人如果太過於在意自己的想法，而無法用心傾聽別人的意見，或者太過於專注問題的既得現象，而沒有用心去傾聽競爭的因素時，一樣的都會造成不良的後果，所以不論你的立場與任務如何，做一位「好的傾聽者」你將會提昇評估的準確度。

(3) 敏銳的觀察

敏銳的觀察，是在於能看清楚任何的現象，並掌握所有意識和潛意識的訊息並立即加以評估，並將之轉換成自己具有成效的策略，所以在觀察時不要做太快的判斷與結論，就如從一個人、一群人中、一個現象等你可以從他們的穿著、行為、眼神、說話等觀察出，那一個人是決策者，那一個人是計畫者等，這就是有利於你對事的評估。

## (4) 自我的影響

人難免會有個性、主觀意識，所以一般自我意識比較強的人，易於予人觀察並進入掌握不利的結局，反而是自我意識軟弱的人，比較難判斷。所以我們可以發現，大部分在商場上活躍的人，女人是比男人難判斷，因為女人的自我意識比較不表現在工作上，因此當你面臨觀察有阻礙時，那是因為你的自我意識太過於強烈的關係。

## (5) 善用臨場應變

在與人接觸、交流時當然可以觀察出一些情形，並做判斷的依據。在商場亦然，可以因現場的狀況加以運用與觀察，並做適度的回應，以驗證你的判斷與評估技巧。在商場不變的法則是「如何促使對方輕鬆，但你卻能保持您自己的警覺性。」

百事可樂過去一直想跟漢堡王公司合作，並且想佔有其市場，因為當時漢堡王公司正與可口可樂合作。所以百事可樂便採取「產品策略」，強調「給消費者做一個選擇」的口號，此舉正好與漢堡王公司的策略有些相同之處，因為漢堡王也正在推行「你想怎麼吃，就怎麼吃！」

但是漢堡王也好幾次都在暗示百事可樂，根據他們公司菜單的原則，每餐只能有一種可樂，最後百事可樂終於聽到了，並立即更改宣傳口號：「強調『百事可樂』和『漢堡王』是事業夥伴！」最後百事可樂終於得到漢堡王的合作機會與市場。

## 4. 隨時廣泛充實生活知識

評估力的養成雖然有很多的要素，但是基本的傾聽與觀察，則是必須隨時去發揮，你才有快速與正確的評估與判斷力，並掌握新商機的機會。

　　世界第一部電梯的產生，是一項值得大家學習改變思維與評估的參考。一家位於義大利的飯店，因為生意非常的好，所以這位老闆心裡就在想；既然我的飯店生意這麼好，但是房間一直是不夠，也總得想辦法解決增加收入，因此便把腦筋動到飯店內的樓梯空間。

　　便利用一天的機會邀請一位建築師前來商討，在建築師到達之後，這位老闆就跟這位建築師表明他的理想與看法，他指著樓梯說：「我想把一樓上二樓的樓梯寬度給縮小一半，也就是將剩餘多出來的空間再隔成一間房間，其餘空間仍作為上下樓梯空間使用，如此四層樓，我就可以多出四間客房呢。」

　　建築師聽完老闆的說明之後，左思右看，評估了一陣子之後，便對飯店老闆說：「這結構安全會有問題，無法照您的意思修改。」飯店老闆聽了之後，仍就是不死心並堅持一定要改。建築師還是同樣的一句話：「結構安全問題！」就這樣，老闆堅持要改，但是建築師又無法同意。因此兩個人各自堅持己見在現場。

　　最後兩個人換個角度思考，思考是否還有其它的方案，可是仍然跟結構安全有關，也就這樣兩個人又僵在那邊。此時飯店內的一位服務生，正在飯店裡拖地板，當他拖地拖到飯店老闆與建築師站立處時，便順口問了他老闆一句話：「請問老闆，你們是在討論什麼事呢？」

　　飯店老闆一聽之後便對他的服務生大聲說：「請走開！這不是你的專業，你又不懂！」服務生聽了他老闆的話之後，就跟他老闆說：「老闆！反正我還是一面在工作，一面問問看而已。」飯店老闆心裡想，既然他想要了解，那就說給他聽聽看也好。老闆說：「他想把一樓上二樓的樓梯空間縮小，一半維持上下樓梯的空間，另外一半則要隔成房間，但是建築師認為是結構安全，無法同意如此的修改。」

　　當飯店服務生聽完之後，就對著他老闆及建築師說：「這還不簡單！乾脆把飯店裡面的樓梯全給拆除，然後在外面牆壁旁，再做個升降梯，同時再開個門，就可以上下各層樓，然後將裡面空間再隔成兩間房間不就好了嗎！」這位服務生說完之後，飯店老闆與建築師兩人頓時目瞪口呆並互視著對方，久久都無語著站在那邊。世界的第一部電梯也就是這樣產生的。

# 十、回饋分享

　　「取之社會、用於社會」這是天經地義的事，只因身為人類的我們有著人類的特質；比較心、佔有慾、自私心、貪婪心等，當然也有慈悲心、關懷心、愛心等。所以為何「人」的寫法是如此寫呢，是有其道理的。

　　人與人在爭吵或者是糾紛時，很容就會易冒出一句：「你是什麼東西！」可見人有時候還真是率真，總算會說出一句比較具有代表性的人話。只是人本身因為具有優越感、太平觀、自尊心等因素，所以對於人的稱謂，無法去認同用「東西」這個名詞來形容吧了。其實如果我們認真來探討「人」，你或許可以發現，人是虛偽、自私、佔有慾強、侵略性也強等，也雖然人是具有愛心、謙虛、熱忱、真誠的本能，但卻是兩極化的高等動物。

　　如果將「人」的字一分為二，一邊的筆劃代表是人的積極面，具有愛心、慈悲、熱忱，另外一邊則是代表消極的面，具有侵略、自私、虛偽。人如果提昇視野及心胸則會形成「大」字，亦即會更具智慧與遠見，但人如果再不反省，則會變成「小」，小了之後那就更加複雜與難以規範了。

　　所有現象、事情的形成也會因「人」而引起，有「人」就會有「事」，這也是「人事」的形成，而一般僅用之於企業內人的事務處理，如任用、升遷、教育等。其實「人事」在廣義上應該包含諸多企業外的「人事處理」，如人與人之間的溝通方式，人與人之間的互動機會，人與人之間的親密關係，人與人之間的爭執等，也因為在人的處理得宜，才會有後續經營的發展，也不論是在家庭、社團、活動中等，都是會與「人事」有關。

　　有一次在輔導一家連鎖超市時，經營者為了儘速擴展連鎖店，因此便在台北市內一條單行道的巷子，找到一處還算可以的地下

店面。雖然這家店面當初也是經營過兩次的超市，但是根據房東的說法好像都很不理想，我們也探詢房東是什麼原因，為什麼會經營不起來？房東說他也不清楚呢！但是以他是外行的人立場來看，好像缺乏一點人情味的感覺、也缺乏促銷的新手法，只看他們都是轟轟烈烈的開店，但也是靜悄悄的結束，讓他有時候都收不到房租呢！

　　當然我們也經過多方資訊收集、評估與分析後，我們就建議經營者應該改變以往拓店的發展策略，不能再像其它的拓店一樣心態，只求將多餘的商品再轉移另個新場地就開張，必須先有整體的經營策略與方針計畫，而這位經營者也接受我們的建議。

　　因此我們開始輔導這家超市先做地緣的了解，包括商圈、居民、店家對象、行業、業態、年齡、車流、人潮等等，大約做了近百項的調查，並針對這些現象研擬一些對策與方針，當然也包含了行銷、廣宣、商品、物流、服務與回饋方式等。在這些完成之後，就依據整體計畫作分工與執行展開，並選定適當時機正式試賣，在當時也一度造成轟動。

　　我們改變了一些傳統開店與行銷的方式，也以塑造品牌的新形象為利基，同時也改變了另類的經營型態。也就是在第一天開幕試賣期間起，每天早上請工讀生做附近商圈傳單的發放，在傳單上面的重點強調，只要是消費者於當天晚上八點以後，來購買蔬菜完全不用錢，也就是蔬菜完全免費，此舉一推出後即造成每天晚上的搶購人潮。

　　我們當初要以八點為基準，主要是因為我們從市調上的分析所得，居住在此商圈的消費者，都有收看電視新聞的習慣，因此我們便以八點為基準，另方面強調八點以後購買蔬菜不用錢，則是在訴求「新鮮蔬菜」與「回饋鄉里」的品牌形象，也就是直接告訴消費者，我們超市是不賣隔天的蔬菜，也要照顧社區的意識，其實如果把這些蔬菜換算成廣告費用，是會比廣告的效果還大。

　　因為如此在此有獲得超值與滿足的消費者，便會自動的幫我們拉客戶，有些客戶還以電話相約住在郊區的親朋好友，一起過來分享免費的蔬菜，消費者就是如此的可愛。有些居住在台北市郊外的客戶，如板橋、中和、新莊等，她們大老遠的也坐公車前來購買，有些怕時間來不及卻坐計程車過來的也有。其實他所花的時間、人力成本，說真的根本就不夠，可是賣場每天仍然是人山人海，而且還造成交通受阻，當這種現象被週遭的人看到之後，又會擠入一些好奇的民眾前來搶購，想想當時的情景可說真是門庭若市呢，客戶都在搶著拿免費的蔬菜。

　　人又是很可愛，其實當消費者要把免費蔬菜外帶出店時，都會有一種不好意思的心態，所以她們都會順道再帶一些小金額的商品，這樣感覺比較安心、踏實，如此店家也會提昇營業額。

　　回饋當然是有其經營策略與意義存在，任何人或企業、單位如果要回饋的前提，就必須要有所成就與發展，才有回饋的動機與行動產生。這裡所談的回饋不是只在有形的物質回饋，還包含無形的精神或智慧回饋。在佛教裡所謂的布施其實也是雷同的，在佛教的布施是：法布施、財布施、無謂施、言布施、顏布施、眼布施等，主要也是在訴求回饋的精神與意義，只是用語不同而已。

## 1.回饋的意義及價值

　　一位女孩常常到寺廟拜拜時，除了虔誠祈求菩薩保佑家人平安之外，也都會主動的留下來參與寺廟內外環境的清潔工作，所以寺廟的住持都非常的感恩與禮遇她，直到那位女孩結了婚之後，因為嫁入豪門所以家裡經濟很富有，相對的她前來寺廟參拜的次數也就很少了。

　　這位身為人婦的女孩有一次便利用再去寺廟參拜的機會，就拿了很多的香油錢給住持，但是沒想到住持在接過這些香油錢，與女孩鞠躬之後竟然也沒有再理會她，這位女孩頓時很生氣的問：

「以前我來此參拜沒有拿錢給你，你對我特別禮遇，但是今天我來參拜拿了這麼多錢給您，你竟然沒理我，為何呢？」住持望著女孩後鞠躬說：「千金是半善、二文是滿喜。您過去雖然沒有奉獻物質，但卻是非常真誠與無私心的奉獻心，現在雖然是有奉獻物質，但卻是有所期待心與比較心，差別就是在此啊！」女孩聽完之後才豁然開朗。

在奉獻與回饋之際不要存著回報與期待，任何奉獻與回饋也不在於有形物質的多寡，而是在於無形真誠的心態，也雖然過去是為善不欲人知的觀念，那是一種陰善。但現在如果需要讓人知你有在行善，那就是一種陽善。關鍵只要是在正信的理念之下，讓「善」的循環可以以擴散或感染，讓每個人也都能有所感受與參與，這才是社會之福。

懂得回饋的人是企業家，不懂得回饋的人是生意人，任何人何嘗也不是如此嗎。當他懂得回饋的人就會受人尊敬，人家尊稱他為樂善好施的「善人」，如果不懂得回饋的人，人家則稱他為無奸不成商的「商人」，所以很多商人雖然為了形象與發展，都會主動參與相關的公益活動，但是這種有需求與代價的回饋是無法累積善根與福報。

台灣企業很盛行成立基金會，或是導入企業社會責任等，也就是當企業有所發展與成就時都會自行再成立一個法人組織「基金會」，或是「企業社會」，並透過這個從事一些社會公益回饋的活動，活動內容會與該企業有關的性質，所以對該企業亦有形象上的助益。其他公部門也是如此，每當有政策或建設要展開時都會做事前的回饋機制說明，主要目的也是在於顧及未來政策與建設展開時，可以減少執行上的障礙與阻力。其他也有很多成功的企業家、名人在有所成就時，也是會回饋母校、鄉里的行為。也有很多的劇團、專業人士對曾經支持過他們的地方做回饋表演及指導等，是屬於一種無形的回饋方式。

這些不論是個體或企業、組織對其過去所支持的、教化的、成就的地方做回饋，不只對其形象上的加分之外，更有共同提昇優質社會風氣的帶頭示範效果，回饋的價值不在於有形或是無形，而是在於如何讓這個社會能共同成長，共享繁榮的生活。

## 2. 回饋機制的建立

3M 公司的「私釀酒法」、直銷公司的組織獎金制、壽險公司的低薪資高獎金制、商品代理商的定額銷售制、學生努力用功的獎勵、活動競賽等，所呈現給參與人的一種激勵也都是一種回饋機制，也不論其是用職務升遷、獎金、記點、旅遊、聚餐等，都是屬於回饋機制的範疇。

因此就回饋機制的規劃及設計也是沒有一套的標準模式。只要能塑造一種激勵效果、皆大歡喜的結論就好，台語諺語：「怨有不怨少」的意義也是在說明，人是很容易滿足的，凡事有機會時只要有就好，就不會去在乎是多少，從這裡也可以顯見回饋是人際之間很重要的潤滑劑呢。

這也是一般在經營或處理事情上，就成本方面必須預留所謂的回饋基金，當然這種回饋基金必須是正當性，而不是所謂的「賄賂」，因為回饋與賄賂的本質是截然不同。回饋是公眾意識，是一種感恩與分享、是良性與善念的循環、是激勵與價值的基礎。而賄賂則是個人意識，是一種貪慾與利益、是佔有與自私的惡念，其危害社會是很大的，尤其人身安全、生活品質的問題。所以回饋與賄賂是在於一念之間的差別，要特別謹慎的地方。

## 回饋機制建立架構

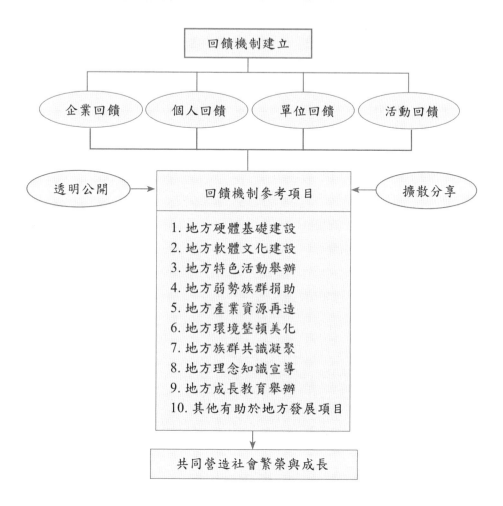

### 3. 常懷感恩的心

　　在仰望星空之際，不要忽視了周邊的花草。回饋的原點來自於「感恩心」，也就是有一顆感恩的心才會有回饋的行為展現。一個人或企業的成功是因為別人給你機會，因為一個人或企業的智慧、知識、資源、機會畢竟是有限，也因為有的人提供我們人際，有的人提供我們資金，也有的人提供我們機會等，所以才讓我們有創造與發揮的機會。

　　台灣的證嚴法師：「對我好的人，要心存感激，對我不好的人，除了感激之外還要感恩。」多麼偉大宏觀的一句話，確是值得我們的學習。倫理道德觀的範圍雖然很廣，但就現況的需求如孝道、尊重、關懷、感恩、回饋等。也或許現在的人看到現在社會的亂象，所以感慨特別多都不太願意去談，因為好像大家都給遺忘了、認為再談也喚不回那種感恩的價值了。

　　成功的定義是什麼？有的人認為是達成目標，也有的人認為是賺多一點的錢，更有的人認為只要快樂、平安就是成功，基本上都是合理的，因為每個人的目標、目的、需求各有不同，所以也不能一概而定論。「人死留名、虎死留皮」即在告訴我們一個人的生存價值，也因為每個人的認知不同，所產生的價值認定也就不同。但基本上真正成功的人是足以讓人永遠懷念、感恩的人，歷史上的孔子、老子、文天祥、岳飛、林則徐等，他們都不是很成功的企業家、很有財富的人，但卻是讓人永遠懷念與敬仰呢。這些人背後共通的特質都是具有仁、道、忠、法、和等意識，才會奉獻自己的專業與智慧為社會服務。

　　所以說回饋的本質還是要有來自於前述的基本意識，也因為有這種意識才會有善意的行為，進而為社會及國家奉獻所學與專業，這也是一種回饋的價值。

# 捌、文化創意產業的綜合探索

一、現況文化創意產業發展面臨的問題

二、未來文化創意產業發展的趨勢

三、兩岸文創發展契機

四、你也可以發展的文化創意產業

目前文化創意產業的發展，有些仍停留在啟發上，同時還存在著過去傳統因素與包袱。

由於講究情、理、法的社會，凡事總是會先以「情」為考量，才會形成酬庸性質、人情因素、外行人領導內行人、內舉不避親、傳子不傳賢等的情況。文創產業始終無法成為國際化的企業，因為缺乏專業經營與遠見的策略。

# 一、現況文化創意產業發展面臨的問題

　　文化創意產業不論是從國家的立場，或是從文化產業園區、企業的經營等導入策略，基本上都必須要有企業化的思維概念與經營策略，因為最終都必須講究投資與附加價值產生的問題，如此才能永續與發展。但是以目前各項文化創意產業的發展現況來探索，除了有些仍停留在啟發與基礎上，還未有比較具體與規模出現，同時還存在著過去傳統的各項因素與包袱，如政治因素、權勢影響發展、既得利益、非專業領導專業等，也雖然從各項經濟成長數字及 GDP 所占的比率來看是有明顯的增長，但我們認為那還只是一個初始階段而已，還未能就文化創意產業再做有效的發揮。

　　中國人也因為是講究情、理、法的社會，所以在處理及執行任何事項時，總是會先以「情」做為優先考慮，所以才會形成很多的酬庸性質、人情因素、外行人領導內行人、內舉不避親、傳賢不傳子等的事，這也是中國人的企業，始終無法成為國際化企業的原因，因為缺乏專業經營與長期遠見的策略。從現況很多既有文化創意產業園區、學術機構或相關文創基地即可以看出來。

　　因此在新世紀這波文化創意產業的發展趨勢裡，仍然還是有很大的發展空間，但卻也存在著很多亟待克服與解決的問題，以我們長期輔導的經驗與分析提供如下參考：

## 1. 政治影響政策性的問題

　　各國政府對文化創意產業都抱以極大的政策支持，所以都相繼制訂與文化創意有關的優惠及發展政策，既然對文化創意產業如此重視，就應極力加以扶持與配合，但是如果牽涉到政治立場或議題時，可能就會有如「巧婦無米難炊」的窘境。因為只要與政治性有關的立場或議題，總是會讓既定政策面臨後續持續的問題，甚而會差那「臨門一腳」的缺憾，因為誰都不想讓對方媲美於前，再加上

政治性議題，也會抹煞一些文化創意產業的創意元素與激發。當然也可以說是因為是政治性因素，所以更必須避免一些敏感的議題與創意，只是在政策上的決策與展開過程，有時候是在所難免。

　　不論是政治性、力求表現或是藉題發揮，為了立即求得業績或是績效表現，總會不顧一切的發揮與展現，而這種作法都是屬於應付式的策略，缺乏基礎與內涵，所以更容易形成資源的浪費與後繼無力的現象，這就是所謂「上有政策，下有對策」的完美演出，當然最後還是得由全民來買單所造成的資源浪費。這種現象其實在任何國家都有存在的問題，就要看這個國家的主政者及策略是否遠見與落實，這也是各國未來在文化創意產業發展之後，將會再度產生的差異化與成效結論的最大關鍵，也是一般人都不願意去談論與探索之處。

### 2. 權責大過於專業領域

　　我們輔導過兩岸各種文化創意園區、文化產業基地、文化創意市集、文化觀光工廠、商圈或社區等，雖然在具有同文同種的中國人來說，但仍然還是有些思維模式、決策模式，以及執行力、創意力、遠見力等各有不同。有的是以規模及巨大為主的需求，有的則訴求小而美就可以，但是到最後不論其成果與結局如何，總是會再回歸一些共通性的問題。

　　非專業領導專業，公部門有時候會為了達成績效與成果，當然也會透過合法的行政流程，邀請外圍相關專業人員參與規畫或執行，但往往會面臨公部門權責大過於專業領域的現象，而參與規畫的專業領域為了事情圓滿順利，最後也只得犧牲專業而屈服於權力，這種現象尤其常見於專案評審會議上。再加上有些公部門的領導或是管理者都會有自我感覺良好的盲點，總認為自己是主辦單位、是對的、是清楚的，所以一般參與團隊還是會屈就於他們。

　　基於前述的盲點與現況，就不難想像現況文化創意產業，最後之所以會呈現出大同小異的原因吧，因為同屬性的公部門人員在做專業性的決策，當然最後就會是一樣的發展模式與現象了。因此，如果要讓文創得以更具深化與廣泛，藉助具人文品德、產業經驗及創意管理者，是一項最有利基的策略，最後也才會有共享成果與經濟的結論。

### 3. 硬體建設重於軟體的建設

　　1993 年我們因為正在台灣輔導「形象商圈」之際，文化部門首長曾經前來與我們會談，因為當時文化部門也正在導入所謂的「社區總體營造」，但是當時的社區總體營造是以活動為主軸而已，也就是每個社區在辦完一場活動之後，有如曇花一現似的即又回歸到原點的靜態現象，不像我們輔導形象商圈時是以文化為元素，以產業為策略發展經濟，所以造就商圈後續的更大繁榮與發展，為此文化部門才意識到文化元素的重要，而這些文化元素在任何社區裡都是有的，因此才遂有提出「文化產業化、產業文化化」的發展概念出來。

　　以此為基礎概念才又衍生至各廢棄廠區及建築物的發展，也就是現在的文化創意園區、觀光工廠等。但是當兩岸往來更加頻繁時，開始有了互相學習與觀摩的機會。可以從兩岸競相發展所謂的文化創意園區來看，即可以發現很多的共通與同質性之處，畢竟還是同文同種的民族與思維就是如此。所以現在兩岸都是以硬體為優先的規劃及建設，等硬體大致完成了之後，再融入各項文創產業的經營與策略，所以不難發現兩岸都呈現出硬體是很具規模與創意，但內容卻是非常的乏味與同質性很高。

### 4. 為了績效，定位永遠不清楚狀態

　　我們輔導過兩岸好幾個文化創意產業園區、文創基地等，大大小小、公民營的都有，總是感覺都是處於模糊狀態、同質性很高、過於靜態文化，雖然有些園區每逢星期假日也都會有相關活動表演，

有如大雜燴似的，因此所得到的回饋好像也不怎麼多，尤其是台灣有些文創園區還有如大賣場，園區內什麼都有在賣，這也就是沒有整體定位的後遺症。

同時，我們也參與了兩岸各地區，相關文化創意產業區推薦會、說明會等，也是面臨同樣的問題，場地、流程、項目及規模也都講求氣派，但整體下來仍然看不到明顯的定位策略，也就是對於前來參與的產業什麼都可以，好像重點在金錢的投資而不在於產業選項，這樣的活動縱然是有成效時，到最後所呈現出來的也是如此的模糊與同質性。

## 5. 整體廣義文創理念的概念缺乏

我們前述有提及文化創意產業是包含食衣住行育樂的領域，只是目前各領域所佔的比例各有不同而已，以現況而言大多數傾向於育樂方面，也就是所謂的影視、音樂、動漫、設計等。但無論是哪一個領域，也都必須要有自然與環保的生態概念與維護，否則人類將會再度面臨繼科技產業後塵的生態浩劫衝擊，這不是文化創意產業的最終精神與意義。

因此，在推廣文化創意產業的前提，必須再對此項產業的廣度及深度做明確認識，否則最後會讓前來參與的仍然還是屬於前述影視、音樂、動漫、設計等產業，終將再次誤導文化產業的範圍，對整個產業的經濟價值提昇也是會有限。因此必須建立廣義的文化創意理念，如此才能將文化創意產業做附加的經濟再造。

## 6. 文創人才的培訓不適與不足

以目前既有學術單位或是校外職訓機構等，每年所培養出來的文創人才基本上是不足的，雖然有些是號稱總體培訓人才是足夠市場運用，但是培訓人才並不等於就業或是需求人才。也就是現有文

創人才在培訓後，不一定就會投入文創這個相關領域的職場，這項還未加入文創職場中途離席的人數，所以基本上還是會面臨有所不足的現象。

因為以我們長期演講與職訓評鑑經驗，發現不論任何學校的教育、企業單位或一般職訓課程，百分之九十以上都是在強化培育專業，而非常缺乏人文、道德、創意、應變與國際觀方面的課程，所以造成很多雖然學有專業的人，但就是面臨創業或就業生命週期不長、無法適應及應變等現象。

其實任何競爭力的關鍵：50% 是創意思維；擁有靈活觀念、創新思考與道德觀，30% 是應變技巧；具備人際、執行、研發能力，20% 才是專業能力；基本技術、知識養成，因此不論是在文創產業的經營、工作或生活中也是如此的。

### 7. 發展文化創意產業的盲點

各地區政府為了配合國家總體文創產業政策與發展，無不卯足全力投入各項文創園區、文創基地等建設，但就如前述所提及普遍呈現硬體勝過軟體、表象勝於內涵、虛華勝過樸實、規模勝過簡樸等現象，會讓人誤以為文創產業就是必須要講求氣派、規模，而且是一項萬能、穩賺不賠的產業。

就以一般地區政府在舉辦推廣文創產業的招商中即可以看出，一場比一場是更具規模與氣派，所展現的各種資料也是一個比一個精美與精彩，所呈現地區景觀與建築雄偉的燈片等。此舉的呈現方式讓我們不禁會產生對文創的疑惑，因為這些的印刷品、贈品及所介紹的內容、景觀建築等，基本上都不符合文創的精神與意識，因為都缺乏文創該具有的自然、環保與生態法則，如此的文創推廣不就會再次造成地球生態的更加浩劫嗎。

# 二、未來文化創意產業發展的趨勢

其實目前文創產業所面臨的問題與盲點基本上都是大同小異，只是在於問題的多與少而已，再加上產業本身就會因隨著環境與消費趨勢再作調整，當然有的產業生命週期就因此而中止。文化創意產業也是如此，但還好是因為這個產業是屬於新興產業，雖然發展也有一段時期，但畢竟仍然還是一項非常具有潛力的產業，因為它跟人類的生活是息息相關，長久以來也是伴隨人類的成長，只因當初人類還未有比這個更具體與意義的名稱出現。

也雖然現在世界各國都在相繼的競爭，但仍然是有其潛在發展契機與空間，以我們的經驗及分析可以提供下列參考：

## 1. 將會朝向「家庭文化創意工場」的趨勢發展

文化創意產業訴求「文化」與「創意」，而文化又是在表達「原味」，這種原味就必須來自於手工的製作或加工手法才易於呈現，也是可以量產、可以複製，但卻是更有人情味。再加上創意是不限任何時間、空間、對象，只要有創意人人都可以有所發揮的。在家庭裡對於所享用的餐飲、享用的用品、享用的服飾或配件、享用的各項事務用品等，基本上都可以有來自於家庭裡的靈感創意機會。

因此，在這樣一個機緣與因素之下，再加上市場需求量如果都不是很大的話，文創產業將可以為家庭再帶來一次所謂的「家庭文化創意工場」，就有如台灣早期所盛行的「家庭代工場」，但是那種家庭代工場與我們現在所談的家庭文化創意工場是截然不同，前者是屬於代工階段，而後者則是屬於創意領域，所以是不同領域及發展價值，未來家庭文化創意工場不只可以改善民眾的就業與創業機會，更可以有效提昇整體經濟與生活品質。

## 2. 文化產業將融合宗教與科技的功能

自古以來宗教始終陪伴著人類的思維、影響著人類的生活，雖然也因各教義之不同而發生諸多的宗教衝突與事件，但仍然還是人類最終的精神與心靈寄託，同時也因人類的生活所需，而創新與研發出更多的新科技產品，但也因為有些科技產品過於訴求功能性而缺乏人性化，因此造成宗教與科技始終是處於平行線的各自發展，無法產生融合與交集的現象。

但是在現在這個新興文化創意產業上，卻是可以有機會將兩者產業加以融合與組合，並再創造文化創意產業的新功能與新價值。因為文化創意產業的基本元素是文化，而文化也是宗教的內涵之一，創意又是科技產業的基礎，所以這兩者之間是有其可融合之處。

## 3. 未來是「文化意識戰爭」的時代

文化創意產業既然是源自於文化元素的發展產業，所以世界各國都有其最根本的文化元素，而且在歷經長時期的演變及發展之下已形成各自的根，美國有美國的文化象徵、中國也有中國的文化象徵、日本也有日本的文化象徵、歐洲國家也是有其各自的文化象徵，基本上都具有各自的特色與象徵，也是唯一可以更明確與創造各國的差異化。

因此，各國在這樣的文化元素基礎之下將會更形投入與發展，所以未來也將會是一種「文化意識戰爭的時代」，也就是看誰擁有更具文化與創意的產品行銷全世界，那麼他的國家競爭力也就會相對地擴展與提高。而這種新意識形態的戰爭時代，也將會更加改變國與國之間的互動與生活模式，並強化種族之間的融合性，因為自古以來即是有文化在影響人類的思維與生活，而不是以武器來影響人類的相處與融合。

### 4. 未來將會象徵一個國家民族的文明程度

文明是文化的外在表徵，也是文化呈現的總和，所以一個國家民族的發展不論是已經進入開發或者是未進入開發，基本上都是跟文化有關，當然進入開發之後也會面臨現代化取代傳統的模式，包含食衣住行育樂在內。因此當一個國家或民族在進入開發之後，更必須保持既有文化元素，並使之融入在食衣住行育樂裡，不只可以保持文化元素但也可以更具有現代美感。

所以，當一個國家民族進入更文明的領域時，如果還能保持既有的文化元素，那這個國家民族將會是真正的文明化國家。因為文明並不是只有代表科技、代表繁華與現代感，反而是更具人文之美與內涵之美，也不分有形或是無形的呈現方式。

### 5. 可以延續與保護地球生態的產業

現存世界各項文物之所以被積極保存與保護下來，因為在於這些故古文物具有非常高的文化價值、不論是它的素材、造型、色彩及規格，也都是在當時環境下所產生的用品，而且可以流傳數千年之後還保存得很完整，的確是有其道理，包含其意義及文化元素，除了可以從這裡解析當時的生活與環境，還可以讓人意識到其使用的素材是不違反地球生態原則，所以才能流傳至今。

反觀現代的各項產品或產業素材都標榜最先進、奈米或是具特質素材，但是其產品生命週期卻都是不長。所以產業化的產品如果是違反自然與地球生態的法則，再如何的發展對人類都不是好的產業。因此文化產業在這種理念之下就是對地球自然與生態延續最好的詮釋。尤以現在常談的「生態產業」、「文明產業」、「價值產業」、「生機產業」、「自然產業」等，其產業的發展核心，還是在於訴求自然、環保的生態平衡，這是人類爾後在發展任何產業所必須認真思考與面對的核心問題。

## 6. 唯一可以具有教化人心的產業

可以讓人類歷史延續、讓人類生命永續、讓人類心靈淨化、讓人類生活昇華的唯有文化創意產業，雖然目前尚未有發展至全面化以及融入生活領域裡，但卻是可以預期這個產業對人類的影響。就如即至今天高科技的發達與進步，但是對於對人類過去的文物、建築與生態等有些仍然還是無法理解，因為這些古文物、古建築都蘊藏著深厚的文化元素，有些也影響著人類的生活與思維至今，足見文化創意產業的發展仍然是有其未來一定的教化功能。

也不論是人或是事、物等，只要跟文化元素有關的呈現與傳承，都可以讓人類有思考與回歸人性的本能，這也就是文化的魅力與內涵。因此也可以證明文化創意產業對人類心靈與思維的教化意義及功能。

## 7. 推廣節約能源最好的示範性產業

人類在面臨地球暖化、氣候變遷、生態異象時才意識到能源與環保意識的重要，因此各國才趕緊立法或宣導所謂的節能減碳，但是如果以現況人類的虛華與貪慾恐怕還是無法解決這項困境，因為如果缺乏最原點的節能意識或是習慣開始，那仍然是無法克服與改善這項日益嚴重的問題。

因此，唯有從生活中的個體或是家庭開始做起，可以將既有存在使用過的物品或是生產出來滯銷的產品，重新加以再創意及組合，讓這個本來即將放棄的物品得以再繼以使用，同時也可以將既有的單一色商品如衣服、布鞋、絲巾、圍巾、檯燈、瓷器等加以適度彩繪，也是一種新創意與新生命的文創商品，如此才是最根本與務實的做法。只是在創意時仍然融入文化元素或是生活意識，即會是一件特殊又具創意的節能減碳新商品。

# 三、兩岸文創發展契機

　　在既有同文、同種的民族基礎之下，再加上 21 世紀是中國人的世紀，不論現況或是未來的經濟、市場、資源與文化發展而言，中華文化是有其絕對的優勢與機會，也有其競爭與市場的基礎，關鍵在於兩岸應該如何有所整合與協力發展才是重點。

　　當然基本原則必須先屏除各自的思維與立場，因為文化創意產業除了前述基本附加價值之外，也是一項可以融合民族意識的產業，沒有所謂的對與錯，而是一種合理化的經濟價值再造，對兩岸而言都有其正面的相乘效果，這也是目前唯一可以取代各項產業最有利機的產業，因為可以包容食衣住行育樂的多元產業，甚而是地球生態唯一的延續與保護大法。

　　以目前兩岸文化創意產業做探索，可以就下列圖形來詮釋其共同發展的核心利基與價值：

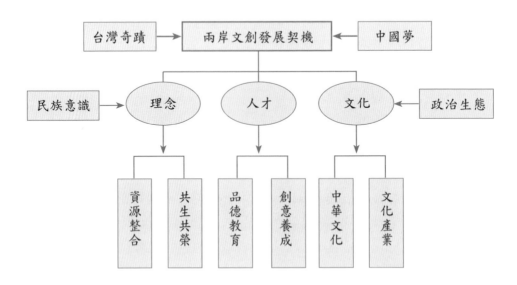

### 1. 台灣奇蹟經驗

台灣奇蹟是指在 1980 年至 2000 年代，所進行的一系列政治改革、制度改革及經濟建設。因為改革結果非常成效，使得台灣發展突飛猛進，成為許多開發中國家的典範，世人因此將中華民國、新加坡、南韓與香港，並稱為亞洲四小龍。

因此如果藉助台灣曾經造就過舉世經濟奇蹟的經驗，以及科技資訊領先地位等基礎，台灣奇蹟還是有其可循之處，更是有其發展的基礎。因為文創產業從初期開始到展現，整個過程也都是需要整合與再創造，也就是再加以整合、再創造、再深化等機制導入，讓兩岸文創產業的發展可以再創造另類的文創奇蹟。

### 2. 中國夢願景

中共國家主席習近平在中共第十二屆全國人民代表大會閉幕式上發表演說，大談民族復興的「中國夢」，闡述富國強兵願景。他所謂的中國夢就是要實現「國家富強、民族振興、人民幸福」。也就是實現中國夢有三個方向：必須要走「中國道路」，必須弘揚「中國精神」，必須凝聚「中國力量」。

同時習近平還提出實現「中國夢」的幾個堅持，包括在政治方面，「堅持黨的領導、人民當家作主 、依法治國有機統一、堅持人民代表大會制度、中共領導的多黨合作和政治協商制度等。」

但無論如何，也是必須再藉助中共十二五規劃中，就已把文化產業發展制訂為國民經濟的支柱性產業，同時大力發展文化創意產業，強化科技與文化的結合，更鼓勵文化與資本的融合，以加快文化體制的改革，何嘗不是中國大陸文創另類的發展契機。

### 3. 民族意識基礎

同屬中華文化的兩岸民族，有著相同的血緣、生活或文化等，雖然在歷經多年的各項因素阻隔而產生某些的落差，但也在彼此原則之下卻能發展至今日的階段，終究主要原因仍是基於共通的民族

意識所然。尤其從兩岸開放往來之後，不論經濟、文化或是其他的互動成就來看，更形明顯與緊密。

因此，在既有民族意識基礎之下的融合，「文化」當然是民族意識最基本元素。因為有著共通的文字、圖騰與語言，所以如果藉助此基礎，將會是易於更形融合與發展契機。

### 4. 政治生態契機

基本上，兩岸的政治生態雖然各有其各自的立場與原則，我們也無法在此做深論，但都必須面對各種外在大環境的趨勢，以及各種生態的轉化或影響，都會有所調整與改變，至於未來會有何結論，也不是我們所關注的重點。

因為我們認為雖然政治生態有所差異，但是現況與最終的結論應當會是有雷同與互補的。畢竟任何政治的運作策略，都必須符合人民最終的福祉與社會安定為原則，這也是無法切割的，尤其是兩岸有著共同文化與民族意識，是其他文化與民族所無法取代的關鍵。

### 5. 理念

任何產業發展與競爭關鍵，理念是最為原始與基礎，也是最容易被忽視的部份。因為理念是無形、抽象的，又不容易確立的基礎元素，但卻攸關產業發展的品牌與文化重要元素，也是可以創造差異化的重要過程。

從兩岸對文創產業的各項政策與發展過程來看，不論現況政治生態如何，對文創產業的理念卻是有所雷同之處，或許是因同屬民族與文化的思維模式。既然如此的契機，差別在於前述的政治生態方面的各自堅持，但仍然還是可以藉助此機會加以資源整合或再造，營造兩岸共生共榮的契機與願景，對兩岸的文創產業發展也是一項發展的基礎。

## 6. 人才

文化創意產業最需要的動力元素，就是優質的人才，而這種人才必須是學術兼備，也就是要有高品德，再配合專業智慧、知識與技術，才能再造文創產業的新價值，否則仍然會面臨同質化的結論。

既然是在前述基礎之下的兩岸人才來分析，台灣人才具有高度的靈活與創意基礎，但卻缺乏發展空間與市場機制，而大陸人才則是比較含蓄與保守，但卻有著廣大市場與契機。因此兩岸可以就這方面加以整合與規劃，可以是短期、中期或是長期規劃，並加以項目分類的專業培訓、後續創業與就業輔導、行銷通路規畫及培訓等，讓兩岸人才都能有所發揮與再創造的機會，才是兩岸合作發展文創產業最有利的關鍵。

## 7. 文化

所有文化創意產業，「文化」是最重要元素與關鍵，有文化基礎的文創產業是無法被取代、無法被複製，這也是得以永續及發展的基礎元素。這也是目前世界各國都極力在保存該國文化的原因。中華文化是世界四大古文明國家之一，具有非常深厚與人文基礎，所以更是兩岸文創產業發展最有利的元素。

因此，就兩岸文化基礎，可以再做有效的整合與互補創造，可以是依據各民族人文特性、文化或是區域加以整合、規劃，讓文化透過產業得以展現與傳承。

# 四、你也可以發展的文化創意產業

　　既然文化產業可以包含食衣住行育樂，也可以是全民的產業、全面化的產業，再加上是國家經濟發展政策的重要產業，所以將會是非常可以有所發展的產業，不論是個人、家庭或是企業都可以投入的產業，規模可大可小。我們曾經輔導過一些文化創意市集，前來參與的人很多也是以個人方式創作參與，也有的以家庭集體創業、以同好團隊集體創意都有，而且是無奇不有，包含食衣住行育樂等創意，從小處著手再行發展與生產。因此基於我們過去所輔導的經驗，我們也想藉此機會提供另類的文化產業創意思考，也顛覆過去產業思考與發展的模式，但前提之下你必須比人更用心、更創意、更積極，並將文化元素、環保意識、道德意識融入，一定可以比人更具發展的契機。

　　在發展文化創意產業時，不只要顧及量產的問題，同時還要顧及可以寓教於樂、提昇生活意識等功能，讓消費者會是想要的產品，但如需量產或研發時都可以借力使力方式，不一定得從頭到尾都是自己作，整合資源、善用資源是必須的。所以現在我們僅就創意點火，如需深入或更具體時，我們再提供相關參考資料，因為文創產業發展是必須嚴謹與審慎應對，才得以讓產業生命週期更長，提供文創產業與發展參考項目如下：

1. 運用當地特色農產業加以研發，發展成為當地精緻的美食、糕點、點心、飲料或酒（但必須是合法釀酒），也可以提昇研發層次至健康食品。如：地瓜、蓮花或芋頭等就可以研發超過百種以上的商品。

2. 運用廢棄農作物如：頭、梗、葉、枝、花、殼、仔等創作成裝飾藝術品、生活用品、盆器、服飾配件等，也可以與石頭、土、磚、竹、木等組合創作或成型。

3. 可以將袖子、領子、鈕扣、袋子或整套衣服，做局部的組合創意，所以是可以拆卸及組裝（如用拉鍊），讓服裝、飾品更具多元化。

4. 運用圍巾可以有多樣變化創意，可以穿、可以戴、可以披肩、可以裝飾、也可以當提包等。

5. 中國的唐裝、中山裝、旗袍等也都是可以再深化與新創意結合，在不失中國文化元素之下可以更現代化與生活化。

6. 餐盤不一定是圓的、方的，所以也可以是花型、水果型、石頭型、數字型、手機型等新創意，並融入書法或是中國文化圖騰將會是很特別的。

7. 生活中的用品都可以重新打破再新創意、新組合，如餐桌可以與魚缸、立體造景、花草、石頭等組合。

8. 牆壁的裝飾畫也可以兼具夜燈或滅火器、資料箱、工具箱、儲藏櫃等功能。

9. 垃圾桶可以是各種造型並兼具椅子、照明或路標功能，節省空間。

10. 筆可以具有夜燈、溫度計、音響、資訊等組合，爾後只要換筆心即可，增加其使用率並節約能源。

11. 任何產品如能適度融入中國圖騰也會是一項吉祥物，可以是平面的或是立體的。

12. 室內盆花、壁上插花、桌上盆景等，都可以改種簡單蔬菜，如大紅菜、蔥、地瓜葉、菠菜等容易種的蔬菜。

13. 現代文具造型、色彩等也都可以融入中國文化元素，如：釘書機可以是十二生肖的外型、資料夾可以是聖旨造型、原子筆可以是古代兵器（但必須以安全為原則）、筆筒可以是古戰車或馬車造型、識別牌可以是古典圖騰造型等。

14. 傳統書法可以融入插畫、意象造型或色彩等組合，讓書法更具活潑性。

15. 書法詞句可以是激勵世人的話，不一定侷限在詩詞裡，讓人看得懂才會更喜歡收藏，也可以是文創化。

16. 獸醫除了專精醫術之外，也可以將所照顧的動物形象作出書、書畫、漫畫、詩詞、玩具、卡通等多元創作，以滿足飼主的喜好。

17. 將生活中廢棄用品如：水壺、木板、碗、瓶子、燈泡、塑膠盒等加以彩繪、組合、整理之後即成另外可以使用的花瓶、裝飾品等。

18. 成立一家專責動腦筋為主的創意工作室，成員可以不論學歷、性別、年齡等，只要能提出新創意即給予相對的獎金，當然也可以有其他的制度配合。

19. 垃圾、廚餘也可以變黃金，將垃圾做分類後並依垃圾屬性即可以再創造出如有機肥料、回收加工原料、藝術雕塑創作、建材用品等。

20. 市面上所賣的單色絲巾、圍巾、衣服、布鞋、雨鞋、檯燈、瓷瓶等，可以經過創意與加工彩繪後再行銷，將會產生不同的價值。

21. 開設咖啡店或是創意店時，不一定要全部使用新的建材、新的裝飾品，任何素材都可以組合與運用，如：蒐集不同沙發造型或椅子做為咖啡座也是一種特色、將門窗當作天花板、將廢棄木頭彩繪或組合小裝飾品、用布匹裝飾隔屏等，走出逆向與另類創意何嘗不是一種趨勢。

22. 各種不同顏色的廢棄塑膠袋、寶特瓶、玻璃瓶、布料等加工、組合、修改後也可以當創作藝術品素材或生活用品。

23. 可以針對每個地區、景點、古鎮的文化元素蒐集後，加以整合分析後創作成當地的公仔、書畫、藝術、雕塑或工藝創作。

24. 蒐集各地具代表性的文化創意產品，並經過整合與歸類後可以設立一家「中華文創館」，並發展成為全國連鎖店。

25. 藉著到各地旅遊的機會拍下當地特色景觀、建築或蒐集當地文史資料，回來加以整理，如此長期下來你也可以出版一本深度之旅的書冊、書籤、畫冊、畫報等。

26. 到各處旅遊時也可以蒐集當地人文人物、人文產物並加以故事化，發展出符合當地另類人文新產品。

27. 蒐集中國各民族人文特色與文化，籌設一處「中華民族文化園區」，裡面融合與展售各民族文創產品，並穿著各民族服裝提供服務。

28. 如果能將衣服的鈕扣、屋頂裝飾物、汽車頂層等化為太陽能能源，就可以吸收太陽能，進而讓衣服轉化熱能更為暖和，增加屋內能源使用。

29. 傳統室內燈是圓形或朵圓型，但也可以是各種水果造型或是幾何圖形，以增加室內的空間及裝飾效果。

30. 可以將中國字根據字義予以圖象化，讓中國字更具傳達力及美感。

31. 春節的春聯也可以更有創意，可以讓春聯更為創意又具現代感，除了傳統詞句之外，可以用激勵語或新詞味。

32. 文創藝術圖像雕塑，將廢棄滑鼠、造型酒瓶、時鐘、鍋具、茶杯、工具等依據其造型繪製，或加上裝飾性造型成為各種象徵圖像，如：滑鼠可以繪製一隻在睡覺的小貓咪、時鐘可以繪製成太陽花等。

33. 傳統商品並不代表是沒商機，就如傳統神明燈也可以將之組合成一朵花樹燈、組合成一串造型燈等，就可運用於室內空間裝飾了。

34.一瓶米酒賣新台幣20元，僅使用在餐飲料理上所以使用量不大，如果將之轉化成米酒浴那使用量就大增了，而且還可以健身及養生呢。

35.溫泉泥漿一般都會誤認為是汙泥，其實加以研發及處理後也是一項很好的面膜產品，因為它的礦物質成分多且高。

36.廢棄紙張加以運用溶解及處理後即成為紙漿，就可以運用及創作出很多有價值的文創產品。

37.廢棄磁磚、地磚、紅磚、煤灰等加以細磨之後，即可以成為建材或工藝品創作成型的素材原料。

38.將有意義與激勵的話，透過漫畫或插畫方式給予表現並裱框，也可以立體化，除了可以激勵士氣之外亦可以做為裝飾畫。

39.現代人生活壓力大，已有水療、芳香療法等，也可以發展出在療癒園區內設有園藝療法、書畫療法、音樂療法、塗鴉療法等多元產業，提供各種不同的身心療法。

40.元宵花燈都是屬於大型裝飾用，每年都必須汰舊更新，因此可以將元宵花燈予以小型化，並逐年累積串成十二生肖的花燈，除了可以當裝飾外還可以有夜燈效果。

41.廢棄竹材、木頭、樹枝等加以整理及修飾，都可以是插花道具，也可以是室內裝飾品。

42.閒置陽台、空間、頂樓等都可以成為種植蔬菜的園區，若以盆栽方式種植還可以行銷各地，或與他人更換。

43.任何廢棄物品加以分類或整合後，再配合矽利膠等技巧，轉化為裝飾品或生活用品。

44.所有賀卡、生日卡、祝福卡等都可以重新再創新，融入科技化，讓此用品可以更具保存與收藏效果。

45.深入任何一個地區，你可以發現當地具差異的人文特色，這就是你文創產品的靈感來源。

46. 仔細觀察都市內或道路旁的公共設施設備，可以將之融合當地文化，再造當地的景觀與特色。

47. 將一顆小石頭、廢棄石材等加以組合、排列、彩繪或造景等，也可以是一項創意產品。

48. 用心觀察人類行為、習慣、嗜好、追求的方向等，你可以發現處處是商機。

49. 人生不論是工作、旅遊、生活、聯誼等過程，都是一個創造產業機會的原點。

50. 不要被現況所看得到的產品造型或功能所迷惑，因為都是可以重新歸零與再造，只要你能想出比原來更好的創意點子，市場就是你的了。

陳木村　　手機：0985-414-859
　　　　　　E-mail：m0985414859@gmail.com
　　　　　　Line、wechat ID：m0985414859

陳玉玟　　手機：0932-538-838
　　　　　　E-mail：ywchen0726@gmail.com
　　　　　　Line、wechat ID：ywchen0726

**再次感恩與感謝有緣共創文創新價值！**

國家圖書館出版品預行編目（CIP）資料

地方創生—文創產業心戰略／陳木村,陳玉玟編著.
--第一版.--新北市：商鼎數位,2020.12
面；　公分
ISBN 978-986-144-188-7(平裝)

1.文化產業 2.創意 3.產業發展

　　541.29　　　　　　　　　　109012514

# 地方創生—文創產業心戰略

合 著 者　陳木村・陳玉玟

發 行 人　王秋鴻
出 版 者　商鼎數位出版有限公司
　　　　　地址／235 新北市中和區中山路三段136巷10弄17號
　　　　　電話／(02)2228-9070　傳真／(02)2228-9076
　　　　　郵撥／第50140536號　商鼎數位出版有限公司
　　　　　商鼎文化廣場：http://www.scbooks.com.tw/scbook/Default.aspx
　　　　　千華網路書店：http://www.chienhua.com.tw/bookstore
　　　　　網路客服信箱：chienhua@chienhua.com.tw

編輯經理　甯開遠
執行編輯　鍾興諭
封面設計　商鼎數位出版有限公司
內文編排　商鼎數位出版有限公司

出版日期　2020年12月　第一版／第一刷